趣悦读写 提升素养

高中语文教学实践与探索

曲立强 ◎ 著

QUYUE DUXIE
TISHENG SUYANG

中国文联出版社

图书在版编目（CIP）数据

趣悦读写 提升素养：高中语文教学实践与探索 /
曲立强著. — 北京：中国文联出版社，2023.7
ISBN 978-7-5190-5265-2

Ⅰ.①趣… Ⅱ.①曲… Ⅲ.①中学语文课—教学研究
—高中 Ⅳ.①G633.302

中国国家版本馆CIP数据核字（2023）第133945号

著　　者	曲立强
责任编辑	刘　旭
责任校对	秀点校对
装帧设计	刘贝贝　李　娜

出版发行　中国文联出版社有限公司

社　　址　北京市朝阳区农展馆南里10号　　邮编　100125

电　　话　010-85923025（发行部）　010-85923091（总编室）

经　　销　全国新华书店等

印　　刷　北京四海锦诚印刷技术有限公司

开　　本　710毫米×1000毫米　　1/16

印　　张　16.25

字　　数　264千字

版　　次　2023年7月第1版第1次印刷

定　　价　58.00元

序 言

把自己多年的教学经历、探求、思索转化为一本沉甸甸的著作，这是一件幸福的事情。几经斟酌，我最终将书名核心词定为"趣悦读写 提升素养"。这八个字也是我在长期的语文教学实践与探索中逐渐确立的个人教学主张。本书从教学·思考、课例·设计、课题·研究、研修·提升、教育·随笔等角度，系统阐述了我对"以趣悦相生的语文读写活动，发展提升学生语文学科核心素养"个人教学主张的实践、探索与思考。

语文学习，离不开对经典文化的传承与理解。回眸两千多年前，西汉史学家、文学家司马迁忍辱含垢，呕心沥血，矢志不渝，终著成"史家之绝唱，无韵之《离骚》"之巨著《史记》一书耀古今。司马迁"欲以究天人之际，通古今之变，成一家之言"的著书思想至今仍振聋发聩，而书中的帝王豪杰、志士仁人、军国大政、市井凡俗之纵横曲折依旧令人嗟叹。一部文化经典名著，带给人的是直抵心灵深处的叩击与启示。中华民族的先人们留下的丰富、深厚的中华优秀传统文化，犹如浩瀚而美丽的星空。司马迁及其《史记》，就是星空中硕大而明亮的一颗星。当然，在古今中外优秀文化的星空中，文化经典群星闪耀、数不胜数。

阅读古今中外文化经典，提升语文学科核心素养。学生的思维发展与提升、审美鉴赏与创造、文化传承与理解等核心素养，都是在学生的语言建构与运用即个体言语经验的发展过程中得以实现的。

当今时代，科技创新突飞猛进，社会发展日新月异，教育在探索改革中不断前行，语文教学也在继承创新中与时俱进。语文课在立德树人、育才成人、以文化人方面有着特殊的、不可替代的作用。语文课程是一门学习祖国语言文字运用的综合性、实践性课程，具有"工具性和人文性统一"的基本特点，是基础教育阶段唯一的一门以语言文字运用为主要特点的课程。语文课程在教育改革中肩负着建构具有中国传统、中国特色的母语教育的责任。

身为一线语文教师，我多年来也在具体的教学实践中一遍遍追问、探求

"语文教什么？""语文怎样教？"这样的教学本原问题。《普通高中语文课程标准（2017年版2020年修订）》的颁布，给高中语文教学进一步明确了方向。我认为，语文课程包含着丰富多彩的语言文化内容、趣味多样的学习活动形式，语文学习应该是"趣""悦"的。换句话说，语文课程本身，就应该是能让学习者感到有趣的；语文学习过程，就应该是能让学习者感到快乐的。

子曰："知之者不如好之者，好之者不如乐之者。"（《论语·雍也》）其义为"知道学习的人比不上爱好学习的人，爱好学习的人比不上以学习为快乐的人"。其中便存着"趣""悦"之意。趣于语文，悦于语文。"趣"，使人感到有趣；"悦"，使人感到快乐。"趣悦语文"，就是教师通过运用多种教学方法，组织丰富的教学活动，使学生在语文学习中感到有趣、感到快乐的语文教学理念。兴趣、快乐，简单的两个词中包含着语文学习的真谛。语文教师应时刻关注：学生在语文学习中感到有趣、感到快乐了吗？

语文之读、写、教、学、研的过程，本就应该是"有趣有悦""趣悦相生"的过程。"趣"产生"悦"，有了兴趣，有了积极投入，有了新获得，就产生了学习之乐；"悦"又增进"趣"，有了学习之乐，又增进了进一步学习的兴趣。趣悦相生相进，学生的语文学习方可在良性的循环往复中奔涌向前，时至功成。

曲立强

2022年12月于山东滨州邹平

目
录

第三章　课题·研究

第四章　研修·提升

第五章　教育·随笔

第一章

教学·思考

"互评共赏"式作文评改法的创设背景及操作说明

作文评改是写作教学中非常重要的环节。写作教学中，评改环节处理得当可以盘活作文教学的各个环节。反之，则会极大地降低学生写作的兴趣。

一、反思传统作文评改方式

传统的作文评改方式，特征是"教师大包揽"。一次准备充分的写作训练，呈献给语文教师的将是一篇篇充盈着青春气息、具有个性色彩而又极富真情的作品。同时，学生对作品将获得的评价充满了期待。而用传统的"教师大包揽"的评改方式去评阅这些作品，效果会如何呢？

（一）语文教师的无奈：工作量大和工作重复率高，评阅质量难以保证

语文教师一般上两个班的课，120个学生左右。要一视同仁，就要全批全改。从错别字、标点、标题、开头结尾，到文章的事例、思想、布局谋篇、文章亮点、语言特色，要写旁批也要写总批。语文教师伏案埋首，忙个焦头烂额。作文不同于一般练习题，它是学生语言文化素养、思想认识、情感态度、价值观的综合体现。在较短时间内和约1：120的评阅对应关系下，学生作文中很多鲜活、宝贵的东西，将很遗憾地被教师漠视。在语文教师的忙忙碌碌评阅下，不少凝聚学生心血的作文却可能只是得到了几句中规中矩的评语而已。

（二）多数学生的失望：对作文评语的失望，对作文讲评模式的失望

很多学生会对"文章立意较好""语言流畅""中心突出""结构完整""但书写有待提高"等类似的作文评语很失望。他们会认为自己文章中真正的精彩，老师没看到；会觉得自己期待的评价也不应是这样。一般来说，语文教师作文批阅完成后，还会印制一些范文，或让几名文章写得好的学生朗读作文，以起到榜样示范作用。这样做，只能鼓励少数写作基础较好的学生，对多数学生来讲是收益较低的。

在传统作文评改方式下，语文教师会劳碌低效，学生也因一次次得不到期望的评价而不喜欢写作。长此以往，作文教学会陷入难以前进的泥潭。

二、创设"互评共赏"式作文评改法

《普通高中语文课程标准（2017年版2020年修订）》的基本理念之一是"加强实践性，促进学生语文学习方式的转变"。并指出，要"通过阅读与鉴赏、表达与交流等语文实践，积累言语经验，把握语文运用的规律，学会语文运用的方法，有效地提高语文能力"。语文学习传统也历来重视听、说、读、写四种能力的共进。结合对传统作文评改方式的认识以及对语文新课程教学理念的理解，我探索出了一种新的作文评改方法——"互评共赏"式作文阅评法。

"互评共赏"式作文阅评法可以概括为"三环节""六步骤""一目的"："三环节"，是指以构建"互评共赏"式展示课为中心，将作文评改分成课前准备、课上展示、课后改进三个环节进行；"六步骤"，是指作文评改要按"自主批阅""填写小组点评要点""课堂互评""师生共赏""课下反思""重新作文"六个步骤进行；"一目的"，是指作文评改要调动学生听、说、读、写等方面的能力，让他们在批阅、欣赏、修改中激发写作兴趣，提高写作水平。

（一）课前准备：自主批阅，填写小组点评要点

这一环节，教师要全部浏览学生的作文，了解学生的整体写作情况，然后将作文分发给学生，让他们人手一篇其他同学的作文自主批阅。当然，教师要引导学生以负责的态度、活跃的思想去批阅。为此，教师要提出基本要求，如标出文章中的错别字、误用的标点、表意不准确的字词等错误，并找出文中至少一处闪光点，用眉批、尾批进行表扬。对于指导学生写评语，教师要倡导"韩信将兵，多多益善"，并要求学生签名，以保证评语质量。这样，一段段好的评语不仅会让学生更喜欢写作，而且学生通过写评语还会既学习了别人的作文，又锻炼了自己的表达能力。

教学中，为了让学生的点评更有针对性，我设计了一份小组点评要点指导学生点评，具体内容包括以下几个方面：

（1）记录最欣赏的作文题目，并简要陈述理由；

（2）记录最喜欢的作文开篇或结尾，并推荐给大家；

（3）找出精彩文段或优美语句，并推荐给同学们；

（4）小组内评选出在"用优美的语言展现个人感悟与思想"方面最为出色的作文，并向同学简述此文和推荐理由；

（5）总结小组本次写作的情况，应包括优点和不足。

具体操作方式是，学生就近组合，每组约六七人。先独立批阅同学的作文，然后小组内相互传阅、交流，并依据小组点评要点整理出各篇作文的优点和不足并形成发言提纲。

（二）课上展示：课堂互评，师生共赏

展示欣赏课是"互评共赏"式作文评改的中心环节。展示欣赏课上，学生既是发言者又是聆听者，是真正的学习主体。他们发言和交流的欲望以及欣赏精彩作文的兴趣等，都会被充分调动起来：发言，是向全班同学展示同学作文的精彩；聆听，是用心体会同学作文的深刻思想、真挚情感、精彩语言等。这样的展示欣赏课，必将使学生心有所慕，心有触动，心生赞叹，完全沉浸在写作教学的快乐中，进而达到"用优秀的作品启迪写作心灵"的目的。

展示欣赏课上，教师必须结合写作教学规律和学生的整体写作情况，重点指导学生解决两三个问题。这会让学生在享受精彩的同时理性地看到需要努力的方向，并学得解决问题的方法。此外，在学生评议过程中，教师还要找好切入点和学生进行互动，让以学生为主体的课堂评改活动真正"因你而更精彩"。

（三）课后改进：课下反思，重新作文

关于文章的修改，鲁迅先生曾说过"写完至少看两遍，将可有可无的字、句、段删去，毫不可惜"。曹雪芹谈《红楼梦》的创作时更是自言"批阅十载，增删五次"，"字字看来都是血，十年辛苦不寻常"。

欣赏精彩后的自我反思和改进，是学生最不愿意做而又最应该做的。教学中，评改者将评改后的作文返回作者后，教师要要求学生认真阅读评语，反思得失，并将作文修改到自己满意为止。至于修改作文，学生可以修改细节，也可以对文章进行较大幅度的改动，还可以重新作文。对于少数基础较弱的学生，甚至还可以仅在书写或个别词句等方面有所改进。学生自己修改后的作文，教师要收上来整体浏览，并视具体情况给予评价。这样，坚持一段时间后，学生就会确立修改的写作意识，并主动积极地做出力所能及的改进，进而品尝到"二次为文"带来的幸福。

学生写作能力的提高，涉及阅读、积累、练习、反思、指导等诸多方面，是一个必须多举措并行的系统工程，而评改环节则是有效实施这一系统工程的切入点。努力让评改环节"活"起来，对改进当前写作教学的诸多问题非常有益，每个语文教师都应该在这方面进行探索和实践。

［本文发表于《语文报》（教师版）（总第150期）］

高考备考冲刺：语文阅读探究题"新宠"之探究

2009年课标实验版语文考试大纲对选做题"探究"考点做了整合，并新增了一点，"探讨作者的创作背景和创作意图"。新考点的出台引起了师生的极大关注。面对此项探究能力的"新宠"，师生究竟应如何解读、如何应对呢？笔者有如下思考。

一、探究题"新宠"解读

1. 创作背景和创作意图

关于创作背景，孟子谈过读文章要"知人论世"。所谓"知人"，指把握作家的思想、经历、风格特点等；"论世"指把握作者所处的时代环境、社会背景、历史条件等。

创作意图，即作者为什么要写这个作品，要表达什么思想认识或感情。一切写作都有写作动机、意图，这表现在对生活材料的选择、对生活的表现和评价、作品的思想倾向上。写作意图蕴含在文本之中，注意通过文本分析理解，把握其意图。

2. 为什么加上"探讨"二字？

"创作背景和创作意图"的有效信息，命题人不可能直接告诉你，但文本内外一定会有暗示或提示，因而需要"探讨"文本。探求时，可从作者经历、所处时代、创作动机等方面进行分析。考试时，命题人应该会在文本中暗示背景或作者经历，或在文本后提供链接注释，要关注命题人给出的每一点信息。

二、探究题新例剖析

例：某2009年高考预测题，戏剧《庄周买水》（杨文青）。

第3题：戏剧开头的"背景"解说中说"潮流不可阻挡"，结合全剧，请谈谈"潮流"有哪些具体内容。（4分）

参考答案："潮流"，即改革开放的大潮，下海经商的热潮，官僚腐败的暗流，经济发展需要市场调节的规律等。

第4题：戏剧借矛盾冲突来集中反映社会生活。结合历史背景思考该剧反映了怎样的现实问题，并尝试探究作者有怎样的创作意图。（6分）

参考答案：（1）现实问题：本剧看起来是庄周买水与卖水人之间的冲突，实则是从事商业搞活经济的普通百姓与官僚主义之间的冲突。它反映了改革开放初期存在的以权谋私、哄抬物价、凭空暴富等不良问题。（2）创作意图：揭示不要对市场经济发展设置人为障碍，并批判了某些不利于市场发展的错误行为，表明要让市场经济走上符合自身规律的健康良性的发展轨道。

试题分析：解答这两题，要特别注意戏剧最后的说明。（即这篇戏剧反映了20世纪80年代末90年代初中国改革开放之初的较为现实的问题）而"创作意图"的探究，还要注意体会字里行间作者的思想感情倾向。

三、探究题应对妙招

1. 内引外联，调动知识积累

就是利用命题人在题面上提供的作者与相关背景资料等信息，筛选辨析，联系旧知，调动知识和体验储备，发掘作品意蕴，探求创作背景和意图。

例如，2004年全国卷《痛哭和珍》，要调动《纪念刘和珍君》的背景知识；2007年宁夏海南题《林冲见差拨》，必须调动关于《水浒》和林冲这一典型形象的相关知识；2008年宁夏海南卷欧·亨利的《二十年后》，应该调动"亨利式的结尾"等艺术特点的知识。

要注意比较式的命题，即与所学文章比较或联系起来的命题。例2008年浙江卷《乌米》第21题："鲁迅《祝福》中的'我'既是不可或缺的人物形象，又是主人公祥林嫂命运的见证，其重要性与本篇中的'我'相似。请赏析《乌米》中'我'的形象与作用。"

2. 注重注释，充分解读信息

在诗歌鉴赏题中，这种情况学生经常遇到。古诗鉴赏中，对于较难理解的地方，出题人会给出一些注释，而这些注释对理解诗歌往往是至关重要的，不可不看。

2005年山东卷《江阴浮远堂》（注：戴复古，字式之，号石屏，南宋后期诗人）第16题：前人认为，"最苦无山遮望眼"在本诗中最具表现力，你对此有何看法？请做简要分析。

参考答案：这首诗写作者登江阴浮远堂遥望中原时，因国土沦丧却收复无望而产生的忧愁和痛苦。结尾两句则集中反映了作者望之不忍、不望又不能的矛盾心理，充分表达了国耻不报、国土不归的极端悲愤之情。

分析：注释中"南宋后期诗人"，应是理解的关键。一提南宋，我们会想到那段山河破碎的历史，想到千万宋代文人用诗章表达的强烈爱国情感，也才能够真正理解这首诗的感情。若不注意注释，又对作者不熟悉，从题目上又看不出什么特别之处，那恐怕就很难快速理解这首诗了。

3. 研读文本，深入体味探求

背景、意图蕴含在文中。依据文本或显或隐的有效信息，如主旨句、富有作者情感倾向的词句、暗示作者生平经历的词句、暗示社会环境的词句等，解读作品主题，探讨作者的创作背景和意图。

如：2008年全国卷《马缨花》文章标明写于1962年，文中说"十三年"前告别马缨花，那正是1949年，所以作者写的是解放前后的事情和感受。明了了背景，才能更好地理解文章，特别是借物抒情手法的运用。2008年江苏题《侯银匠》，花轿的作用、侯菊恋爱出嫁的方式、陆家的生活方式等，可以看出不是写现代生活而是传统生活；慈祥的父爱、乖巧的女儿、和谐的婚姻、和睦的陆家生活等，字里行间作家的赞赏溢于言表。把握作者暗含的这些情感倾向对理解作品是十分重要的。

需要强调的是，探讨作者的创作背景和意图，命题人不会让考生漫无边际地瞎猜。对考生不熟悉的作者与相关背景资料，会在题面上或通过注释或通过题干等予以交代，这要求考生不放过命题人给出的每一个信息；对考生应熟悉的作者与相关背景资料，不会在题面上再多费笔墨，这要求考生复习时要具有足够知识储备。总之，只有做到内引外联、注重注释、研读文本，才会言之有据，言之有理，在考试中获得成功。

[本文发表于《新校园》（学习版）2009年第7—8期]

求真创新，写出个性

——谈学生个性化写作指导

好文章正是因为具有鲜明的个性才分外有价值。无论是影响甚广的"新概念"作文大赛、"新世纪杯"作文大赛还是"语文报杯"作文大赛、全国中学生创新作文大赛等作文赛事，还是已经全面推开的高中语文新课程标准，都对学生写作的个性化提出了更高的要求和期待。

一、个性化写作的要求

个性化写作，顾名思义，就是非一般大众化的写作，就是写作上要拥有自己特质，独具一格，与众不同。例如，舒婷的《我儿子一家》为我们描绘了一个三口之家的和睦轻松的家庭生活。作者身为母亲却用儿子的口吻叙述生活点滴琐事，读来亲切活泼，引人入胜。我班一位学生的参赛作品《想到什么说什么》，诙谐地整合了杨贵妃、张飞的报恩幽默故事，猎人和熊关于熊皮大衣的商量，海子《面朝大海春暖花开》诗歌另一种形式的化用三个内容，也是一篇令人忍俊不禁的优秀作文。个性化写作有如下要求。

（一）情感求真

心灵，只有经历过颠簸与震荡才能成熟；文章，只有渗透着泪与笑才会获得真的生命。感人心者，莫先乎情。奥地利著名小说家卡夫卡说过，"写作就是把自己心中的一切都敞开，直到不能再敞开为止"。我手写我心，写作就是把整个身心都贯注在里面。写作是生活的反映、主观情感的抒发，是一种个性化的精神劳动。我们要写最熟悉的东西，要写那些打动过我们心灵的东西。

李先伟同学以"屈原放逐而赋《离骚》，司马迁遭宫刑而成《史记》，蒲松龄累次落第而述《聊斋》，我因误食青涩果实而明《舍得》之意"作为题记的那篇作文——《舍得》，至今仍深深打动我的心灵。在文章中，作者将自己的一段青春经历真情叙述，让人感受到是一颗充满情意的心在倾诉，读罢使人回首体味，使人难以释怀。

（二）立意求新

古人讲"文以意为主，意犹帅也"。以"帅"为喻，说明了立意对文章的决定性作用。个性化作文，根源在于作者思维的独特个性。个性思维，很重要的一点是不人云亦云、鹦鹉学舌。

如在一次命题作文《关于浪漫的话题》写作训练中，周玲燕同学援引塞万提斯的《堂吉诃德》和鲁迅《中华民国的新"堂吉诃德"们》，写出了关于当今社会的各种伪浪漫的"堂吉诃德三世"，令人耳目为之一新。对话题的深入挖掘和立意的新颖，使此文独树一帜。又如在材料"狐狸、河对面的葡萄、美丽的尾巴"所引发的以"机遇、舍弃、成功"为话题的作文训练中，董加银同学的作文以香格里拉泣血的爱情来立意，张宁同学的作文以对外星球成功老鼠的访谈为主题，对机遇、舍弃、成功做了一番别开生面的阐释，这些立意新颖的作文使人深受启发。

（三）语言求活

好的语言是作文思维情感的外在依托。这种语言，首先是生活的，平易自然，如行云流水，舒卷自如；其次它是新鲜的，或典雅，或俚俗，都可口、可耳、可心；它还是美丽的，不大、不假、不空。

马延良同学在《想到什么说什么》一文中，有这样几段话：

初读题目，想起了我一直很佩服的许多文章，尤其是散文，给人一种摔入无底深渊后粉身碎骨的感觉——形散而神更散，散得无法再散了。能达到如此境界的人，那绝对是高手。

教育的成功之处在此，也不知为什么想起了联系并非很大的一句拿破仑的名言："顺我活，逆我亡！"

"后面的同学能不能像前面睡觉的一样安静？"物理老师终于发生了化学反应，有些同学才恍然大悟，课本尚未摆上。自习课，老师的行程是很有规律的，一般是绕教室公转一周，然后便收队了。偶尔也有加速度什么的，但基本上不影响大局，我想这可能是全班共同研究过的唯一定律。

食堂好比厕所，同样人海茫茫，同样每天都是必经之路，不然，要检查一下自己是否内分泌失调，而不同的是，食堂往往会发生爱情，而厕所内却很少听说了。

漂亮女生在食堂里打饭很容易被搭讪，而男生却不太可能。除非长得像刘德华或周杰伦一样，吊儿郎当觉得很潇洒，摆个pose自以为很酷，剩下的任务是哪里凉快哪里休息，排队去！

作者的语言使我们读罢会心一笑，赞扬的同时，也表明了语言新鲜的魅力和巨大的文学张力。

（四）文体求变

学生的个性化写作，除了传统的记叙文、说明文、议论文三类文体，童话、寓言、散文诗、杂文、诗歌、小小说、剧本等也成为了学生的选择，这些文体写作为学生张扬作文的个性提供了广阔舞台。如大家熟知的高考满分作文《赤兔之死》《提篮春光看妈妈》等便是代表。

符合文体的一些文章布局能起到亮化整篇的效果，比如我班两位同学分别在《插曲》和《关于浪漫的话题》中的两个题记的设计：

走不敢走的路，就算有重重迷雾。青春是我的赌注，放弃的人，输。

为学，须是裂破藩篱，痛彻去做，所谓"一杖一条痕，一掴一掌血"！使之历历落落，分明开去，莫要含糊。

在记叙文写作中，一个好的题记让读者眼前一亮，可有画龙点睛之效。

二、学生个性化写作指导要点

（一）引导学生善于观察

学生写作文感到无话可说，很大程度上是因为不会对生活进行有意识的观察。引导学生注意观察周围的生活，要让他们明白观察什么，知道怎么观察。例如，写人要观察人的形貌、语言、动作、个性等；写事要观察事情的起因、发展、经过、结局等；写物要观察物的结构、质地、空间关系等；写景要观察景的形态、色泽、变化等，这些观察都要细致、用心。同时，指导学生坚持写个人日记和写周记是一种很好、很有效的观察积累方法。

（二）注重训练学生思维

思维是世间最美丽的花朵，但如果不经浇灌也开不出来。在平时的读写实践中，要注意有意识地、循序渐进地培养学生的优秀思维品质。思维的周密性可通过逻辑推理来训练，思维的深刻性可以通过刨根究底来训练，思维的流畅性可以通过口头交流作业与测试来训练，思维的异质性可以通过抬杠、多角度立意来训练等。语文教学中经常应用的话题扩散、五分钟演讲等，如引导得当，也是思维训练的绝好载体。激烈的辩论、充分的观点争执、条理的论证表述，这些语文训练会让学生的思维得到充分发展。

（三）指导积累锤炼语言

语言表达能力是个性化写作的核心能力。个性化的语言，不是程式化的，而是摇曳多姿的；不是僵硬干瘪的，而是生动活泼的。首先要锻炼学生清晰简明、流畅连贯、大方得体的口头表达，其次是正确、清楚、流畅、整洁的笔头写作。要让学生养成一丝不苟的书写习惯，绝非一日之功，需在平时的训练、作文等活动中强化、督促、落实。个性化写作更多体现在书面表达能力，而摘与背是积累语言的常规武器。摘抄、背诵，看似费时费力，但积累语言舍此别无他途。除了积累雅词美句，还要积累新词流行语。学校大阅读课、读书积累笔记，发挥着不可或缺的作用。

（四）谋篇布局时常训练

个性化写作，在立意、选材个性化的同时，还要重视拟题、开头、结尾、过渡的个性化。题目犹如眼睛，要明亮。可修辞拟题，如《父爱是一座山》；可符号入题，如《语文学习+多媒体=尽善尽美？》；可立体命题，主标题与副标题结合，大标题与小标题结合等。开头不宜云遮雾罩，朦胧难辨；结尾要戛然而止，回味无穷。过渡有关联全文、推进层次结构情节之用，要通盘考虑不可顾此失彼。这种谋篇布局的训练，适合穿插到平时的语文学习当中去。

（五）自己修改二次作文

教师要指导学生修改作文的要领，要安排学生修改作文的时间，要和学生商讨具体的修改策略，慢慢放手，待学生自能作文。大凡名家大家，对作品自己修改、反复修改的经历是必须的，要让学生在同一篇习作的修改完善过程中明白：作文是可以改好的。这个过程不能由老师来包办。

三、学生个性化写作例文评点

在平时的作文训练中，要善于对学生的优秀习作加以指导，提出修改意见，让学生写作显示出自我的鲜明个性，体现出个性化写作的情真、意新、语美等特点。下文便是我指导学生修改后的一篇范例。

因你，梦想不再遥远

我含泪望向那绯红色的窗外，夕阳竟烧得如此绚烂！爸的心点燃我前进的动力，我应向着我的梦去追逐。

——题记

春去秋来，梅凋鹤老，来不及感叹，时光风驰电掣般逝去。

林花谢了春红，太匆匆。伏案埋首、刻苦求知的岁月，黯淡了往日的记忆，流逝了昔日的欢颜。岁月推移，我突然就成长到该承担起生活重担的时刻。

前些天我从学校回了家，几天没有去学校，也不想再回去了。母亲身体不好，家中大小花费全靠父亲一人奔波得来。我与弟弟陆续上学后，家中生活愈加困难。我知道这对于没有多少收入的家庭意味着什么，知道挣钱对于一个农民来讲是何其艰难。想起那挥汗如雨的背影，想起那皴裂的大手和刻满辛苦沧桑的脸，想起那日渐伛偻的身躯和蹒跚的步履，我憋了几天的委屈化作泪水流泻而下。好几个夜晚，沉夜无声，群星无语。在无边的暗夜里我泪眼模糊，仰望着满天闪烁的繁星。

几夜辗转反侧后，我下决心和父亲摊牌。那天傍晚，云很暗，空气似也变得沉重。我平静地告诉父亲，我要放弃读书。我说："爸，你知道吗，别人都说你是疯子，为了一个闺女上学，拼死拼活干活，不值得。"父亲听后，寂然无语。他显得那么苍老，单薄的身子像一张经不起揉捏的白纸斜倚在门上。枯黄的头发中，夹杂着些许白发，任风胡乱吹拂。屋内寂静得一根针掉地上也能听见。良久，爸抬起了头，我看到他昏黄的眼睛中闪着晶亮。"闺女，别管别人咋说，我只知道娃的功课要紧。苦累怕啥，爸心里高兴。女娃咋了，女娃也是爸的心头肉！你知道山那边是啥吗？难道你还想重走爸没文化的老路吗？"爸的声音低沉而坚定，一字一字撞击着我的心房。我低下头，看见两滴晶莹的泪珠堕在我的前襟。我的心一阵抽动，那眼泪分明就是父亲拳拳的心啊！

我抬起头，眼前明亮清澈了许多。爸的一席话让心中多日的阴霾散去，我知道了我该如何去走我的人生。我含泪望向那绯红色的窗外，夕阳竟烧得如此绚烂。爸的心点燃我前进的动力，我应向着我的梦去追逐。此时坎坷，也许会让我更加努力地去奔跑。也许只有堂堂正正飞出大山的那一天，才能看到山的那边到底是什么啊！

返回学校的那个夜晚，我看到满天繁星明亮如炬，一如父亲送我上学时眼中的晶亮。

父亲的心似柔韧的水，温润细腻，源源不断丰盈我的人生。父亲的肩如厚重的山，静默坚实，郑重无悔托起我的梦。这份深重的爱，让我踏实，给我前行的果敢和勇气。我坚信我的梦不再遥远，它会在前方静静地为我等待。

教师点评：感人心者，莫先乎情。高尔基说："父爱是一部震撼心灵的巨著，读懂了他，你也就读懂了整个人生！"父爱无形，细细品读，每个人会品出不同的感动。作者通过父亲坚定支持自己读书的事例，向人们展示了世间父亲们心灵的浩大与美好，表达了父爱深沉的主题。文章语言平实又饱含深情，娓娓而谈，自然流畅；表述感情注意了情境交融，扣动人心；抓住有典型特点的父亲的大手、脸、眼神，细腻地刻画出一位劳苦而执着的父亲形象，是一篇叙事、抒情结合的佳作。

对于学生的个性化写作指导，要循序渐进，不能揠苗助长，不能操之过急。坚持个性化写作指导，带领学生多阅读、多思考、多实践，学生个性化写作自成特色，为人自有个性。个性化写作，也会促进学生健康人格成长的个性化。

[本文发表于《新校园》（下旬刊）2009年第8期]

高考正确使用词语（包括熟语）
解答技巧及备考方略

山东省《考试说明》规定：正确使用词语（包括熟语）。能力层级为E。

一、全景透视高考试题

透视高考语文试卷，可以科学导航复习备考工作，使高考"正确使用词语（包括熟语）"考点复习收到事半功倍的实效。

（一）横向透视

2009年高考语文18套卷中有15套卷共19道题考查了"正确使用词语（包括熟语）"，只有上海、福建、江苏未设题考查；北京、山东、江西、辽宁设2道题考查，其余11套试卷均设1道题考查；15套设题考查的试卷中只有辽宁卷命制了1道虚词填空题，分值5分，其余均为单选题，分值为3分。

（二）纵向透视

2005—2009年山东自主命题的5套试卷中，只有2008年设置1道题目综合考查实词、成语；2005年、2006年、2007年、2009年均为2道题目：2005年考查实词、成语；2006年考查实词、虚词，成语；2007年考查实词、成语；2009年考查实词、虚词，成语。

（三）规律探究

1. 考题稳定

本考点山东卷5年来每年必考，其他各地高考卷每年绝大多数也设题考查。

2. 注重成语

山东卷连续5年考查成语，2009年15套考查本考点的试卷均设题考查成语。

尤其是全国卷Ⅰ、全国卷Ⅱ、广东卷、安徽卷、湖南卷、浙江卷、宁夏海南卷只重点考查了成语（或熟语）。

3.综合考查

山东卷近4年均综合命题考查，2006年、2007年、2009年综合考查实词、虚词，2008年综合考查实词、成语。2009年15套考查本考点的试卷有8套综合考查。

4.注重辨析

词语考查包括"辨析使用正误"和"填写"两方面，但2009年15套卷中"辨析"和"填空"两类题型数量比例为18∶1，山东卷近5年来皆为辨析选择，可见"辨析"为主流题型。

二、解答技巧与备考方略

新课程标准《考试大纲》2004年起，将"正确使用词语（包括成语）"中的"成语"改为"熟语"，扩大了词语考查范围。"正确使用词语（包括熟语）"考查在"动态"的语境中词语的用法。考查内容主要包括：近义实词的使用与辨析，虚词的使用与辨析，正确使用熟语。

（一）近义实词的使用与辨析

实词包括名词、动词、形容词、数词、量词、代词六类。近几年高考对实词的考查主要集中在名词、动词、形容词上，以辨析近义词为主。考查的主要形式是根据具体语境为句子选择词语。

近义实词的细微差别可从以下三个角度分析。

1．词义

①范围大小。如"战争"（范围最大）、"战役"（范围较小）、"战斗"（范围最小）。②词义轻重。如"批评、批判""轻视、蔑视""爱好、嗜好"词义都是前轻后重。③侧重点。如"洪亮""嘹亮""响亮"分别侧重"音域宽宏""音色清脆高远""声音响度大"。④集体与个体。如"枪支"和"枪""人群"和"人""岁月"和"春秋"等，前者指集体概念，后者是个体概念。

2．用法

①适用对象。如"爱护""爱戴""爱惜"，"爱护"用于对人或物的保

护，用于物多指机器、国家财产；"爱戴"只适用于人，且限于下对上、群众对领袖、学生对老师等敬爱；"爱惜"只用于珍惜会消耗掉的东西，如时间、生命、粮食等。②搭配关系。如"改进"的多是工作、技术等，"改善"的则多是关系、生活等。③词性与句法功能。例如"阻碍"和"障碍"，前者是动词，主要做谓语，如"阻碍交通"；后者是名词，主要做主语、宾语，如"排除障碍"。

3. 色彩

①感情色彩。如"团结""结合""勾结"分别为褒义词、中性词、贬义词。②语体风格。主要是口语与书面语的区别，例如"吓唬"与"恫吓""惦记"与"思念"。③谦敬色彩。对自己一方用谦称，对别人用敬称。如不能称自己生日为"诞辰"（多用于所尊敬的人）。

高考点击：（2009年高考语文山东卷）

①谈起抗震救灾，温总理_____（感受/感触）很深。他动情地说："这次抗震救灾，更加深了我对人民的爱。"

②在破解开发型资源城市转型难题的过程中，该市_____（依托/依附）原有资源，以钒钛资源开发为重点，努力打造世界级的产业集群。

参考答案：

感触、依托。本题考查两组近义实词辨析，可从词义、色彩、用法等方面，本着同中存异的原则，结合具体语境进行辨析。感受：接触外界事物得到的影响；体会。感触：跟外界事物接触而引起思想情绪。感触侧重思想情绪。依附：附着，依赖。依托：依靠。依托侧重有所凭借，借托。

备考方略：

1. 积累为基础。积累大量实词并准确掌握它们的意义，平时多查阅工具书，准确明晰地掌握词义，打牢基础。

2. 方法为辅助。既能从词义、用法、色彩等方面对近义词加以辨析，又能对语境具体分析。

（二）虚词的使用与辨析

虚词指汉语中意义比较抽象，但有帮助造句作用的词，包括介词、副词、连词、助词、叹词、拟声词六类。虚词在句中有修饰、连接、附着的语法作用和增强表达效果的修辞作用。近年高考主要考查介词、副词、助词和关联词。

主要考查题型有：一是辨析句子中虚词使用正误，二是用恰当虚词填空。

1. 从词性角度辨析

例如"固然"和"诚然"，前者只能作连词，后者还可作副词。例如："他诚然是一名优秀的电影演员。"

2. 区别意义和用法

如"再"和"又"，都是副词，都表示动作、行为的重复，但"再"表示动作、行为还未发生，是未来时态；"又"则表示动作、行为已经发生，是过去时态。

3. 从适用对象、场合、范围等角度辨析

如介词"对"和"对于"，一般而言，用"对于"的地方能换用"对"，但用"对"的句子有些不能用"对于"。例："我们会对这件事做出安排的。""对于"不能用在助动词、副词后。

4. 熟记一些固定搭配的关联词

如：表并列关系的"既……又……""也……也……"等；表递进关系的"不但……而且……""不仅……还……"等。

高考点击：（2009年高考语文辽宁卷）

请在下面一段文字中的横线处填入恰当的虚词，使整段文字语意连贯，逻辑严密，层次分明。

　①　人类来说，理想的居住环境是山水园林城市，当然，最富有魅力的城市还是历史文化名城。有的历史文化名城是国家的首都；有的　②　不是首都，　③　在这里曾发生具有历史意义的重大事件，有的在经济、文化、宗教等方面曾经产生过重大影响。　④　有一点很关键，就是历史文化名城保留了比较多的文化遗迹，　⑤　，是不是历史文化名城，主要看它是不是有丰富的历史遗迹和深厚的文化底蕴。

参考答案：

①对于②虽然③但是④还⑤总之。本题考查虚词的恰当运用。解题时，重在分析句子之间的逻辑关系，添加合适的虚词。要在平时的学习和训练中注意培养自己良好的语感。①处，对应后面的"……来说"应该填"对于"；②、③两处可以从语义上加以分析，两个分句之间是转折关系，应填"虽然""但是"；④处，承接前文重在强调后者的重要性，应填"还"；⑤后面的句子是

对整个段落的总结，应填"总之"。

备考方略：

1. 培养语感。在日常阅读和学习中，要注意培养和提高自己语感的灵敏性，克服不重视阅读、只搞题海战术的不良倾向。

2. 分析语境。虚词一般无实在意义，需要在具体语境中揣摩其语法功能。必须从一段话的中心意思去考虑上下句关系，确定用哪个虚词。

（三）正确使用熟语

熟语是定型的词组或句子，包括成语、谚语、惯用语、歇后语、格言等。熟语范围广，要靠平时积累。2009年各地高考卷，只有浙江卷和重庆卷考查了成语以外的熟语类型；近5年山东卷更是只考查成语。因此复习重点是成语。

1. 辨明成语意义

（2009年高考语文安徽卷）国际金融危机给世界经济带来了极大冲击，曾经富庶的大西洋某岛国如今经济状况已如履薄冰，濒临"国家破产"的边缘。（形容做事极为小心谨慎，而例句表现的是经济状况非常危险）

2. 辨明细微差异

（2009年高考语文山东卷）广交会为企业提供了内外贸对接的契机，但这种对接不可能一挥而就，绝大多数出口企业由于不熟悉国内市场，即使有意内销也无从着手。（一动笔就写成。形容写字、画画、作文等很快就完成。此处应为"一蹴而就"）

3. 避免前后矛盾

（2009年高考语文四川卷）2009年5月9日，我国著名相声演员李文华老人溘然长逝，这让他的老搭档姜昆深感失之交臂，沉浸在极度的悲痛之中。（形容有了机遇又当面错过。例句是"老搭档"，不存在"机遇当面错过"，前后矛盾）

4. 分清感情色彩

（2009年高考语文山东卷）再完美的机制也得靠人去操作，一旦机会主义、暴利主义成为心底横行之猛兽，即便要付出天大的代价，破坏制度与规则者也会前赴后继。（前面的赶过去，后面的紧接着上，后常用以形容不怕牺牲，英勇前行。为褒义词。用于"破坏制度与规则者"不合适）

5. 注意搭配对象

（2009年高考语文湖北卷）历史如同一条长河，从源头连绵不断地流去，每一个阶段都具有<u>特立独行</u>的标志。（操守独特高洁，不随波逐流。使用对象是人。而例句说的是"历史"）

6. 防止望文生义

（2009年高考语文安徽卷）新课程标准要求我们在高中语文教学中努力贯彻新的教育教学理念，坚决摒弃那种不尊重学生的<u>耳提面命</u>式的教学方法。（不但当面告诉他，而且揪着他的耳朵叮嘱。后来用来形容恳切的教导。例句望文生义，认为是"提着耳朵当面命令"，成了惩罚方式）

备考方略：

1. 要理解并牢记一定数量的基本的、重点的成语。离开必要的成语积累，其他就没有任何意义。

2. 掌握基本的判断"成语是否符合语境要求"的方法，即能根据成语的意义、感情色彩、使用范围、搭配对象等与句子比对分析，判断成语是否符合语境。

［本文发表于《语文学习报》（山东高考版）第3期（总第211期）］

高考实用类文本（传记、新闻）阅读技巧

在2010—2012年全国各地高考语文试卷中，考查实用类文本阅读"传记""新闻"两种类型的试题共有10份。其中，传记考查8份，新闻考查2份。现结合近三年的高考实例，谈一下传记、新闻类文本阅读的答题技巧，希望对大家备考有所裨益。

一、以考纲为纲，明确方向

（一）复习备考，首先需要认真研读考纲，准确把握考纲要求

山东省《考试说明》对实用类文本的阅读要求为：阅读评价中外实用类文本，了解传记、新闻、报告、访谈、科普文章等实用类的文体基本特征和主要表现手法。准确解读文本，筛选、整合信息。分析思想内容、构成要素和语言特色，评价文本产生的社会功用，探讨文本反映的人生价值和时代精神。

（二）实用类文本阅读主要考查分析综合、鉴赏评价、探究三项能力

考查能力点具体包括：①筛选并整合文中的信息；②分析语言特色，把握文章结构，概括中心意思；③分析文本的文体基本特征和主要表现手法；④评价文本的主要观点和基本倾向；⑤评价文本产生的社会价值和影响；⑥对文本的某种特色作深度的思考和判断；⑦从不同的角度和层面发掘文本所反映的人生价值和时代精神；⑧探讨作者的写作背景和写作意图；⑨探究文本中的某些问题，提出自己的见解。

考纲解读：传记、新闻类文本阅读，高考题型可能有十几种，但"万变不离其宗"，不论哪一种题型，考查的能力都是上述9个能力点中的某一点或某几点的综合。大家在做题时要有"梳理归纳、验证总结"意识，不断接近本考点这9项能力要求。

二、传记阅读备考指导

（一）传记知识

1. 传记定义

传记是遵循真实性原则，用形象化的方法记述人物的生活经历、精神风貌及其历史背景的一种叙事性文体。

2. 传记分类

从叙述人称看，传记可分自传和他传。从表达方式看，有的传记，一面记述人物的经历，一面加以评论，这种传记则被称为"评传"。从篇幅的长短来说，它可以分为大传和小传。

3. 传记文体特点

传记的文体特点是真实性和文学性。其中，真实性是传记的第一特征，但传记不同于一般的枯燥的历史记录，它具有文学性。它是写人的，有人的生命、情感在内；它通过作者的选择、剪辑、组接，倾注了爱憎的情感；它需要用艺术的手法加以表现，以达到传神的目的。

（二）近三年高考考查情况

2012年：新课标全国卷《谢希德的诚与真》，辽宁卷《克罗齐的求索》。2011年：新课标全国卷《下笔不觉师造化》，辽宁卷《数学奇才华罗庚》，广东卷《梁宗岱先生》，福建卷《朱启钤："被抹掉的奠基人"》。2010年：新课标全国卷《杂交水稻之父》，辽宁卷《黄遵宪的外交活动》。

考情分析：①从选材看，人物传记多着眼经典名家，尤其是"文化名人"与"科学大师"，侧重"小中见大"塑造传主形象。②从考查角度看，集中于"信息筛选整合""手法分析""结构把握""评价价值"与"探讨自己见解"等考点。③从主题及行文看，人物传记突出人文、科学、精神等主题，用语平实典雅，符合考生阅读要求。

（三）高考典型题解析

1. "分析综合"能力考查题型：把握文章结构，概括中心意思

高考真题：2012年辽宁卷《克罗齐的求索》第12题（2）小题：克罗齐是如何达到理论家和实践者之间协调统一的？请结合全文概述。

答题技巧：考查把握文章结构，概括中心意思。题目中"如何""理论家""实践者""协调统一"是重点词。应先解释清楚二者各自的具体内容，然后分析二者关系。具体作答时还要关注题干中的"结合全文概述"。注意：①尽可能用原文中的重要词语组织答案，可防止归纳的不准确；②防止要点遗漏，防止的方法就是对相关文字作层次分析。

2. "鉴赏评价"能力考查题型：评价文本的主要观点和基本倾向

高考真题： 2012年辽宁卷第12题（3）小题："人不是生来就什么都会的。"克罗齐在其后又加上一句："人也不是死后才会的。"如何理解克罗齐这一拓展的内涵？请结合原文简析。

答题技巧： 考查评价文本的主要观点和基本倾向。"人不是生来就什么都会的"与"人也不是死后才会的"两句话说法貌似不同，实质相同，都强调了后天学习的重要性。回答时一定要注意题干要求中"结合原文"，并且是"简析"。

3. "探究"能力考查题型：探讨文本反映的人生价值和时代精神

高考真题： 2012年新课标全国卷《谢希德的诚与真》第12题（4）小题：谢希德的"诚"体现在很多方面，请结合全文，谈谈你的理解。

答题技巧： 本题考查考生对传主性格特点中"诚"的理解。属于对学生探究能力的考查。考生要结合文本，立足原文，思考传主的精神品质。对谢希德的"诚"的理解，不能离开文本。注意言之有理，言之有据。

（四）传记阅读技巧

（1）厘清作品陈述的基本事实，把握传主人生经历；

（2）分析传主性格、情感，把握传主性格、情感与基本事实之间的关系；

（3）理解作者的评论、思想，分析作者的评论、思想与基本事实之间的关系；

（4）通过分析作品的选材、表现手法、修辞技巧、语言特色等艺术形式，了解作者这样处理的意图；

（5）对文本的某种特色作深度的思考和判断；

（6）探讨文本反映的人生价值和时代精神，能对作者所持的观点和艺术处理提出自己看法。

三、新闻阅读备考指导

（一）新闻知识

1. 新闻定义

新闻是借助传媒对新近发生的有价值的信息所做出的及时、客观、准确、简洁的报道，是报刊、广播、网络等新闻媒体广泛采用的一种文体。特点是及时性、真实性、简明性。

2. 新闻种类

消息、通讯、新闻特写、新闻评论。

3. 新闻结构和构成要素

标题、导语、主体、背景、结语五部分。其中，标题、导语、主体是一篇消息不可缺少的部分，而背景和结语有的隐含在主体里，有的则省略。要素：时间、地点、人物，事件的起因、经过、结局。

（二）近三年高考考查情况

高考真题：2010年山东卷《"她只能活七小时"》，广东卷《让法律来保护阳光》。

考情分析：①从选材看，富有人文色彩与时代精神的人物或事件为核心组成，彰显时效与真实性。②从考查角度看，"筛选整合信息""分析文体特征和主要表现手法""语言特色""把握结构，概括中心""评价主要观点和基本倾向""探究文本中某些问题，提出见解"等均有考查。③从主题看，人文、生命、法律、道义等主题突出。

（三）高考典型题解析

高考真题：2010年山东卷《"她只能活七小时"》第22题：这篇报道具有很高的社会价值。请结合文本和新闻背景谈谈你的理解。

答案示例：①体现了对生命的尊重，弘扬了一种"不抛弃，不放弃"的人道主义精神。②歌颂了人与人之间友好互助、团结一致的精神。③增强了当时（二战时期）美国人民终将赢得战争胜利的信心。

解析：本题是对道义主题的考查。《语文课程标准》明确提出"注重语文应用、审美与探究能力的培养"，促进"探究能力的发展应成为语文课程的重要任务"。《考试说明》也把"探究"作为一种能力层级并提出了明确要求。

要求考生结合文本、新闻背景谈新闻报道的社会价值。相比较而言，开放性和层次感更强，在对考生分析能力和思辨能力提出要求的同时，更强调对考生个性化和有创意阅读理解能力的考查。主要表现为：一是语文性更强，思辨味更浓；二是与文本的结合更密切，更适宜于考查考生的知识积累与探究能力；三是更贴近文本的写作背景。尤其突出的是，它引导学生放眼世界，关注中外优秀的文化遗产，关注对经典作品的个性化和有创意阅读。在问题的设置上，在考查考生分析、综合、判断能力的同时，重点关注考生思考问题的深度和广度，考查考生的探究能力。

（四）新闻阅读技巧

除新闻评论外，新闻属于记叙文，包含记叙文的基本特点，阅读时可注意以下几点：

1. 看标题信息，揣摩新闻类型

即通过对题意揣摩，辨出该文记叙对象，是人物新闻还是事件新闻，是消息还是通讯等。

2. 抓记叙要素，了解大致内容

这是由文体特点决定的。无论哪种类型的新闻，一般都离不开人物、时间、地点和事情的起因、发展、结果这六要素。

3. 理行文线索，分清段落层次

即领悟文章的脉络、顺序，目的是理清作者的行文思路，借此准确划分全文的段落层次。目的是针对考纲当中C层级的分析综合"分析语言特色，把握文章结构，概括中心意思"考点。

4. 辨叙述方式，领会布局特点

辨析文本主要采用的叙述方式。消息一般采用"倒金字塔"式，这跟一般记叙文不同。而通讯叙述方式就比较灵活多变，有顺叙、倒叙，中间或许还会有插叙、补叙等叙述方法。

5. 挖中心主旨，理解文本意义

针对考纲中D层级的鉴赏评价"评价文本的主要观点和基本倾向""评价文本产生的社会价值和影响"和F层级探究"从不同的角度和层面发掘文本所反映的人生价值和时代精神"考点。

6. 析表现手法，以备评价探究

这是从写作特点方面分析新闻的基本要求。一般可以从叙述、描写、抒情、议论等表达方式，烘托、借景抒情等文学手段，锤词炼句及比喻、拟人等修辞手法几个角度考虑。由于新闻往往运用多种表现手法，宜结合新闻对象，抓住其中最主要、最突出的特征来分析。

［本文发表于《语文学习报》（山东高考版）总第358期］

试析《祝福》的悲剧结构与艺术特点

鲁迅不仅是一名伟大的小说家，也是一名著名的悲剧理论家。他的诸多小说都具有经典的价值，其中由于剧中人物的不同地位和相互关系造成的悲剧小说《祝福》，更是因其悲剧结构和艺术特点而具有独特的悲剧艺术。

一、《祝福》中的悲剧结构探讨

（一）悲剧性因素的解剖

《祝福》整篇小说中，是以祥林嫂为核心人物，以她的悲剧人生来展开叙述的。形成悲剧的主要因素有两个：第一，祥林嫂的个人原因造成了自身的悲剧；第二，祥林嫂所处的社会背景和人文环境造成了她的悲剧命运。祥林嫂和当时众多传统妇女一样吃苦耐劳、勤劳善良、安分守己，却也存在着封建迷信、愚昧麻木的一面。为了证明自己的贞洁，抵死反抗撞破了自己的脑袋；为了赎罪，不吃不喝攒钱捐门槛。这种深受封建社会、封建迷信、封建礼教影响下的她自身的愚昧无知，造成了自身的悲剧。小说中的鲁镇，在鲁迅的笔下是一个阴暗的铁笼子，在这个环境下，以鲁四老爷为代表的封建地主阶级控制着生产资料，对于祥林嫂等大众进行剥削压迫。而对祥林嫂进行压迫买卖的婆婆、驱赶她的大伯等人物，都同祥林嫂一样，也是封建礼教的受害者，却也由于自身的无奈而进一步推动了祥林嫂悲剧的发生。

（二）悲剧性矛盾的解剖

祥林嫂自身存在的矛盾及其与生存环境之间的矛盾的不断激化，推动了祥林嫂的悲剧命运一步步走向高潮。祥林嫂的性格直率任性又愚昧无知，她既向往未来又留恋人世，这种复杂而又矛盾的性格表现出旧社会的各种矛盾冲突。祥林嫂想要逃脱封建社会对于自身的压迫和残害，通过自残和捐门槛等迂腐的手段妄图摆脱封建社会对自己的摆布，然而这些行动却恰恰说明了其深受封建迷信思想荼毒之深。祥林嫂与她的婆婆之间的矛盾、与收屋的大伯之间的矛盾，以及和剥夺祭祀权利的鲁四老爷之间的矛盾的不断进行，一步一步推进悲剧情节的发展，最终导致祥林嫂的死亡。

（三）悲剧性冲突的解剖

《祝福》中的悲剧性冲突一共有三次，前两次比较明显，第一次是祥林嫂从家里逃婚，第二次是祥林嫂的婆婆将她嫁人。祥林嫂的第一任丈夫死后，婆婆在家掌大权，在封建宗族制度的影响下，她的婆婆要逼迫她改嫁，她的反抗获得了冲突的主动权，但是刚刚立住脚跟的她被婆婆抢走之后，强迫她嫁到深山，这是第二次冲突。第三次的悲剧性冲突没有前两次来得明显，与祥林嫂发生悲剧性冲突的鲁四老爷也没有直接与祥林嫂进行交锋。在鲁四老爷的授权和影响之下，祥林嫂被剥夺祭祀的权利，捐门槛赎罪，然而这些行为并没有将她从精神的枷锁中解脱出来，反而由于封建礼教和封建迷信的残害而使得其精神世界崩溃坍塌。甚至由此而造成的祥林嫂的死，也并没有引起鲁四爷一点点的同情，反而被他骂作"谬种"。这不仅仅是祥林嫂和鲁四老爷之间的矛盾冲突，更是封建体制与其统治压迫之下的劳苦大众之间的矛盾冲突，这一冲突更隐蔽更具有杀伤力。

二、《祝福》中的艺术特点分析

（一）社会性特征

鲁迅的悲剧小说中，人物选取有代表性，其中多选旧时代妇女中的寡妇作为悲剧形象。千百年来，中国的封建礼教思想已经渗透进社会的各个阶层和角落，人们被禁锢在封建思想的条条框框之下，其中寡妇的命运更加可悲。社会各个阶层的人自身已经是封建社会的受害者，然而由于社会的原因，其将自身所受到的毒害更加随意地施加到其他更加可怜的弱势群体身上。要想揭示社会的弊病，选取受残害和压迫至深的人物更加具有典型性，更能够表现社会对于人性的残害和压迫，展现社会的病态。

（二）精神性特征

鲁迅的小说中，悲剧冲突更多强调是在精神层面展开的。弱化情节的铺陈叙述，更多的是强化小说中人物的精神痛苦，强调由于观念冲突造成的悲剧实质描写。《祝福》中选取了祥林嫂悲剧一生的几个关键点进行描写，弱化了故事情节的描述，强调了封建社会对于人的精神压迫和残害。祥林嫂被婆婆逼迫改嫁、在死了第二任丈夫之后被大伯驱赶，这固然是祥林嫂悲剧命运中不可缺少的部分，然而真正造成祥林嫂死因的确是封建礼教对于她精神上的残害和毁灭，精神上的毁灭才是最大的不幸。

三、结束语

《祝福》揭露了封建礼教的"吃人"本质，通过对悲剧人物的性格剖析，使读者产生了对祥林嫂的深深同情，明白了封建社会的残忍和黑暗，领略了悲剧艺术的独特内涵，并愿意为正义和光明而战，敢于和封建礼教做斗争。

［本文发表于《中学语文教学参考》2016年第18期］

高中语文新课程标准理念下教师说课的规范意识和深度意识

尊敬的各位领导，各位同人：

　　大家下午好！

　　昨天晚上，我们都观看了中教参直播讲座，广东省中山市教研室的高中语文教研员张华老师提出了一个观点：高考作文就是"炫技"。他说，"炫"就是和别人比拼，"技"就是技能技术。技是非常重要的，技也是一个人整体文化素养的体现。我想，教师说课其实也是一种"技"，说课比赛其实也是在和别人比拼说课的技能技术。我们今天要交流的说课"规范意识""深度意识"，也是说课技能技术的重点，一方面是外在形式的基本规范，一方面是备课设计的思想内涵。

　　下面我先简单说一下自己参加"说课答辩"培训的情况。12月4日至7日，我参加了滨州市"三名"工程人选培训，用当天下午、第二天上午共一天的时间，参训教师抽签上台"说课答辩"，三位省级专家现场对教师"说课答辩"情况逐一点评、指导。这几位专家都是省特级教师、齐鲁名师评选的评委。我们100个人，各个学段、各个学科都有，抽10人上台"说课答辩"。说课答辩要求：说课8—10分钟，上台说课前30分钟告知说课篇目；备课时，就一本教材，两张白纸，半个小时，没有教师用书，没有手机、电脑等备课途径；说课不使用多媒体等投影设备；答辩，是说课结束后，现场抽取答辩题目，时间是2—3分钟。

　　我是抽到了第二天上午第二个上台，所以第一天下午的教师说课、专家点评指导我就听得特别认真。晚上我又根据专家对下午5位教师说课的点评、指导意见，列出了第二天自己说课的基本框架和环节。做到在说课外在形式上、各环节的逻辑关系上要符合专家提出的要求。第二天，上台前半小时，我被告知，说课篇目是选择性必修上册第三单元的《复活》。在半小时内，我利用昨晚准备的说课流程，借助教材的"单元导读""学习提示""单元学习任务"板块，在紧张地写不出多少字的有限时间内，去完成说课准备。我说课结束后，专家评价是比较规范和完善的，给予了认可。

下面结合专家指导意见，我和大家交流一下新课程标准理念下说课的"规范意识"和"深度意识"。

一、关于教师说课的"规范意识"

说课的规范意识，是指教师在说课时，对基本流程的表述要准确，对各环节衔接关系的表述要符合逻辑。

以前的说课流程，大多是这样的：今天我说课的题目是……我的说课包括说教材、说学生、说教学目标、说教法学法、说教学过程、说板书设计等几个方面，第一，说教材，分析之后，第二，说学生，第三，说教学目标……直到最后一步，说板书，这样的说课过程。

如今，在高中语文新课程标准的理念下，专家对说课的要求是这样的：

今天，我说课的题目是《……》。

本课出自什么教材、什么单元、哪一课。本单元人文主题是什么？体现了语文学科"立德树人"的什么内容？本单元属于普通高中语文课程标准哪个学习任务群？学习要求是什么？本课在单元中属于什么定位？前面是什么课文，后面是什么课文，本课和它们有什么联系？

学情是怎样的？学生年龄阶段的心理特点？对本课学习，学生已有什么样的知识、能力方面的基础，有什么样的困难？

基于以上对教材、学情的分析，本节课我设计如下几个教学目标……（教学目标，主要依据普通高中语文学科四大核心素养来定）

教学重点是……（因为依据课标、依据教材……）

教学难点是……（因为依据学生什么情况……）

教法是……（可说一种最重要的教学方法，例如"问题式任务导学法"）

学法是……（可说2—3种学习方法，例如朗读法、探究合作展示法等）

　　为了完成以上教学目标，突破重点、难点学习，我设置如下几个教学环节：环节一、环节二、环节三、环节四、环节五。（一般不要超过五个环节）

　　每个环节要说明教师活动、学生活动以及为什么这样设计？是为了完成哪个教学目标，掌握哪个重点，或突破哪个难点？（说课，关键是说教学环节、教学问题背后的"为什么这样设计"）

　　说课注意事项：重视第一印象（服装、发型、化妆），沉着冷静不慌张；有2—3个亮点，分布在整个说课过程中；身临其境（如引入、板书、合作学习等）；与评委交流（眼神交流，与所有评委交流，不止和主评委）；既要说怎样教，也要说为什么这样教，展现名师的理论与实践功底；杜绝超时；展现自身综合素质；要有模板，但不要读模板，要与实际内容相结合。（采用小组合作，怎样分组，有什么好处，达到什么目的）

　　明白了这些说课的基本程序和体现逻辑关系的环节衔接语，只是保证了说课的形式规范。但是，面对专家，说课教师设计的环节、活动、问题能否真正实现文本有效学习和深度学习，说课教师是否具备符合新课程标准精神的教学理念，说课教师对教育、教学、学科、学生有没有准确而深入的认识，这些是无法掩藏的。

二、关于说课的"深度意识"

　　说课的深度意识，是指教师在说课时，要体现出对所说课题内容的深度解读，要体现新课程标准理念；既要有语言建构与运用方面的设计，也要有思维、审美、文化等方面学科核心素养的设计，体现教师引导学生深度学习的教学思想。

　　说课深度意识的养成，一是厚积薄发，功夫要下在教师平时的备课、教学、思考上。日常教学工作中，语文教师应当认真学习普通高中语文新课程标准，并把单元教学谋划、单篇课文解读，同新课程标准理念结合起来。教研室的袁老师也说过"教一课，识一人"，这样的苦功夫、慢功夫、深功夫的积累，是说好一课、讲好一课的根本。二是教师的继续学习，教师要通过读书、讲座、培训，不断更新对教育、教学、学科、学生等的正确认识，形成自己的教育教学理念。

　　老师们，说课是教师的专业技能技术，说课也是集体备课的有效教研形式。能从新课标要求、核心素养、教材、学情，到教学目标、重点、难点、教法学法，到教学环节、板书，把备课设计以及为何这样设计说清楚了，一节课也就备得基本明白了。这需要下很多功夫，但一定是能促进我们的专业能力提升的!

最后，用清华大学邱勇校长的一句话跟大家共勉，"把行胜于言作为人生的座右铭，在久久为功、止于至善的奋进中成就更有高度的人生"。祝愿老师们在自身专业技能技术提升方面，勤学乐学，砥砺奋进，更上一层楼!

谢谢大家。

（在山东省邹平一中语文教研组研讨会上交流发言）

抓本手，成妙手，避俗手

——谈2022年新高考 I 卷作文及作文备考启示

2022年6月，我有幸参加了高考作文阅卷。结合自己的阅卷体会，我谈一下对2022年新高考 I 卷作文的认识和对作文备考的启示。

"本手、妙手、俗手"是围棋的三个术语。本手是指合乎棋理的正规下法；妙手是指出人意料的精妙下法；俗手是指貌似合理，而从全局看通常会受损的下法。对于初学者而言，应该从本手开始，本手的功夫扎实了，棋力才会提高。一些初学者热衷于追求妙手，而忽视更为常用的本手。本手是基础，妙手是创造。一般来说，对本手理解深刻，才可能出现妙手；否则，难免下出俗手，水平也不易提升。

以上材料对我们颇具启示意义。请结合材料写一篇文章，体现你的感悟与思考。

要求：选准角度，确定立意，明确文体，自拟标题；不要套作，不得抄袭；不得泄露个人信息；不少于800字。

对于2022年新高考 I 卷作文题材料的理解和解读，我们应该特别关注两点："本手，是合乎棋理的正规下法"；对象是"初学者"。今年的高考作文材料，涉及中华传统文化"围棋"，核心是三个围棋术语"本手""妙手""俗手"，要求考生"结合材料，谈启示思考"。高考作文的基本要求有三点：文风端正（符合社会主义核心价值观，正面、积极、健康），文脉清晰（观点明确，层次清楚），文气顺畅（表达流畅，读起来顺畅）。

对三个围棋术语及其语境意义的理解，应注意以下几点。"本手""妙手""俗手"，三个术语，或者说三个概念，核心是"法"，法是做人做事的基本规律和正确方法。因此，与"本手"相对应的"基础"，不单纯是一般意义上说的"基础"，而是要在"基本规律、正确方法"这个意义、层面上理解，这是对"本手"最切题的角度，同理，包括对"妙手""俗手"的理解。高考作文选了"初学者"这个群体，用意是告诫青年人不要好高骛远、轻视规范、漠视基础。因此，要准确把握作文材料中"本手""初学者"所寄寓的命题人用意。关于"三手"的关系，材料中有两句话明确引导：本手是基础，妙手是创造。一般来说，对本手理解深刻，才可能出现妙手；否则，难免下出俗手，水平也不易提升。结合引导语，"启示意义"可表述为：要在打好基础之上创造，在守正基础上创新，在融会贯通基础知识基本方法前提下，创造性地解决新问题。

在这里，我想特别强调的是，以上对围棋术语、三个术语之间关系的解读，是"立意"的"最高要求"，这个要求能达到或者大部分能达到，叫作"切合题意"。高考作文在立意层面，包括三个层级"符合题意""基本符合题意""偏离题意"，作文一等卷48—60分，要求是"符合题意"。三个术语之间的关系写透自然好，合乎暗含的但非必须的辩证思维能力的考察；只写本手或只写其中一手、其中两手，都是符合题意的。学生把立意的重心放在任何一手及其启示意义上写作是符合题意的，不苛求把所有三手及其相互关系、启示意义都说清楚。当然，切合题意，仍是写作的努力目标。

众所周知，作文得分包括内容20分、表达20分、发展20分三个得分项。分四等得分，一等20—16分，二等15—11分，三等10—6分，四等5—0分。内容上，一等标准：符合题意、中心突出、内容充实、思想健康、感情真挚。表达上，一等标准：符合文体要求、结构严谨、语言流畅、字迹工整。特征上，一等标准：深刻、丰富、有文采、有创新。作文内容、表达、特征三个得分项的二等、三等、四等得分标准就是在程度上比一等依次降低。另外还有一个扣分项，就是在前三个得分总分的基础上扣分，包括缺标题扣2分，错别字标点扣分，作文600字至800字，不足字数的扣分等。

大家都知道，高考作文评卷都要求做到"双评"，若差值超过7分，会三评，若三评仍不能解决，还会有质检组专家来评阅。也就是说，只要作文确实写得好，不会被误判，反之亦然。因此学生要做好作文平时训练，抓好"本手"功夫，不要寄希望于偶然。

一篇作文，阅卷教师阅完、得分，时间较短。因此，字迹工整清楚、卷面整洁、题目明确表达中心思想、文章结构层次清楚、语言有亮点，就是同学们必须重视并做好的。

要注意三种"得分20分以下"的情况，即残篇、抄袭、套作，指的是作文400字以下，作文抄袭（主要是抄袭试卷上的材料）400字左右，"辞藻华丽而仅与命题材料沾边"确定是"沾边套作"等情况，写作时务要避免。

作文阅卷基本观察分是45分，鼓励好作文得高分，注意拉开差距。打分57分以上的作文，会有可能最终被确定满分60分。高考作文，是有满分作文的。

异常卷问题也要注意，异常卷包括做标记、字体不一、特殊文体（诗歌、文言文）、残篇、套作、抄袭、思想不健康或政治错误等。学生写作时注意。

考场作文不同于一般写作，我认为，指导学生考场作文应特别注意以下几点。

要特别注意作文标题的切题、凝练。可凝练出有对偶特点的标题，例如"以本手为基，创妙手之绩""以本手为基寻妙手，以本手为鉴避俗手""以本为基，求妙避俗""夯实本手之基，培育妙手之花""本手精为妙，心浮落为俗""本手固基以避俗，妙手欲求思本手"等，标题是文章的眼睛，好的标题是作文成功的一半，值得反复推敲、打磨。

要注意作文三、四、五主体段的重点打磨，注重层次设计、内容丰富两个问题。例如这样构思主体段：注重基础，脚踏实地，扎实本手功夫（举例论证）；加深认识，提升本领，创造妙手之绩（举例论证）；让我们回望现实，有多少人不重视基础。再如：以本手为基寻妙手，以史为鉴，返璞归真，总结前人经验，才会具备创新的能力（可举例袁隆平发现雄性不育株，屠呦呦发现青蒿素，杨振宁发现宇称不守恒定律）；以本手为鉴避俗手，吸取前人经验，深刻研究治国之理，才会避免那些看似合理却会使全局受损的俗手（可举例王安石举先王之政，魏徵深谙诸葛亮赏罚分明的治国之理，中国共产党深明马克思主义并结合中国实际发展等）；既生繁花，亦生野稗，目及今昔（可反面举例），由此观之，脱离了本手只谈妙手，只会成为不切合实际、不脚踏实地的空谈。总之，文章主体段应注意分论点的表述，做到结构清晰，内容饱满，正反辩证说理。

要注意素材使用，要典型，不要怕很多人用就不用，材料典型是首要考虑；其次要注意素材精练，不要一段文字一个人物，可以精练事迹，三个人物事例构成排比，内容丰富又形式优美。

要注意名句、作文金句的"画龙点睛"式使用。特别是作文最后一段或最后两段的开头，作文金句使用切当，可以起到奇妙效果，让人眼前一亮。例如"万山磅礴看主峰，青年有为气如虹""羡子年少正得路，有如扶桑初日升""要看银山拍天浪，开窗放入大江来""乔木亭亭倚盖仓，栉风沐雨自担当""追风赶月莫停留，平芜尽处是春山""冀以晨雾之微补益山海，萤烛末光，增辉日月""山高不阻其志，涧深不断其行，流年不毁其意，风霜不掩其情"等，可为文章增色添彩。

要注意避免偏离题意（跑题）的情况，像如"围棋少年""自知是进步的开始""人生如棋，发展离不开选择"等类型的作文，读题目就可感觉到有偏离题意之嫌。

要注意加强基本功练习，书写清楚、工整，卷面整洁，避免错别字使用，符合题目要求，文章结构基本清楚，语言通顺等。确保先拿到45分。

最后，特别推荐同学们熟练掌握淄博市高中语文教研员王老师提出的"七字作文法"，即引、析、正、反、理、联、结。概括来说，全文7—8段。第一段"引、点"，概括引用材料，点明观点。第二段"析"，进一步阐明观点论证分析。第三、四段"正"，正面确立分论点，举例论证。第五段"反"，从反面举例论证。第六段"理"，说理段落，分析因果关系，从辩证统一的角度深度说理。第七段"联"，联系现实中的现象，联系时代，联系青年人身份，避免泛泛而谈。第八段"结"，句式明快，照应首段，结尾扣题。建议同学们，在写作文之前，把这7个字竖着写到草稿纸上，作为思路，完善内容，然后写作。事实证明，"七字作文法"结构能产生大量优秀作文，是值得我们重视和熟练掌握的好方法。

"路漫漫勇立潮头，风浩浩直挂云帆。"抓本手，成妙手，避俗手，我们应该精心研究2022年新高考Ⅰ卷作文，为高考作文备考明确方向。

（在山东邹平一中为师生做的"高考作文写作指导"报告）

《诗经》农事诗的教学问题

在"五育并举"的教学背景下，农事诗选文教学应该明确三个问题：农事诗的概念界定、农事诗的特点、农事诗的教学任务群的设计。

"农事诗"的概念界定

"农事诗"，顾名思义，就是关于"农事"的诗歌作品。因此，理解"农事"的概念界定至关重要。

"农事"一词出现较早。在古代典籍里，"农事"一词的基本含义多被解释为"耕耘、管理、收获和贮藏"，这是吴伦柏在《〈诗经〉农事诗与周代农耕社会》一文里提出的观点。在农耕社会里，除了耕耘等农业行为之外，还有许多社会活动与农业生产密切相关，尤其是祭祀活动，故与农业生产相关的祭祀诗作可以归入农事诗的研究中。既然如此，那么其他反映与农业生产相关的政治活动及日常生产活动的诗作，是不是也可以纳入农事诗的研究之中呢？答案是肯定的。因此，"农事诗"一词可从多个层面去理解：从题材的角度讲，凡是以农业事件为题材的诗歌作品均在农事诗的研究之列；从分类学的视角看，凡是以农事为主题的作品，都可以归入农事诗的外延之中。前一种分类标准，趋向于狭义的农事诗；后一种分类则倾向于广义的农事诗。众人皆知，风、雅、颂是《诗经》的诗歌分类，"颂"主要反映的是祭祀活动。依据后一种分类标准，一些属于"颂"的诗作也可以纳入农事诗的研究之中。如《诗经》中的《甫田》《信南山》《楚茨》《大田》等均曾被某些研究者纳入农事诗的研究中，同时，它们也曾被不同的研究者排除在农事诗的研究之外。究其原因，就是对"农事诗"概念理解的不同。上述四首诗作的共同特点是"春夏祈谷、秋冬报赛"，虽未直接再现农业生产，但这些祭祀活动均与农业生产密切相关。因而，还是归入农事诗的研究更为稳妥。

综合上述关于农事诗的说明，结合统编高中教材把选自《诗经·周南》的农事诗《芣苢》与杨万里的《插秧歌》这两首农事诗编排在一起的情况，还可知另一个事实，即《诗经》农事诗为后世农事诗的源头。因而，如何讲解出《诗经》农事诗给予其后历代农事诗创作的影响，这也是教学应该充分思考的问题。"诗经"之名中的"经"就有"经典"之意，而且从农事诗的层面来看，《诗经》的农事诗是历代农事诗创作的范本。当然，这也并不否认后世农事诗佳作的存在。

"农事诗"的特点

农事诗与其他诗作的不同，不只是题材上的差异。因而，只有明确了农事诗的特点，才能讲出这类诗作的与众不同。

源远流长的农事诗是以劳动为主题的作品。教材所选的《芣苢》是以表现劳动场景为主的诗作，在简练生动的语言中，人们劳作的画面仿佛就在眼前。历代优秀的农事诗大都能体现出"诗中有画"的特点。例如，南宋中兴三大诗人创作的农事诗，取景都倾向于自然生物、农业田地、生产劳动场面、农家生活场所[①]，将劳动的场景描绘得真实而生动。由此可见，一些南宋优秀诗人的农事诗很好地继承了《诗经》农事诗的创作特点。

丰富多彩的农事诗是以传承农业知识为主要目的的诗作。《信南山》是每次谈及《诗经》农事诗时都必会提到的一首农事诗，在其诗的四章之中，每一章节都蕴含着丰富的农业知识。

与其他类型诗作的教学不同，劳动是农事诗教学的切入点。借助诗人描绘的劳动场景、叙述的劳作事宜、再现的劳动美，可以帮助学生在明确劳动意义与价值的基础上，掌握劳动知识，端正劳动态度，感悟劳动之美。"《诗经》作为我国现存最早的诗歌总集，其中可与劳动教育相结合的内容很多。"[②]引

---

① 贾名党.论"南宋中兴三大诗人"农事诗中的图画美[J].晋中学院学报，2022，39(4)：87-91.
② 蒲钰萍.从《诗经》农事诗看大学语文劳动教育[J].散文百家（理论），2021(1)：185-186.

文中的"劳动教育"还可从更广泛的层面上理解，即以劳动为媒介的育人实践。因而，以劳动为切入点，不仅可以让学生把劳动变成自觉的行为，还可以在这个过程中，实现对文学表达技巧的掌握。"杨万里《插秧歌》一诗运用丰富的动词生动形象地描绘出真实的劳动场景，可谓赋形精准，张弛有度，虚实相生。"[1]引文从动词选用角度，展示了对《插秧歌》文学表达技巧的感悟。

"农事诗"的教学任务群

《诗经》农事诗的教学设计宜以任务群的方式进行，这主要是出于对农事诗教学价值挖掘的思考。

知识的积累是农事诗教学的第一个任务。《诗经》中的农事诗记录着许多农业生产知识，它们理应成为我们劳动教育的重要内容。"农事诗主要记录周代农业生产经验、反映农民生活状态、揭示鲜明的阶级对立和表现农事祭礼。"[2]从引文可知，农业生产需要经验的传承，把这些经验传承给后代，是农事诗最重要的职能。《信南山》一诗分为四章，每一章都蕴含着丰富的农业知识。"我疆我理，南东其亩"是第一章的重点句，其中的"疆""理"反映的是当时的农业制度，"疆，画经界也。理，分地理也"，这是一种农业管理知识的传承；第二章写风调雨顺的自然气候给予农业生产的影响，强调的是农业生产对自然气候的依赖；第三章写与农业生产相关的祭祀活动，是对五谷丰登的祈盼；第四章以瓜菹献祭为主要内容，其献祭的背后是感恩心情的表达。故农事知识与祭祀常识的积累，都是农事诗教学的重点。再如，《豳风·七月》是一首用"赋"的手法创作的杰作，全诗从春耕写起而终于年终的欢庆，几乎一年四季的劳作日常都在诗中有所表现。耕田、采桑、染绩、打猎、凿冰，涉及衣食住行的每一个方面。这首按农事活动顺序而作的诗记录着劳动场面，记录着周历在农业生产中的应用，记录着各种人物的生活图景，描绘着一幅男耕女织的风俗画。这种写作思路也能为学习如何有条理地叙述提供一定帮助。

---

① 邹红军.《插秧歌》动词探赜[J].中学语文教学，2021(10)：53-55.
② 潘海燕.浅谈《诗经》中的农事诗[J].中国民族博览，2021(9)：145-147.

　　美育是农事诗教学的第二个任务。劳动可以创造美，可以传播美，还可以诠释美。因此，凭借这些美的发现与体验，我们可以完成对学生劳动观的构建。对教材所选《诗经·周南·芣苢》一诗的主旨，学术界是有争议的。部分研究者认为这首诗是对古人采摘芣苢的劳动场景的再现，还有一部分研究者认为"诗篇主要内容可与周王朝的举贤制度相联系，通过总说举贤之事到分述贤才的发掘、考察与培训、任用，表达了当时统治阶级对英才贤士的重视与渴望"①。依据教材的编排，我们倾向于第一种观点。《芣苢》首先展现了采摘芣苢的场景，其次才可能含有引文所述的意旨。因而，在教学中应该重点突出对劳动场景的分析。全诗在记录妇女采摘芣苢的同时，只用了六个字的简单替换就把劳动的情趣表达得淋漓尽致。由表及里，诗歌之美首先体现在韵律上，其次才体现在意境上。叠字、复沓，反复的歌咏促成了《芣苢》的韵律美；三三五五，平原秋野里的群歌互答，又把《芣苢》的劳动生活之美表现得真真切切。《十亩之间》也是一首再现劳动之美的诗作，该诗与《芣苢》的不同之处，在于它所描绘的是劳动结束时的快乐。呼朋引伴而出于桑林，携手相归而去，其中不言而喻的劳动之乐，在舒缓与明快之中得到了真实的再现。这样的劳动之美，不正是我们引导学生热爱劳动、参与劳动非常合适的教学素材吗？

　　学术探索是我们教学农事诗的第三个任务。以农事诗为对象的学术探索，关注点较多。这方面的探讨除了要明确"农事诗"的内涵之外，还要关注如下几方面的问题：首先，在探讨如何补充教材的基础上，完成农事诗的拓展教学。以《芣苢》为代表，如何选择能够满足教学需求的其他农诗事作为补充拓展，这需要我们谨慎思考。其次，《诗经》所选之诗，距离我们生活的时代已相当久远，这些农事诗究竟表现了什么，蕴含着什么样的教育价值，这也是我们需要认真思考的。仅就《芣苢》而言，其所表现的主旨就值得商榷。"芣苢"在教材里被注释为"车前草"，但据赵鑫考证"'芣苢'实为农作物'蕙苡'，故《芣苢》是一首有关收获的作品，是先民在劳动中表达喜悦之情的欢歌"②。引文所述与教材有相异之处，而且这事关教学设计等一系列问题的处理。因此，对

---

① 顾明佳.《诗经·周南·芣苢》主旨考论［J］.中学语文教学，2021（12）：48-51.
② 赵鑫."芣苢为蕙苡说"补证——兼论《诗经·芣苢》主旨［J］.长治学院学报，2020，37
　　（3）：60-62.

这些问题进行深入的探讨，是教师提升自己学术素养的重要举措。再次，后世的农事诗是以《诗经》的农事诗为源头的，如何看待《诗经》农事诗对于后世农事诗的影响，这是学术问题，更是教学问题。杨万里的农事诗值得我们关注，那么杜甫的农事诗又有什么样的特点？苏轼的农事诗又表现出怎样的艺术风格？同时，先秦的农事诗再现了当时怎样的农事生产，唐代的农事诗又有怎样的文学传承……这些问题都可成为学术探讨的焦点。学术性写作教学是高中语文写作教学的一个重点，结合教材所选的《芣苢》与《插秧歌》进行诗歌赏析式的短评写作，这不也是一个重要的教学任务吗？因此，农事诗的教学还应跳出传统诗歌教学的窠臼，从学术能力培养的层面上进行必要的思考与实践。

（发表于《中学语文教学参考》2022年第24期）

增强拓展运用能力，提升理性思维品质

——"新高考现代文阅读 I"观摩课执教感悟

按照滨州市高三语文教学研讨会议的安排，2022年9月8日，我执教了一节"学以致用以文解题——论述性文本'具体情境下的拓展运用'题型备考"公开课，有如下思考与感悟。

一、内外联系，确定"拓展运用"主题

此次滨州市高三教学研讨会给我安排的讲课范围是"新高考现代文阅读 I"，即信息类文本阅读。信息类文本阅读的考查点非常多，我结合对近两年高考试题的研究，确定了以"论述性文本具体情境下的拓展运用题型"为讲课主题。按照"要建立教材内容与考点考题之间的联系"的复习要求，我确定了以必修上册第六单元《反对党八股（节选）》《拿来主义》两篇论述性文本的复习为教材复习内容。

论述性文本重在考查学生理性思维能力，包括对信息的概括、归纳、整合能力，对文本思路层次的分析能力，对文章主题的理解把握能力等，在此基础上，才能发展学生的"具体情境下的拓展运用"关键能力。最终，我确定了"掌握阅读论述性文本必备知识，发展具体情境下的拓展运用关键能力；发展和提升思维品质，树立学以致用正确价值观"的课堂教学目标。

二、学以致用，探究"情境考查"题型

2022年高考语文命题积极落实《深化新时代教育评价改革总体方案》，注重情境测评，增强试题的开放性，使考生正确有效地运用习得的语文知识与能

力，在学习和生活实际中学以致用。分析近两年新高考卷四套试题的信息类文本主观题，可以看出，"具体情境下的拓展运用"这个题型考查频繁。这类题目很好地体现了新高考综合改革的主要指导思想，就是要实现由"知识"考核走向"能力"考核的转化，考查深入解读文本和知能迁移的能力。

这类题目将文本外和文本内联系起来，文本就是"理论依据"，题目给出的情境化就是"事例操作"，是对文本知识点的理解与运用。如2021新高考Ⅰ卷就是要求以文本外关于诗与画的两句话，来理解文本内关于诗画艺术形式的差异。新高考Ⅰ卷信息性文本阅读的第4、5题均属于"具体情境下的拓展运用"类型，一类侧重于"社会现实"情境，一类侧重于"文本问题"情境。但是，拓展运用题，本质上还是考查理解、分析、概括能力，只是增加了特定的"情境"。所以，只要带领学生认清了这类题的"实质"，掌握了基本类型（现实情境、文本问题情境）和答题方法（解读文本——明话题，理思路，概括观点；解答题目——析题干，找关联，以文解题），熟能生巧，就能正确解答。

三、提质增效，优化"学案导学"策略

高三复习，要优化学案设计，做到精选复习内容，提炼复习要点，设计学习流程，优化学习策略，强化效果检测。本节课，我设计了"预习案""导学案""检测案"三部分内容，明确了学法指导：解读文本——明话题，理思路，概括观点；解答题目——析题干，找关联，以文解题。探索使用"表格法学习"，帮助学生在解读文本和解答题目上"思维可视化"。

在课堂上，安排了学生自主学习、合作探究展示等学习方式，突出学生在学习过程中的主体地位。本节课，课堂容量较大，思维要求较高，学生在掌握"论述性文本基本知识基本方法"的前提下，着力提高自己的"解读文本、解答题目"能力，提高课堂学习效率，构建知识能力体系，掌握解决问题的方法规律。学生在本节课的课堂上能积极思考、发言，板演展示答案，展示出良好的文化素养和较强的思维能力。

一节公开课，执教教师需要从大量占有的资料中删繁就简，去粗取精；需要把握该考点、题型的实质，厘清规律；需要总结出高效、独特的方法帮助学生去打牢基础，发展能力，提升思维品质。一节公开课结束了，虽然备课过

程是辛苦的，但是其中的收获也是巨大的。反思自己在课堂教学中也有很多不足，例如在"有效提升学生读懂文本的能力""增强学生简练、准确的语言表达能力"等方面都还做得很不够，需要加强研究，有效解决课堂教学中暴露出的问题。

相信在市教科院温老师带领下，在各位语文同人的共同努力下，我们滨州高中语文教育将会更上一层楼，为滨州教育提质增效大发展做出应有的贡献。

（执教滨州市高三语文观摩课"新高考现代文阅读Ⅰ"教后感悟）

第二章

课例·设计

注重积累学方法，明察语境善表达

——高考"正确使用成语"专题教学设计

【学习目标】

1. 树立积累意识。理解并牢记一定量的成语；养成善查词典、注重积累的良好习惯。

2. 学会基本方法。掌握"判断成语是否符合语境要求"的基本方法。

3. 适当拓展应用。在写作小练习中，尝试恰当应用成语。

【学习难点】

成语（熟语）的量非常大，掌握起来就比较困难，特别是对我们这些平时积累不多的学生而言。掌握方法，学会分析是本专题需要突破的难点。

【课前预习】

（一）考纲解读

考试大纲要求：正确使用词语（包括熟语）。能力层级D级。

"正确使用成语"是从考纲"正确使用词语（包括熟语）"中剥离出来的一个考点。成语（熟语）检测是高考基础考查的重点之一，每年必考。"正确使用成语"包含两个意思：一是要正确而全面地理解成语的内涵和外延，了解成语在意思、程度、使用范围、色彩（语体和情感）、语法功能等上的不同；二是要弄清句子的语境要求，即句子的意思、程度、使用范围、色彩等各方面要和成语相符合，同时要注意成语和句子是否搭配等。考试形式为选择题，分值3分。

（二）必备知识

1. 什么是成语?

成语是指语言中经过长期使用、锤炼而成的固定短语（词组），它是比词大而语法功能又相当于一个词的语言单位。成语大多由四个字组成，但也有三个字或多个字的。例如"空中楼阁""鼎鼎大名""青出于蓝""有声有色""欢天喜地"等都是四字成语。少于四字的成语，如"敲门砖""莫须有""想当然"之类，多于四个字的如"桃李满天下""真金不怕火炼""心有余而力不足""江山易改，本性难移""只许州官放火，不许百姓点灯"之类，在成语中占绝对少数。

2. 成语的来源

成语主要来源有：古代寓言，例如"守株待兔""揠苗助长"；历史故事，例如"破釜沉舟""乐不思蜀"；诗文语句，例如"老骥伏枥""万马齐喑"；口头俗语，例如"一言为定""三教九流"。

3. 成语的特点

①意义的整体性。成语的词义往往超出字面，不能望文生义。例如"水落石出""三头六臂""泥牛入海"。②结构的凝固性。一般不能变动词序或更换其中的成分。例如"千方百计"不能作"百计千方"，"铜墙铁壁"不能作"钢墙铁壁"。③色彩的文言性。保留了文言词和文言语的格式，例如"草菅人命"（草菅，意动用法）、"富国强兵"（富、强，使动用法）④感情的褒贬性。含有褒贬色彩，例如"无所不至"（贬）、"无微不至"（褒）。

【教学过程】

（一）"课前10分钟积累"活动

1. 学生自行活动

4名同学黑板默写+8名同学被检查背诵+4名检查者订正。

2. 课代表领读

黑板上所写内容。

师评价：每天的语文积累活动，同学们自我组织得越来越完善，效率更高了，希望大家精心准备、持之以恒，既积累知识、锻炼自己表达能力，又从中体会到语文学习独有的魅力和快乐！

（二）检测："我爱背成语"

1. 导入

精析2009，备考2010，这是我们高考前约80天时间内语文复习的基本思想。在成语专题复习中，我们提出了一个响亮的口号"我爱背成语"，以此来突破成语复习的瓶颈。同学们，你们大声说爱背成语吗？（不爱——当你习惯了，你就会爱它。爱——爱，就马上行动。）好，在检查同学们背诵效果之前，我们先共同梳理一下成语预习学案中的几个知识点。

2. 简要梳理成语预习学案重点知识

4个成语：无所不至、无微不至、罄竹难书、杯水车薪，让学生解释。

3. 检测："我爱背成语"（见预习学案）

培养学生的成语积累意识，检测课前记忆成效。

学生大声背诵：①教师随机抽查；②前后左右4人互查；③学生起立抢答。

（三）探讨：我来学方法

步骤一：师生共同学习：成语运用的七个注意点（以高考题为例）

现以2009年高考成语题为例，总结归纳出高考成语故意致误常见的几种类型。

（注：下面所举例句中加点成语全部误用）

（1）望文生义

生活中，很多人不了解成语的内在含义，就按成语的字面意思去理解，并且运用于说话或文章里。因此，此错误类型是生活中常见的，也是高考常考的。如：

例1. 新课程标准要求我们在高中语文教学中努力贯彻新的教育教学理念，坚决摒弃那种不尊重学生的耳提面命式的教学方法。（2009安徽卷）

例2. 日出而作，日落而息，他们就这样日复一日，年复一年地劳作生活在这片广袤的土地上，真有点令人匪夷所思。（2009海南、宁夏卷）

例3. 四十年来，您培养的莘莘学子，或纵横商海，运筹帷幄，或潜心学界，激扬文字……在各行各业的建设中，总是首当其冲。（2009广东卷）

（2）对象错位

有些成语有固定的使用范围，如果不顾成语使用的对象和使用范围就乱用成语，很容易造成"牛头不对马嘴"的后果。如：

例4. 历史如同一条长河，从源头连绵不断地流去，每一个阶段都具有特立独行的标志。（2009湖北卷）

例5. 现在少数媒体放着有重要新闻价值的素材不去挖掘，反倒抓住某些明星的一些逸闻就笔走龙蛇，这种做法真是令人费解。（2009安徽卷）

例6. 这是一位已故著名作家的作品，由于各种原因一直没有发表，这次出版对编辑来说也有点敝帚自珍的意味。（2009辽宁卷）

（3）褒贬误用

成语中，有些是有感情色彩的，在使用的过程中，就要分辨出这些成语的褒贬色彩，否则就会产生误用现象。如：

例7. 再完美的机制也得靠人去操作，一旦机会主义，暴利主义成为心底横行之猛兽，即便要付出天大的代价，破坏制度与规则者也会前赴后继。（2009山东卷）

例8. 歹徒在向人勒索巨额钱款时，猝死于作案现场。他一生恶贯满盈，真是死得其所。（2009江西卷）

（4）不合语境

成语的使用还要注意到与语境的和谐，不能不合惯用句式，不能不合情合理。如果成语与其所在的语境不能协调，使用就不恰当。如：

例9. 这几位大学毕业生虽然工作经验欠缺，实践能力不足，但在国家相关政策的扶持下，他们决心自立创业，牛刀小试，开创一番新事业。（2009四川卷）

（5）前后矛盾

有些成语，就其本身的意义来看尽管准确，但还要看它在整个句子中和其他词语或分句表意是否矛盾。如：

例10. 远处连绵的山峰上一道残破的城墙依稀可见，山下面有条深谷，怪石峥嵘，溪流湍急，无路可通，正所谓一夫当关，万夫莫开。（2009北京卷）

例11. 2009年5月9日，我国著名相声演员李文华老人溘然长逝，这让他的老搭档姜昆深感失之交臂，沉浸在极度的悲痛之中。（2009四川卷）

（6）词义用错

成语的含义是约定俗成的，它的含义也相对固定。因此，成语在使用时要求也较高，如果句子和成语所表达的意思有出入，我们称其为"词义用错"。如：

例12. 国际金融危机给世界经济带来了极大冲击，曾经富庶的大西洋某岛国如今经济状况已如履薄冰，濒临"国家破产"的边缘。（2009安徽卷）

（7）形近混淆

有些成语和其他成语字形、读音较为相近，或者说有相同的语素，因此在使用的过程中容易混淆而出现误用。如：

例13. 广交会为企业提供了内外贸对接的契机，但这种对接不可能一挥而就，绝大多数出口企业由于不熟悉国内市场，即使有意内销也无从着手。（2009山东卷）

当然，每年的考题都在变化中，只关注成语的这几个点是不够的，还应全面备考，以广博的知识去应对变化的试题。

步骤二：教师点拨答题技巧

第一，逐字解释成语，运用成语结构特点把握成语大意，但要注意不能望文生义；第二，体会成语的感情色彩；第三，要注意成语使用范围、搭配的对象；第四，尽可能找出句中相关联的信息；第五，对四个选项权衡比较，选出认为合要求的。

总之，要想把成语这个专题复习好，有两点。①同学们要能够准确把握一定数量的成语的含义，即能理解并牢记一定数量的基本的、重点的成语。离开这个量的积累，其他解题方法就没有任何意义。②掌握一点基本的判断"成语是否符合语境要求"的方法，就是说能根据成语的意义、感情色彩、使用范围、搭配对象等方面和句子本身比对分析，判断成语是否符合语境的需要。上面谈到的7点，可以借鉴，重点把握。

（四）牛刀小试：我做高考成语题

活动设计：①学生每组一个题目，互相交流；②每组有一名同学来讲（主要讲成语即可，简要讲解）；③老师、学生认真听，有疑问可当场发问。

（五）拓展应用：我来谈社会热点

请同学们阅读学案上的材料，任选一个角度或自定角度，写一段约100字、观点明确的文字。（要求：在此段文字中需要至少使用4个成语）

活动设计：①涉及5个成语（或熟语），让学生解释；②明确要求（观点明确，用4个成语），组内交流；③学生展示（教师积极评价）；④教师下水文。

教师：平时写作、交流中，要善于用成语表达自己的思想或感情，提高自己文字运用水平。

（六）课堂小结

（1）重视成语积累和基本方法的掌握。

（2）善于在平时的写作与交流中准确、恰当运用成语。

（七）布置作业

课下完成成语练习学案。

（在邹平县长山中学课堂教学大赛中获一等奖）

仿写壮文势，修辞增姿彩

——高考"仿用句式（含修辞）"专题教学设计

【学习目标】

1. 树立积累意识。掌握9种修辞手法，并通过记忆典型例句，加强理解，促进运用。

2. 学会基本方法。总结归纳高考仿写常见的6种类型，把握仿写的基本要求。

3. 适当拓展应用。仿写与修辞知识的学习，转化为写作水平提高的能力。

【学习重点】

1. 正确使用常见的几种修辞手法，尤其是比喻、排比、拟人这"老三样"。

2. 掌握仿写的基本要求，能解答高考仿写常见的几种题型。

【学习难点】

即使同学们掌握了9种修辞手法，即使熟悉了高考常见的6种题型，也不能说明"仿用句式"题就能够很好地解答出来。因为仿写与修辞，是对一个人语言表达应用能力的综合要求，而语言能力根源于平时的积累。因此，应注意两点：一是平时的阅读积累与生活积累，多读、多背、多思考；二是必不可少的语言训练，包括书面练习和口语交际。

【课前预习】

（一）考纲解读

2010年新课程标准《考试大纲》对本考点的要求是：选用、仿用、变换句式。正确运用常见的修辞手法。能力层级为E级。

本专题"仿用句式"，是从考纲"选用、仿用、变换句式"中剥离出来的一个考点。选用、仿用、变换句式是对学生语言表达应用能力的要求，它包含了三点：①了解各类不同的句式，学会根据不同的语言环境选用恰当的句式；②能根据所提供例句的句式特点，仿写一个或几个内容相关、句式相同的句子；③掌握不同句式的变换方法，能根据语境，灵活自如地变换句式，增强表达效果。从近几年高考试题来看，仿用句式考查的概率最大，其次是变换句式，选用句式出现概率较小。

值得提醒的是，仿写很多时候要联系修辞。作为一个独立考点，修辞单独命题的可能性不大。纵观近几年的高考题目，诗歌鉴赏、个别现代文阅读题目中经常会出现与修辞有关的题目，而仿写中则更常见。因而对于《考试大纲》中明确规定的9种修辞手法（比喻、比拟、借代、夸张、对偶、排比、反复、设问、反问），要理解特点，准确运用。

（二）"仿写"必备知识：形似和神似

仿写的基本要求可概括为"形似"加"神似"。"形似"，指形式的同一性，包括句式、结构、修辞等。"神似"，指内容的统一性，包括材料选择、语意指向、情感基调、文采风格等。具体如下。

1."形似"

（1）句式相同。"仿造句式"，当然所仿写的句子就必须与例句的句式一致。

（2）修辞手法一致。仔细分析所给句子所运用的修辞手法，其用什么样的修辞手法，那么所仿写的句子也必须用什么样的修辞手法。

2."神似"

（1）话题统一：①显性话题式，指题目中规定了陈述对象，在仿写时必须是以给定的陈述对象为主语；②隐性话题式，指给定文段所隐含的中心主旨，仿写时根据上下语境，弄懂文意，把握主旨，并在此基础上发挥联想和想象，梳理选材。

（2）色调统一：既指语境色彩，也指感情色彩，同时还包括仿句的创意和境界。

（3）表达方式统一：或记叙，或议论，或描写；或委婉含蓄，或亲切友善，或生动形象，或深沉凝重。总之仿句的表达方式与例句相配。

【教学过程】

（一）"课前积累"活动

（1）学生自行活动：3名同学黑板默写+5名同学被检查背诵（响亮）+3名检查者订正。

（2）课代表领读：黑板上所写内容。

师评价：同学们自信流畅地背诵、准确工整地默写、声音洪亮地朗读、聚精会神地倾听，让我们在语文课上感受着文学语言的魅力和汉语方块字的美丽，也感受着同学们语文学习"厚积而薄发"的力量！对这几位同学的优秀表现，我们用掌声表示赞扬和鼓励，大家要再接再厉。

（二）检测：我爱背例句（见预习学案）

增强学生的积累意识，检测课前记忆成效。

1. 导入

前面学习成语时，我们提出"我爱背成语"口号；近几天，为了突破9种"修辞手法"学习的难题，我们又提出"我爱背例句"口号。爱，就要去行动，并让行动成为习惯。下面，检测一下大家"背例句"的落实情况。（检查一名学生背诵9种修辞手法名称，然后屏幕展示：《考纲》9种修辞手法）给同学们一点时间，快速背诵，准备检查。

2. 教师板书

仿写（含修辞）"我爱背例句"基本方法"5个一致"。

3. "我爱背例句"活动

学生大声背诵：①教师随机抽查；②前后左右4人互查；③学生起立抢答。

（三）课题理解：仿写壮文势，修辞增姿彩

1. 看屏幕

我们学案的题目。大家齐声读一遍。问一学生：题目写得好不好？你怎样理解这个题目，它用了什么修辞？（学生可能：①对偶。②"仿写能增强文章气势，修辞可增添语言文采"）

2. 教师屏幕展示

"秦时明月汉时关""主人下马客在船"（加以引导）那么，这两句怎样

理解？"秦时明月汉时关"从字面理解，是"秦时明月照耀汉时关塞"之意。实际上，应理解为"秦汉时的明月照耀秦汉时的关塞"。明月和关塞依旧，但秦汉已经灰飞烟灭，造成强烈对比，强化了历史沧桑感。"主人下马客在船"。从字面理解，是"主人下马，客人已经在船上了"。实际上，应理解为"主人、客人下了马，又一起上了船上"。

互文，古代作家为了增强某种表达效果，把本应该合在一起说的话临时拆开，使上下两句相互补充，理解时又应该合在一起解释的一种修辞方法。

因此，我们学案的题目应理解为："仿写与修辞，能够增强文章的气势、增添语言的文采。"

（四）探讨：把握仿写的基本要求

结合示例，理解仿写在审题立意、选材、表达形式三方面的基本要求。

1.审题立意：看清要求，主题明确，立意积极向上

例如：仿照下面的比喻形式，另写一组句子。要求选择新的本体和喻体，意思完整。（不要求与原句字数相同）

海是水的一部字典：浪花是部首，涛声是音序，鱼虾、海鸥是海的文字。（学校是运载我们驶向胜利彼岸的船：校长是船长，老师是服务员，你、我、他都是船上的乘客。）

赏析：句子对学校教书育人的功能进行了歌颂，积极向上。如，学校是一座庙：校长是方丈，老师是大师兄，你、我、他是庙里的和尚。评：学校是培养人才的地方，是我们健康成长的乐园，怎能如此立意！

2.选材：选自己熟悉的材料

例如：请选择另一事物进行仿写。要用拟人的修辞手法，符合该事物的特征并寄予一定的思想感情。

雨伞：你注定一生与乌云为伴，时时为别人遮风挡雨，却湿透你自己。（蜡烛：你注定一生与黑暗为伴，时时为别人带来光明，却牺牲了自己。）

赏析：从自己熟悉的蜡烛、拖把、橡皮等入手，思路开阔。

3.表达形式一致：仿写，首先是仿形式

这里的形式是指结构、句式特点、逻辑、修辞等。要注意修辞。要考虑使用《考试大纲》规定的9种修辞手法，特别是比喻、拟人、对偶、排比等。

例如：仿照例句形式，另写一组句子，要求选择新的喻体。（不要求与原

句字数相同）

女儿是母亲的一面镜子：在女儿这面镜中，母亲找出了她，美丽的人间四月天。

优秀例句：学生是老师的一架天平：在学生这架天平上，老师称到了他，丰收果实的分量。

赏析：在结构上，用了总分式；从语言上，用了比喻（暗喻）的形式。病例：儿子是父亲的一面镜子：在儿子这面镜中，父亲找出了他，丰收的人间十月天。评：没有选择新的喻体。

4. 教师归纳

立意：积极。选材：选熟悉的。表达形式：一致。特别注意句式和修辞。

（五）方法指导：高考仿句（含修辞手法）6种常见题型解析

1. 嵌入式

要求仿写的内容镶嵌在语段当中，既有上文的语境，又有下文语境。

（1）在横线处仿写前面的句子，构成一组排比句。（4分）

每一汪水塘里，都有海洋的气息；____，____；____，____。所以诗人才说："一株三叶草，再加上我的想象，便是一片广阔的草原。"

示例：每一块岩石中，都有大山的血脉；每一棵小树上，都有森林的绿色；每一丝晚霞里，都有天空的柔情；每一颗星辰中，都有宇宙的广阔。

（2）仿照下面画横线的句子，另写两个句子与前面形成排比，并与首句尾句相照应。

一首好诗，往往只给你一缕春风，就能叫你去想象春天的清晰；____，____；____，____；好诗总是能最大限度地刺激和调动你的想象。

示例：只给你一朵浪花，就能叫你去想象大海的浩渺；只给你一颗星星，就能叫你去想象星空的灿烂。

2. 续写式

要求仿写的句子是在给定了上语境的基础上，承接上文语句的形式，在内容上具有连贯性。

（1）照应给出文句的意思，续写一段话。听高雅音乐，可以陶冶人的性情，可以激励人的斗志，可以抚慰受伤的心灵。你看，____。

示例：一曲《高山流水》赋予了伯牙宁静与淡泊的情怀；一曲贝多芬的

《命运》让无数面对死亡的人重新叩响了生命的大门；一曲莫扎特《安魂曲》引领亡者步入天堂，给其家人以无限抚慰。

示例：卓文君在《凤求凰》在感召下，与司马相如结为夫妻，相互恩爱；贝多芬在《命运交响曲》的激荡下，对生命充满信心，又创作大量作品；欧阳修在《摇篮曲》的慰藉下，找到知音，一抒他心中不畅。高雅音乐，对人类来说是多么美丽！

（2）根据下面提示，仿写句子。山对海说：你博大辽远，深邃宽容，是值得我尊敬的老师。海对山说：____。

示例：你高耸挺拔，稳重坚强，是值得我信赖的朋友。

示例：你绵延巍峨，坚毅豪迈，是值得我崇敬的楷模。

示例：你峰峻岭豪，形秀心坚，是值得我神交的同志。

示例：你绮丽多姿，雄奇妩媚，是值得我心仪的伴侣。

（3）按要求完成下题。根据语意仿写。要求比喻恰当，句式相近。我向往一种生活状态，叫作——安详，安详就像夕阳下散步的老人，任云卷云舒；我也憧憬另一种生活状态，叫作——____，____，____。

示例：我也憧憬另一种生活状态，叫作——激昂，激昂就像风浪中搏击的水手，任风吹雨打。

3. 命题式

除给定例句外，给定几个话题。

（1）在"沙砾""星星""蜡烛"中任选一种，仿照下面《溪流》的格式，写一组句子。溪流：没有长江奔腾的浪花，也没有大海壮阔的波澜，但山石间那点叮咚，是你欢快的旋律。

示例（1）沙砾：没有大山的伟岸，也没有溪流的悠闲，但山水间的那点铺垫，是你默默的奉献。

示例（2）星星：没有太阳眩目的光芒，也没有月亮迷人的浪漫，但夜空中的那点光亮，是你生命价值的闪现。

（2）在"橡皮""圆规""直尺"中任选两种，仿照例句，各写一句话。（句式、字数可以和例句不同）粉笔：身躯缩短了，生命的轨迹却延长了。

示例（1）橡皮：身体残缺了，错写的字面却清洁了。

示例（2）圆规：用两条小腿，走出了圆的世界。

示例（3）直尺：身躯虽小，量出的直线却无穷。

4. 限定式

给定例句，并附加其他限定，譬如以……为开头等。

（1）以"关爱"为开头，仿写两个句子。要求：两句都要与例句句式一致、字数相等，第二句还要跟后一例句的修辞手法相同。关爱是一个眼神，给人无声的祝福。关爱是一缕春风，给人身心的舒畅。

示例：关爱是一句问候，给人春天的温暖。关爱是一场春雨，给人心田的滋润。

（2）仿照下面一句话的句式，分别以"家庭""课堂"开头，仿写两句话，组成一组排比句。舞台小社会，社会大舞台，演尽人间悲欢离合。①家庭____，____，____。②课堂____，____，____。

示例：①家庭小集体，集体大家庭，尝遍生活酸甜苦辣；②课堂小天地，天地大课堂，做透学问真假优劣

5. 诗歌式

给定例句，在选材和立意上充分自由。

（1）仿照下面的比喻形式，另写一组句子。要求选择新的本体和喻体，意思完整。（不要求与原句字数相同）童年是旭日，老年是夕阳，岁月充满变幻的风云，理想则是人生永远的北斗。

示例：起步是山脚，成功是巅峰，旅途充满未知的雨雪，达到顶峰则是人生不变的梦想。

示例：高一是起点，高考是终点，高中生活充满了酸甜苦辣，金榜题名则是莘莘学子永远的指南针（彼岸）。

示例：开端是此岸，成功是彼岸，航程中充满了惊涛骇浪，追求则是人生旅程上永远的航标。

（2）仿照下面的比喻形式，另写一组句子。要求选择新的本体和喻体，意思完整。（不要求与原句字数相同）智者的思索是深深的泉眼，从中涌出的水也许很少，但滴滴晶莹；庸者的奢谈是浅浅的沟渠，由此流过的水或许很多，却股股混浊。

示例：逆耳的忠言好比配有黄连的中药，虽然难以下咽，却是对症下药；奉承的蜜语犹如含毒药的琼浆，虽然香甜可口，却是慢性中毒。

6. 对联式

（1）根据下面一副对联的上联，对出下联，并拟出恰当的横批。

上联：华夏儿女文武双全建伟业。下联：_____。横批：_____。（下联：炎黄子孙德才兼备展宏图，横批：振兴中华）

（2）下面都是对联的上联，请选择其中一题对出下联。

第一题：春晖迎大地，_____。科学能致富，_____。（示例：正气满乾坤；勤劳可兴家）

第二题：国兴旺家兴旺国家兴旺，_____。（示例：老平安少平安老少平安）

（3）请补写一句与上联字数相等、结构相似的下联。

（平仄不论）爱国诚信乃做人根本，_____。（示例：求实谦虚为治学前提）

活动设计：①每组由一名同学来讲（展示多种答案）；②老师、学生认真听，感受分析；③屏幕展示：学生齐读，并写在学案上。

（六）写作拓展

要求：请同学们任选一题，参考例句写一个文段，至少运用一种修辞手法。

（1）如果给你"生命真是一个奇迹"这样一个题目，让你写一篇文章的开头（或结尾），你将怎样写？

例如：一枝枝从污泥里长出的夏荷，竟开出雪一样洁白纯净的花儿……

示例：一枝枝从污泥里长出的夏荷，竟开出雪一样洁白纯净的花儿；一只只毫不起眼的鸟儿，竟能在枝头唱出远胜小提琴的夜曲；一条条柔软无骨的蚯蚓，居然能在坚实的土地里如鱼在海中似的自由遨游；一粒粒细细黑黑的萤火虫，竟能在茫茫黑夜里发出星星般闪亮的光。大千世界，无数平凡的生命在不经意间创造着令人叹服的奇迹。

（2）如果给你"历史是一面镜子"这样一个题目，让你写一篇文章的开头（或结尾），你将怎样写？

示例：假若当初商纣王能广开言路，察纳忠言，何至于落得个身败名裂、葬身火海的下场？假若当初蔡桓公虚心听取扁鹊的意见，何至于病入膏肓而一命呜呼呢？假若当初项羽能从谏如流，接纳忠言，何至于落得个无颜见江东父老、自刎乌江的结局呢？

反过来说，如果当初齐威王不采纳邹忌的谏讽，又怎能取得"战胜于朝廷"的结果？如果当初唐太宗不采纳魏徵的劝告，怎么能创造"贞观之治"的局面呢？

综上所述，不难看出：善纳人言者，昌；不纳人言者，亡。

活动设计：小组交流，学生展示（教师积极评价），教师展示。

教师小结：写作离不开必要的修辞手法的应用，仿写的练习可以增强大家写作中"注重文采"的意识。同学们在以后作文中要善于运用修辞手法，提高自己语言运用水平。

（七）布置作业

课下做好学案上知识的巩固，下节课我们将简要学一下"选择和变换句式"。

（八）结束语

本节课，通过对同学们9种修辞手法"典型例句"背诵的检查，进一步引导大家背诵例句、突破修辞学习难点。归纳出了仿写的基本方法。通过典型例题分析，掌握了高考仿写常见6种题型。最后"写作拓展"的练习，引导大家把仿写与修辞应用到写作上来。总之，本专题归结为一句话，就是我们的学案题目：仿写壮文势，修辞增姿彩！希望大家进一步努力，真正通过仿写与修辞的专题，提高自己的语言表达应用能力，提高自己的写作水平。

（邹平市长山中学公开课教学设计）

历史回声不绝如缕，千古江山尽显风流

——鲁教版教材《宋词二首》比较鉴赏教学设计

【教材分析】

《宋词二首》是鲁教版第五册第三单元"历史坐标上的沉思"的第一课，同本单元的另外两课《六国论》《阿房宫赋》一样，都是从历史的角度或解读人生，或关注政治，均表达了积极向上的政治理想和人生态度。《念奴娇·赤壁怀古》吊古伤怀，借古传颂英雄之业绩，思自己历遭之挫折。词分上下两阕。上阕咏赤壁，下阕怀周瑜，并怀古伤己，以自身感慨作结。上阕着重写景，即景抒怀，引起对古代英雄人物的怀念。下阕着重写人，借对周瑜的仰慕，抒发自己功业无成的感慨。《永遇乐·京口北固亭怀古》通过怀念古人和回忆亲身经历，表达了作者对国事的关心和忧虑，对出师北伐收复中原的主张和见解，以及宿志难伸的愤慨。上阕怀念孙权、刘裕，表现对英雄业绩的向往。下阕借谴责刘义隆，表明自己抗金的主张；借廉颇的故事，抒发对南宋王朝的愤懑。学生应当在尽可能熟读成诵的前提下，对两词的思想内容、情感倾向、观点态度、艺术手法等方面做到全面学习、系统掌握。通过比较赏析，把握两首豪放词在思想内容、表现手法方面的异同；通过联想与想象，对文本内容进行再造性延伸拓展。

【学情分析】

执教班级是由爱好美术专业、具备一定美术特长的学生构成的"艺术群体"。学生因为美术专业学习而具有较强的审美能力和细心观察的思维品质，同时，因美术专业需投入时间精力而导致整体文化课功底较弱、已有知识经验和能力基础明显不足。针对《宋词二首》都体现了作者思想感情复杂、不易理解的特点，针对学生基础薄弱、预习及积累习惯欠佳的情况，为学生设计预习学案，坚持"学生没有充分预习的课，老师不讲"意识，培养学生形成语文学习良好的预习、积累习惯，为准确、全面理解两首词奠定基础。

【教学目标】

基于以上对教材内容、学生学情的分析，确定如下教学目标。

1. 知识与技能目标：①熟读成诵，正确理解、评价两词中作者思想情感和观点态度，提高对古典诗词鉴赏能力。②理解《念奴娇·赤壁怀古》一词写景、咏史、抒情相结合的写作特点，及烘托映衬的写法；理解《永遇乐·京口北固亭怀古》一词运用典故、借古喻今的写作特点，及文中用典含义和表达作用。

2. 过程与方法目标：①注重诵读。引导学生在吟诵中加深对词的理解，从自由读到范读到齐读，引导学生设身处地地"读"作品，在读中感受作者的豪放词风。②注重比较。进一步了解豪放派词的特点，体会苏轼与辛弃疾豪放词风的异同。③注重品味。通过对语言和艺术手法的品读赏析，深入领会作品的思想感情。

3. 情感、态度、价值观目标：①感受苏轼旷达的胸怀，准确评价其对历史和人生的认识。②体味辛弃疾借古事抒发抗金救国、收复中原的热切愿望、壮志难酬的苦闷，以及对统治者屈辱求和、昏聩无能的愤慨。③关注社会，体味人生，树立积极向上的人生理想和价值观。

【教学重难点】

重点：理解两词表达的思想感情。理解《念奴娇·赤壁怀古》写景、咏史、抒情相结合的写法和《永遇乐·京口北固亭怀古》中用典含义和表达作用。

难点：用典的理解、比较两首词的异同。

【教学方法】

1. 重视课前预习。引导学生认真完成预习内容设计，并对两首词达到熟读成诵。

2. 重视课堂诵读。在诵读中具体研讨用典的用意，从而理解词人含蓄而又深沉的情感。

3. 重视合作探究。教师创设情境，组织研讨，引导思考。

【教学时数】

两课时

【教学过程】

第一课时

（一）课堂导入，激趣引思

（多媒体播放《三国演义》主题曲《临江仙·滚滚长江东逝水》）"滚滚长江东逝水，浪花淘尽英雄。"历史回声不绝如缕，千古江山尽显风流。苏轼的《念奴娇·赤壁怀古》与辛弃疾的《永遇乐·京口北固亭怀古》，从遥远的大宋王朝走来，又裹挟着今天的声音向未来走去，它们永恒地震撼着人们的心灵。这节课我们一起来诵读、品味并比较鉴赏这两首词。

教学设想：《三国演义》主题曲《临江仙·滚滚长江东逝水》是明代文人杨慎所作，给人感觉极为深沉、悲壮，意境清空、高远。该词豪放中有含蓄，高亢中有深沉。教师以此导入《宋词二首》，能让学生感受苍凉悲壮的意境，同时为课堂创设一种淡泊宁静的氛围，利于新课学习。

（二）预习检查，诵读指导

1. 基础知识检查（以下三题，详见学生预习内容设计）

（1）重点字词的音、形、义。

（2）两位作者基本情况和两篇作品创作背景。

（3）对两词涉及的六个典故简要概括，并尝试说明作者运用此典故的意图。

教学设想：第1小题同学们听写于作业本。（目的：夯实基础，每天字词的音形义都落实好）第2小题用小纸条抽查写于黑板。（目的：加强积累，牢记基本文化常识）第3小题组内交流、修正，个人发言。（目的：增强语言准确性，锻炼语言表达简明）

2. 诵读检查及方法指导

（1）组内读评，每组推荐一名朗读优秀者读。（多媒体播放《高山流水》）

（2）教师及时点评；让学生欣赏名家朗读。（多媒体播放名家曹灿的朗读）

（3）教师指导方法

强调重点字音：英发（fā）华发（huá/fà）纶（guān）巾酹（lèi）舞榭（xiè）胥（xū）佛（bì—古音/fó—今音）（生齐读，每个词两遍）

有些地方的豪放之情还未完全读出。"乱石穿空，惊涛拍岸，卷起千堆雪。"这三句应读得很有气势。（生读之，师指导并范读。此三句读的节奏快些，还可做上扬的手势和卷的动作；"穿""卷"应重读）《永》深沉的悲壮感要把握好，读"想当年，金戈铁马，气吞万里如虎"时，感情要有力度。（生读之，师指导并范读。读"想当年"声调应高，"如虎"应重读，应神采飞扬，激情奔放。生齐读两词）

（4）同学们，有人说东坡的《念奴娇·赤壁怀古》，"须关西大汉，铜琵琶，铁绰（chāo）板"唱之，我以为读之也应如此，而且诵读稼轩的《永遇乐·京口北固亭怀古》也须如此。下面，请听老师配乐朗诵《念奴娇·赤壁怀古》《永遇乐·京口北固亭怀古》。（多媒体播放《高山流水》）

（5）学生自读课文，全班齐读课文。

（6）请同学们思考，怎样才能读好这两首词？思考片刻后请举手发言。学生发言、教师指导。

① 诵读时一定把握好字音、节奏、语气、语调（轻重、高低、长短）及情感（表情、手势等）。

②《念奴娇·赤壁怀古》历来被视为豪放派的代表作，应读得铿锵有力，表现出作者对历史上这场战争的向往和对英雄的景仰；《永遇乐·京口北固亭怀古》应读得激越悲壮，表露对国事的深沉关注，读出英雄气概。

（三）问题驱动，品味赏析

许多古人，每见名山大川，必有所感怀，如孔子"登泰山而小天下"，范仲淹临洞庭而忧苍生，欧阳修游滁州而醉山水。他们心为山动，情为水发，锦文华章，喷薄而出，留下许多千古绝唱。宋代词人苏东坡来到历经沧桑的赤壁古战场，同样情难自已，醉书一曲《念奴娇》，让世人传唱。我们来学习苏轼的这篇传世佳作——《念奴娇·赤壁怀古》。

1. 赏析上阕

学生有感情地朗读上阕，讨论完成下列问题。

（1）一、二、三句历来被人们称道，有谁说说它的好处在哪里？

词一开篇，江山、历史、人物逐一奔入眼底，引起怀古思绪。境界开阔，气象恢宏，笼罩全词。大江东去，淘空一切，唤起我们所有的向往。"浪"怎能冲洗千古风流人物呢？显然是作者的感情在起作用，使无数杰出人物在诗人的视野里都如滚滚长江水一去不复返。由江水的流逝想到岁月的无情，引发历史想象，非常自然。我们知道，孔夫子早就有"逝者如斯夫"的嗟叹。这三句写景、抒情、议论结合得天衣无缝。给人以强烈的感情冲击，并产生对历史和人生的思索。

（2）四、五句点明什么，写赤壁为何要假借他人之口？

第四句引出历史上的"风流人物"，这一句进一步提出"三国周郎赤壁"作为一篇主脑，文章由此生发开去。"人道是"三字用得极有分寸，点明此处赤壁并不一定是赤壁之战的所在地，诗人只是借此抒发感情，并不想做考据家。

（3）六、七、八句写了怎样的赤壁之景？有什么作用？

第一、二、三句总写长江，引起人怀古思绪，这几句具体写赤壁之景。先写江岸石壁，"乱"写出险怪，"穿"写出高峭。再写江面波涛，"惊"写汹涌，"拍"描绘出水石相搏的情状。"卷"句写出浪花四溅，狂澜奔腾起伏的异景，声音、色彩、姿态，无不逼真。这几句，作者抓住悬崖、陡壁、惊涛、波浪这些可视性极强变化宏大的形象，大刀阔斧横画纵抹，描绘了一幅奇险雄伟的画面；并暗写赤壁之战惊心动魄的场面和英雄豪杰们的雄姿，表现了作者的豪迈奋发。

（4）九、十句在全篇中起到什么作用？

这一句承上启下。"江山如画"是从眼前景色得出的结论。江山如此秀美，人物又是一时俊杰之士。这长江、这赤壁，岂不引起人们怀古之幽情？于是便引出下面一大段抒情。

（5）面对壮美的赤壁景观，作者很自然地会想到曾经活动在这里的英雄。请同学们发挥自己的想象，想象曾经在此的英雄。

过五关斩六将的关云长，一声喝断长坂桥的猛张飞，方天画戟无人能敌的俊吕布，运筹帷幄、世所难当的诸葛亮。

（6）学生齐读上阕，体会景中之情，总结内容。

描写赤壁景象，引起对古代英雄的缅怀，充溢着对建功立业的渴望。

2. 赏析下阕

学生有感情地朗读下阕，并讨论完成下列问题。

（1）上阕重写景，下阕"遥想"一词接应上文，心往神驰，八百七十四年前的周瑜就在作者描写的赤壁雄奇壮丽景色中出现了。阅读下阕前六句，讨论苏轼刻画了周瑜什么样的形象？

描写了周瑜雄姿英发、风流俊雅的英雄形象。"小乔初嫁"，美人衬英雄，写尽俊伟风姿。据史书记载，建安三年（198）乔玄把自己美丽的次女嫁给周瑜，不久吴主孙权又拜周瑜为大都督，这时周瑜才24岁。"羽扇纶巾"，描写周瑜儒将装束，手握羽扇，头戴纶巾，从容闲雅，一派儒将风度。"谈笑间，樯橹灰飞烟灭"，以曹操水军的惨败衬托周瑜指挥若定蔑视强敌的气慨。小乔初嫁距赤壁之战（建安十三年，瑜34岁）十年，放在一起写，是为了突出地表现周瑜少年得志建立功业的形象。

（2）讨论作者为什么要着意描写周瑜年轻有为英气不凡？

抒发对英雄业绩的仰慕之情，引发自己未能建功立业的感伤。苏轼这年47岁，不但没有建树，反而待罪黄州。怀古思今，感慨万千。下面几句就是写自己失意的感伤之情。

（3）思考后五句是怎样写人生感慨的？

"故国神游"，承接上文，道出了对英雄时代、英雄人物的向往。这种向往在两鬓斑白、年近半百、功业无成的现实面前变得可笑。"多情应笑我"是倒装句，须解作：应笑我多情。这里用自嘲方式写自己的感伤，感情大落，最终发出"人生如梦"的感慨，以呼应首三句。英雄人物，丰功伟绩，全都是过眼烟云，稍纵即逝，也是心境旷达，潇洒酹月。洒酒入江，以酒祭月，是希望万古愁怀随江而去，感慨和动作中表现出一种超脱与旷达。

（4）朗读下阕，总结。

下阕第一层写周瑜形象，第二层抒发对身世的感叹，咏史、抒情自然结合。

3. 总结全词

引导探究：总结这首词的艺术特点和思想感情。

艺术特点：这首词写景、咏史、抒情完美结合，浑然一体；语言简洁生动，意境壮阔博大，有着动人的艺术魅力。

思想感情：全词上阕咏赤壁，即景抒怀；下阕思周瑜，怀古伤己。基调昂扬、感奋、豪迈、苍凉。此词表现了苏轼复杂矛盾的思想，具有感奋和感伤的双重色彩。词中壮丽江山、英雄业绩，既激起了他豪迈奋发之情，也加深了他的思想矛盾，使他产生"人生如梦"的感慨。

（四）质疑探究，深入解读

有人说"人生如梦，一樽还酹江月"中含有消极成分，试结合作者生平及写作背景，谈谈自己的看法。并联系现实生活实际，说说当代青年应该树立怎样的人生观。

教学设想：全词赏析后，应注意引导学生全面、准确地理解作者"人生如梦"之慨叹。这首词苏轼的感伤是由于建功立业的激切热望不能实现而萌发的，我们应当更多地体会他对事业对人生的激情和思索，而不是伤感。"人生如梦"反过来也可以激发我们对人生的追求，这也正是这首词的理趣所在。从语言上体会这首词，也是"奋"压倒了"伤"。意境壮阔，风格豪放，反映了苏轼的宽阔胸襟。当然，这是个拓展性话题，不在于形成统一的结论，而在于引导学生树立正确的人生观、世界观。

（五）艺术转换，激发想象

1. 宋词改写

教师：请大家扣住"大江东去""乱石穿空""惊涛拍岸""卷起千堆雪""江山如画"等语句，用尽可能优美的语句把写景语句再现出来，进一步体会诗歌的意境。

写景句再现：滚滚东流的长江汹涌奔腾，陡峭的山崖高插云霄，汹涌的骇浪搏击着江岸，滚滚的江流卷起千万堆澎湃的雪浪。

2. 以画释词

教师：现在让我们插上想象的翅膀，给宋词注入新的活力。古诗词讲究"诗中有画，画中有诗"，我们就"化词为画，以画释词"。请大家发挥想象作一幅素描简笔画，来再现词中美景。画完后，都贴到各小组的黑板上来，我们集体欣赏并评出优秀作品。

教学设想：设计这两个小环节，一是锻炼学生深入解读精美古诗词名句、写成精练书面语言的能力，二是结合美术班学生实际，调动学生善于作画的专长，培养想象能力，增强语文学习的兴趣。

（六）多样读诵，体味感情

教学设想：通过"学生自由朗读""全班齐读""检查背诵""全班齐背"等形式，引导学生在诵读中进一步感受词的豪迈之风，体味作者感情。

（七）课堂总结

本节课，我们通过诵读、赏析、质疑探究、改写、背诵等环节，深入体味了这首豪放词的思想内容和艺术魅力。全词写景、咏史、抒情完美结合，浑然一体。上阕咏赤壁，即景抒怀；下阕思周瑜，怀古伤己。基调昂扬、感奋、豪迈、苍凉，表现了苏轼复杂矛盾的思想，具有感奋和感伤的双重色彩。词中壮丽江山、英雄业绩，既激起了他豪迈奋发之情，也加深了他的思想矛盾，使他产生"人生如梦"的感慨。我们应用历史的眼光和现代观念科学地品评《念奴娇·赤壁怀古》，真正领悟作品对于当代读者的人生启迪：在珍惜生命、奋发有为的同时，只有摆脱患得患失的羁绊，才能获得一个欢乐的人生！

第二课时

登临赤壁，赤壁的惊涛骇浪勾起了苏轼无限的遐想。与雄姿英发少年得志的周瑜相比，仕途坎坷年近半百的东坡自然会生发无限的感慨。今天我们走近继苏轼后的另一位豪放词派的代表辛弃疾，学习他的代表作《永遇乐·京口北固亭怀古》，感悟登上京口北固亭的辛弃疾，抒发了怎样的情怀。

教学设想：由刚学过的豪放词派代表苏轼的作品引入学习另一位豪放词派代表辛弃疾的作品更能引起学生学习热情，激发学习兴趣，并能与复习旧知衔接起来。

（一）用典内涵

所谓用典，就是引古事、古人来比喻今事、今人以抒发情怀，是古代诗文中常见的一种写作手法，统称"用典"。恰当地用典，可使诗文文情隽永，含蓄深刻。用典或仰慕古人，或以古人自况、感慨身世，或借古讽今等，言简意赅，以一当十。辛弃疾此词用了孙权、刘裕、刘义隆、佛狸祠、廉颇五个典故。

（二）赏析上阕

学生有感情地朗读上阕，分出层次，师生共同理解赏析。

（1）"千古江山……风流总被雨打风吹去"是第一层。写向四周远眺大好河山，缅怀曾经在京口建都的孙权。

孙权是三国时吴国的皇帝，他在南京建立吴都，并且能够打垮来自北方的侵犯者曹操的军队，保卫了家园。辛弃疾以"英雄"一词赞颂他，表示自己对他的敬仰和向往，只是像孙仲谋那样的英雄人物，再无处可寻了。"舞榭歌台"句，承接上文，即便是英雄事业的流风余韵，也已经没有了。这两句表达了对前人事业后继无人的惋惜，也暗指南宋统治者昏庸无能。

（2）"斜阳草树……气吞万里如虎"是第二层。写俯瞰京口街市，缅怀曾在那里居住的刘裕。

刘裕出身贫寒，曾经生活在荒僻小街巷，却讨伐桓玄，平定叛乱。"想当年"三句颂扬刘裕率领兵强马壮的北伐军驰骋中原，气吞胡虏。刘裕先灭山东的后燕，后灭陕西的后秦，光复洛阳、长安，煊赫一时。辛弃疾远在乾道元年（1165）呈给宋孝宗的《美芹十论》里，明白指出出兵北伐，应取道山东——因为山东之民劲勇，敌守备简略。"不得山东，则河北不可取，不得河北，则中原不可复。"在当时韩侂胄急于北伐的现实中，辛弃疾对刘裕的歌颂不仅是向往他的英雄业绩，还有如果碰到刘裕这样的国君，他的正确战略意图就能被采用的意思。

（3）全体同学齐读上阕，总结上阕。

这一段借孙权和刘裕两个历史上英雄人物事迹隐约讽刺南宋政权的无能，表达自己抗敌救国的热情。

（三）赏析下阕

学生朗读下阕，分清层次。教师重点引导学生理解用典的作用。

（1）第一层，"元嘉草草"句。

"元嘉"是南朝宋文帝年号。宋文帝刘义隆是刘裕的儿子。他不能继承父业，好大喜功，听信王玄谟北伐之策，打没有准备的仗，结果一败涂地，北魏军队一直追到长江边，声称要渡江，都城震恐。"封狼居胥"是用汉朝霍去病战胜匈奴，封狼居胥山，举行祭天大礼的故事。宋文帝听了王玄谟的大话，对臣下说："闻王玄谟陈说，使人有封狼居胥意。""仓皇北顾"是看到北方追来的敌人而张皇失措的意思，宋文帝战败时有"北顾涕交流"的诗句。

（2）引导思考：凡诗文运用典故都有用意，辛弃疾引用宋文帝北伐惨败的故事目的是什么？

借鉴历史，伐金必须做好准备，不能草率从事。

（3）第二层，"四十三年……一片神鸦社鼓！"追忆自己当年南归途经扬州所见惨象，描述瓜步山周围人们生活的情景。

"四十三年"三句，说辛弃疾在京口北固亭北望中原，记得四十三年前自己正在战火弥漫的扬州以北地区参加抗金斗争。后来渡淮南归，原想凭借国力，恢复中原，没有想到南宋朝廷昏聩无能，使他英雄无用武之地。如今自己已成老年，壮志依然难酬，追思往事，不胜身世之感！"佛狸祠下"三句，从上文缅怀往事回到眼前现实。"佛狸祠"是北魏太武帝拓跋焘追击王玄谟的军队时在长江北岸瓜步山建造的行宫。当地老百姓年年在佛狸祠下迎神赛会，很是热闹。

（4）激发思考：作者写佛狸祠一幕景象，表达什么心情？

作者的心情是沉重的，表达了自己的隐忧：如今江北各地沦陷已久，不迅速谋求恢复，民俗就安于异族统治，忘记了自己是宋室臣民。表示对南宋政府不图恢复中原的不满。

（5）最后三句是第三层，抒发未能施展才能的感慨。

廉颇是战国时赵国名将。因被人陷害，跑到魏国去。后来秦国攻打赵国，赵王派使者去探望他，看他还能不能替赵国出力。廉颇本来也很想被赵王召见，效命疆场，击破强秦，使赵国能强盛起来。他在赵国使者面前，"一饭斗米，肉十斤，被甲上马，以示尚可用"。但结果赵使还报赵王说："廉将军虽老，尚善饭；然与臣坐顷之，三遗矢矣。"（见《史记·廉颇蔺相如列传》）于是赵王以为他老了，便不再起用。

（6）思考交流：以廉颇事做结，表达了作者怎样的感情？讨论，明确。

以廉颇自比，表示虽老却不忘为国效力，收复中原的耿耿忠心，可是朝廷一味屈膝媚和，权奸当道，多用少年轻进之士，又有谁会想到自己呢。一腔悲愤溢于言表。

（7）全体同学齐读下阕，总结下阕。

用刘义隆、佛狸祠、廉颇的典故，继续写自己报效祖国一片忠心，并表示自己不为朝廷所用的激愤。

（四）内容总结

这首词借"怀古"赞扬孙权、刘裕的抗敌业绩，批评南宋当政者仓促北伐的冒险行动，表达自己恢复中原的胸怀抱负。上阕，歌颂追慕英雄及其功勋业绩，感叹"时无英雄"。下阕，借刘义隆、廉颇的故事，抒发对南宋王朝的愤懑，以及自己抗金救国、恢复中原的热切愿望和希望不能实现的苦闷。运用典故，十分恰当，是它的一大艺术特色。

（五）手法赏析

1."用典"归纳

（1）交流总结：①"英雄无觅孙仲谋处"：怀念英雄，表现收复失地的决心。②"人道寄奴曾住"：怀念古人，表现北伐决心。③"元嘉草草，封狼居胥"：借古讽今，批评草率出兵。④"烽火扬州路……佛狸祠下"：今昔对照，不堪回首。⑤"凭谁问，廉颇老矣"：自我感慨，不忘为国效力。

（2）多媒体展示：

典故	用意	作用
孙权、刘裕	向往，渴望建功立业	借
刘义隆	告诫，切勿草率出兵	古
佛狸祠	忧虑，百姓安于异族统治	喻
廉颇	自比，忠心为国不被任用	今

教学设想：要求学生结合预习设计中关于"用典"的题目，找出词中典故，分析其作用。引导学生回顾已学知识，进一步理解用典意图。典故的使用使诗文情思隽永，含蓄深刻。

2.赏析"对比"

引导学生找出词中的对比，并体会其作用。

（1）英雄业绩与可悲现实对比：针对南宋的萎靡不振。

（2）刘裕"气吞万里如虎"与刘义隆"赢得仓皇北顾"对比：提出历史的经验教训，指出今日应有的做法。

（3）四十三年前的"烽火扬州路"与眼下的"佛狸祠下，一片神鸦社鼓"对比：抒发忧国伤时的感慨。

教学设想：这些对比使词义更加丰富曲折，感情更加委婉强烈，形象更加鲜明生动。引导学生找出词中的对比，赏析对比的艺术手法。

（六）课堂辩论

教师引入：通过深入探究，我们对此词有了相对深入的理解，但对有的问题看法不一。下面，我们来举行一场小组辩论赛。辩题：正方认为这些典故使用恰当，体现了作者语言艺术的特殊成就。反方认为《永遇乐·京口北固亭怀古》用典过多，使读者难理解，有"掉书袋"的毛病。

活动安排：1、2、3组为反方，4、5、6组为正方。请各小组准备几分钟，然后我们开始辩论。

教师总结：刚才，同学们辩论得非常激烈，可以说难分胜负。查阅众多资料后，我个人认为这首词用典多不能说是毛病。它所用的除了末了廉颇一事之外，都是有关镇江的史实，眼前风光，是"京口怀古"这个题目应有的内容，和一般辞章家用典故不同；况且他用这些典故，都和这词的思想感情紧密联系。就艺术手法论，环绕作品的思想内容而使用许多典故，以加强作品的说服力和感染力，这正是这首词的长处。辩题本身是一个开放性的题目，我们不必拘泥于某种成说。在辩论中同学们展现出来的思想的活跃和敏锐是值得赞赏的。我希望同学们在以后的语文活动中保持这份活跃与敏锐。同学们可以在课下查阅图书资料和上网搜集进一步深入思考。

教学设想：这也是个开放性话题，不强求学生形成统一的结论，而在于通过辩论引导学生进一步深化理解作品的思想内涵。

（七）拓展阅读

赏析辛弃疾的《南乡子·登京口北固亭有怀》。（多媒体展示）

请大家一起朗读辛弃疾的《南乡子·登京口北固亭有怀》这首词及所设的问题。读后思考、讨论三分钟，然后解答问题。

南乡子·登京口北固亭有怀
辛弃疾

何处望神州？满眼风光北固楼。千古兴亡多少事？悠悠，不尽长江滚滚流。

年少万兜鍪（móu），坐断东南战未休。天下英雄谁敌手？曹、刘。生子当如孙仲谋。

（注：兜鍪móu，古代头盔）

问题：本词属于什么风格？具体表现在哪些方面？（4分）本词运用了哪些表达技巧？试陈述之。（至少答两点）（4分）

1. 学生发言，师生归纳

本词属于豪放风格。具体表现在景（北固楼、长江等）、事（三国群雄割据）、人（年少而显英雄气魄的孙权）、情感（赞扬了年轻有为的孙仲谋，批判了软弱妥协的南宋统治者）。本词运用了典故，"生子当如孙仲谋"是出自曹操之口。还有衬托手法，以曹操、刘备衬孙权。借古讽今，讽刺当时的统治者。写景与抒情、议论结合得非常密切。

2. 解答方法指导

诗歌的语言有各自不同的风格，学生应注意区分常见语言风格，如：婉约/豪放，典雅/俚俗，用典/平易，深沉/明快，朴实/华美，简洁/细腻，等等。表达技巧是一个含义很广泛的概念，也是诗词鉴赏必须重点把握的一大方面。主要含四大类内容，即抒情方式、表现手法、表达方式和修辞手法。其中，抒情方式大致分直接抒情与间接抒情；表现手法常见的有衬托、动静结合、象征、虚实结合、用典、借古讽今、铺垫等；表达方式包括记叙、描写、议论、抒情以及与之相关的侧面描写、白描、工笔、渲染，等等。

教学设想：设计此环节，一是引导学生进一步体会辛弃疾的豪放词风和热切爱国之情。二是对学生的古诗词鉴赏作规范指导，让学生把握诗词鉴赏中语言风格、表达技巧等概念，规范鉴赏语言，增强鉴赏水平。

（八）两首宋词比较鉴赏

下面我们齐读两首宋词《念奴娇·赤壁怀古》与《永遇乐·京口北固亭怀古》，再次感受东坡的旷达、稼轩的豪迈。课上背诵、检查背诵、全班齐背。

教学设想：通过"学生自由朗读""全班齐读""检查背诵""全班齐背"等形式，引导学生在诵读中进一步感受词的豪迈之风，体味作者感情。

问题引导：《念奴娇·赤壁怀古》与《永遇乐·京口北固亭怀古》在思想内容、写作方法等方面有怎样的异同点？

相同：表现手法均为写景、咏史、抒情结合，思想感情均为怀古伤今，意境均为雄浑壮阔。

相异：在表现手法上，《念奴娇·赤壁怀古》偏重描写，借景抒情。上阕中用"千古风流人物""三国周郎赤壁"和"一时多少豪杰"从景中逐层托出人物，为下阕的议论做好铺垫；《永遇乐·京口北固亭怀古》偏重用典，借古喻今。上阕写景中就含有议论，下阕议论之中也有写景的地方。

在思想感情上：苏轼词作纵横决荡，思索宇宙人生的终极意义；辛弃疾的词作扣紧现实，借咏史谈自己的战略见解，表现自己的爱国情怀。

在情感显露形式上：苏词多铺叙，显得开阔明朗，旷达乐观；辛词用典多，层层转折，显得隐晦。

谈宋词则必称豪放派，谈豪放派则必称苏、辛。不过，苏轼的豪放不同于辛弃疾的豪放。苏轼的豪放是文豪的豪放。所谓"不以物喜，不以己悲"，所谓"君子坦荡荡，小人长戚戚"。面对种种不幸和磨难，苏轼能以一种绵中裹铁、举重若轻的大家风范作逍遥游，这是他人所望尘莫及的。辛弃疾的豪放是儒将的豪放。国难当头而不能效命疆场、马革裹尸，实在是军人的悲哀。辛弃疾拿起笔做刀枪，不苟且，不颓唐，做人做得从容潇洒，作诗作得慷慨激昂，自云"我见青山多妩媚，料青山见我应如是"。这种阅尽沧桑、挥斥方遒的大将风度绝非赳赳武夫的粗豪之气可比，更不是一般文人墨客学得了的。

东坡是个文人，多愁善感，华发早生，但又是个精力旺盛、乐观旷达的人。他引"江月"为知己，尽情倾诉自己的未酬壮志，以寻求安慰，体现出他一贯的旷达情怀。而稼轩是个有着英雄气概的武将，"精神此老健如虎，红颊白须双眼青"。他的这首"英雄词"尽显豪杰气势，同时流露出对国事的深沉关注。写本词时他已66岁，不久被免官，第二年就忧愤而终。因此两词流露出不完全相同的情感。

教学设想： 此题设计，不仅要让学生了解两首词内容的异同，还要领会苏辛这两位豪放派代表词人风格上的异同，并使学生进一步了解豪放词的特点。

（九）豪放婉约词风比较鉴赏

婉约派主要词人有柳永、李清照、姜夔等，他们认为"词为艳科""诗庄而词媚"，多写情愁别绪、个人遭遇，特别讲究音律格律，风格清丽婉媚。豪放派以苏、辛为代表，主张"以诗为词""无言不可入，无事不可言"，不肯损害意思以迁就音律，"故为豪放不羁之语"，格调高昂、取材广泛。俞文豹《吹剑录》中谈到，婉约词，"只合十七八女郎，执红牙板，歌'杨柳岸、晓风残月'"；豪放词，"须关西大汉，铜琵琶，铁绰板，唱大江东去"。以学生学过的李清照的《声声慢》与苏轼、辛弃疾两词为例，比较婉约词、豪放词风格差异。

项目分类	婉约词	豪放词
写作内容、对象	个人身世	社会风云
叙述口吻	弱女子	士大夫

关注范围	都市风情	社稷抱负
表达方式	借景抒情	托物言志
诗作视野	局限（小）	开阔（大）
诗作风格	委婉蕴藉	刚硬强健

问题引导：词风分婉约豪放，"婉约者欲其词调蕴藉，豪放者欲其气象恢宏"。豪放派、婉约派，如果各用一个比喻句来形容两者，应该怎样形容呢？

如果说豪放派是一位东北大汉的话，那么，婉约派就是江南女子；如果说豪放派是长江黄河，那么婉约派就是小桥流水；如果说豪放派是高山大海，那么婉约派就是山涧小溪；如果说豪放派是《黄河大合唱》，那么婉约派就是《夜半小夜曲》。

教学设想：此环节主要引导学生对词的两大流派婉约派、豪放派加以对比，增进理解，从而在以后鉴赏宋词时能达到举一反三的效果，提升对词的鉴赏水平。

（十）结束语

《宋词二首》是我们第三单元"历史坐标上的沉思"的第一课。苏轼、辛弃疾借古抒怀，或解读人生、旷达豪迈，或关注政治、慷慨悲壮；回顾历史、关注时代，表达了自己的政治理想和人生态度。我们通过学习，了解了苏轼、辛弃疾的生平和创作背景。通过诵读、对比、拓展鉴赏等环节，理解了这两首豪放词的思想感情和艺术特色。这两首词给我们展示了自然、历史、心灵雄奇壮美的美丽画卷，也带给了我们深沉的思索，令人回味无穷。

【板书设计】

思想感情
同　怀古伤今
异　苏：怀古伤己（旷达）
　　辛：怀古伤国（悲壮）

表现手法
同　写景→咏史→抒情
异　苏：借景抒情（描写）
　　辛：借古喻今（用典）

【指导教师点评】

曲老师教学基本功扎实，注重教学反思与总结，潜心钻研教法，追求语文课堂教学艺术的创新。经过积极准备，他精心制作了《宋词二首》比较鉴赏教学设计。

（一）科学严谨——精心设计教学环节，展示出扎实、重实效的治学态度

新课程背景下，"语文课怎样上""如何打造高效课堂"成为摆在语文教师面前的重要问题。曲老师以"一个中心，两个限制"理念精心设计《宋词二首》教学。一个中心，即调动学生学习积极性、增强课堂实效；两个限制，即贯彻"限制没有充分预习的课开课""限制老师课堂讲授时间"教学理念。

教学设计各个环节，曲老师都精心设计、精益求精。例如，学情分析：能准确分析学生已有知识经验，明确学生学习难点，精心制作《学生预习设计》。学习内容分析：对教材全面梳理，明确《宋词二首》学生要掌握的知识点。认真设定教学目标：体现三个维度，目标明确、具体，可操作。在学情分析基础上确定重、难点，并分析解决重难点的具体方法。此外教学环节完整、清晰，教学容量安排合理；课时安排，符合实际，符合教学内容的需要。

（二）固本培元——以形式多样的教学方法提升学生人文素养

此份教学设计，运用音乐、画面、比较鉴赏等多种方式方法来启发学生对文本的解读，使教学方法形式多样。听《三国演义》主题曲，逐渐将学生引入研究苏词的氛围；听名家朗读，使学生渐进作品宏阔的深韵之中。听乐曲《高山流水》，让学生配乐朗读苏词"乱石穿空，惊涛拍岸，卷起千堆雪"以及辛词"想当年，金戈铁马，气吞万里如虎"。通过音乐、画面和学生的品读，真正使课堂教学成了声、画等外在熏染以及学生内在体悟的立体式艺术。

教学形式服务于教学内容，本设计在提高学生语言运用能力、诗词鉴赏能力同时，注意增强学生文化内涵，引导学生树立正确的人生观和社会观。

（三）稳中求新——重知识、重能力、重循序渐进，亦求难点、亮点的突破与创新

构建高效语文课堂，教师的精心设计和引导点拨起着决定性作用。从教学设计中看出，教师自始至终起着或铺路搭桥或穿针引线或拨云驱雾等作用，抽丝剥茧，层层推进，行云流水般地进行。注重诵读指导、注重预习、注重积累。既有基础知识传授，如文学常识、字音字形、朗读语气语调等；更有深层次的探究，意象、手法、感情等方面均有，如引导学生对苏、辛两词比较鉴赏。教学设计逐层推进，先分别鉴赏两词的思想艺术，再设计拓展阅读，再设计两首豪放词对比赏析，再设计豪放词与婉约词对比赏析，符合学生认知规律和循序渐进的教学理念。

注意难点突破和教学亮点创新设计。在诵读与探究中突破难点，例如"写景、咏史、抒情结合""用典""对比"等手法赏析，深化了对词的理解。创新设计教学环节，如《念奴娇·赤壁怀古》的"质疑探究"，通过"人生如梦是否表现消极思想？"探究，让学生深入体味苏轼思想感情，树立正确人生观。还如"艺术形式转换"，通过"宋词改写""以画释词"，训练学生语言，培养想象力，增强语文兴趣。再如《永遇乐·京口北固亭怀古》中"课堂辩论"，培养学生思想活跃和思维敏锐性。这些环节的设计体现了曲老师追求创新的语文教学理念。（李凯：时任山东省邹平市长山中学教务处主任，高级教师）

（荣获"菁华杯"首届全国新课程中学优质课评选活动教学设计二等奖）

倡古文写刚健质朴，抗流俗传从师之道

——鲁教版教材《师说》教学设计

【教学目标】

1. 了解韩愈及其思想，了解本文写作背景。
2. 积累相关文言知识，学习本文正反对比的论证方法。
3. 理解课文尊师重道的深刻内涵，感悟作者抨击时弊、坚持真理的精神。

【教学重点】

学习本文正反对比的论证方法，传承中华优秀文化尊师重道的传统。

【课前预习】

（一）了解内容

听读课文，正音正字，掌握生字的读音及写法；借助注释，疏通文意，用红笔勾画出不会翻译的语句，并抄写出来；诵读文本，注意句读，培养语感，初步了解课文。

（二）了解韩愈

韩愈（768—824），字退之，河阳（今河南孟县）人，祖籍河北昌黎，世称"韩昌黎"。晚年任吏部侍郎，故又称"韩吏部"。死后谥"文"，故又称"韩文公"。韩愈少小孤苦，由兄嫂抚养长大。20岁入长安，三次考进士不中。贞元八年（792）第四次参加进士考试，登进士第。曾入汴州（治所在现在的河南开封）、徐州等地的幕府任闲职。唐贞元十八年（802）到长安任国子监四门博士，从此正式步入仕途。贞元十九年（803），改任监察御史，因上书论饥荒，得罪权贵，被贬为阳山（现在广东连阳）县令。元和元年（806），新皇帝（唐宪宗）即位，他被召回长安，任国子监博士。元和十二年（817），随裴度征讨叛乱有功，升任刑部侍郎。元和十四年（819），唐宪宗派人迎佛骨入宫，韩愈上书力谏，被贬为潮州刺史。元和十五年（820），唐穆宗即位，召韩愈回长安为国子监祭酒，此后政治地位逐步上升，官至吏部侍郎。

（三）"古文运动"

我国古典散文发展到唐代，出现了一次巨大变革。从陈子昂开始，经元结、韩愈、柳宗元直到杜牧、罗隐等许多人的努力，在前后二百多年间，改变了自东汉以来逐渐形成的骈体文对文坛的统治，实现了文体、文风和文学语言的解放，推动了散文创作的发展。这次文学变革，适应着时代政治斗争和思想斗争的需要，总结了自先秦以来我国散文长期发展的历史经验，提出了一套比较完整的改革文体和革新散文创作的理论主张，并成功地进行了创作实践。加之参加这次革新的作家们以极大的热忱和高度的自觉为推动新文体、创作新散文而不懈努力，并广为宣传，奖掖后进，在文坛上形成一股变革的潮流。由于这次变革有理论指导，有成功的实践，又有群众基础和巨大的影响，俨然成为一次"运动"；而提倡新文体的韩愈等人，又与当时流行的骈体"俗下文字"相对立，称所倡导的文体为"古文"，因而，近代研究者把这次变革叫作"古文运动"。

（四）虚词例析

生乎吾前："乎"，介词，表示动作发生的时间，可译为"在"。其闻道也固先乎吾："乎"，介词，相当于"于"，表示比较，可译为"比"。夫庸知其年之后生于吾乎："乎"，语气词，用于疑问句末，表示反诘语气，可译为"呢"。其皆出于此乎："乎"，语气词，表示揣测语气，可译为"吧"。嗟乎："乎"，语气词，表示感叹语气，可译为"啊"。

"闻道有先后，术业有专攻，如是而已"："而"，复音虚词"而已"，放在句末，表示限制阻止的语气，相当于"罢了"。

"今之众人，其下圣人也亦远矣"："其"，第三人称代词，一般代人，用在动词或形容词之前，做主谓短语中的小主语（整个主谓短语，在句中作主语或宾语修饰语）应译为"他""它"。"吾未见其明也"："其"，指示代词，表远指，可译为"那""那个""那些""那里"。"圣人之所以为圣，愚人之所以为愚，其皆出于此乎"："其"，用作副词。放在句首或句中，表示测度、反诘、婉商、期望等语气，常和放在句末的语气助词配合，视情况可译为"大概""难道""还是""可要"等，或不译。

【教学过程】

（一）课堂导入，激趣引思

（由写作背景导入课文）魏晋时期，士族阶层垄断了政治和经济大权，形成了门阀制度。上层士族的子弟，凭着高贵的门第生来就是统治者，他们不需要学习，也看不起老师。到了韩愈所处的中唐时代，这种风气依然存在。韩愈当时任国子监四门博士，他对上层"士大夫之族"的恶劣风气深恶痛绝。作者借《师说》一文抨击了那些"耻学于师"的"士大夫之族"，大力宣扬了从师学习的必要性。本节课，我们一起走进韩愈名篇《师说》，去探求文中的从师学习之道。

（二）出示目标，明确方向

略。

（三）温故知新，解读文题

同学们，通过预习，我们了解了韩愈生平及其倡导的"唐代古文运动"，了解了本文写作背景，初步厘清了文章结构。（板书：师说——古之学者必有师，师道之不传，圣人无常师，《师说》贻李蟠）部分重点字词知识。①说，一种议论文文体，解释为"解说关于……的道理"；师，作动词，从师学习；题目的含义，"论说关于从师学习的道理"。②学者，古今异义词，求学的人。③师道，师，动词，从师学习；道，风尚。④常，固定的。⑤贻，赠送。（知识点在板书上重点标注）

《师说》是韩愈的代表作之一，是他35岁时在长安任国子监博士时写的。"说"是古代的一种文体，属议论文范围，一般陈述自己对某种事物的见解。像《捕蛇者说》《马说》都属这类文体。"说"，古义为陈述和解说，因而对这类文体，都可按"解说……的道理"来理解。"师说"意思是解说关于"从师"的道理。

（四）初读课文，整体感知

《师说》的中心论点："是故无贵无贱，无长无少，道之所存，师之所存也。"

文章的论证思路：首先，论述了从师的必要和择师的标准，既摆出古人从师的事实，又论证了从师学习不分少长的原因；其次，运用对比论证，剖析了当时社会从师学习有"古今""少长""贵贱"之别的现象和原因，揭示了"士大夫之族"不从师学习的违背常理；再次，引用了古代孔子的言行进一步阐明自己的观点，增强了说服力；最后，引用当时李蟠的例子补充说明自己的观点，并交代写作本文的缘由。

（五）品读探究，文本赏析

1. 古之学者必有师

文章开头即郑重指出"古之学者必有师"，其实隐含着对"今之士大夫"不从师的批判，因此文章中心观点可概括为5个字"学者必有师"。其下又分为3层：①教师作用。是一个判断句，"师者，所以传道受业解惑也"，注意"受"为通假字。②从师必要。2个反问句，2个对偶句"生乎吾前""生乎吾后"。③择师标准。概括为16个字，无贵无贱、无长无少、道之所存、师之所存。注意，"无"，是"无论"；"所"解释成"……的地方"。学生齐背此段。

大家预习可知，韩愈的《师说》是一篇文赋，文风清新质朴。前不久我们邹平在征集《邹平赋》，老师也依照文赋的要求写了一篇赋，请同学们欣赏两个片段。

第一段，我总写了邹平的地理位置、气候风貌和当今的兴盛发展。齐鲁故郡，梁邹名邑。人文薮泽，俊彦满堂。叠泰沂黄泛之饶沃，依长白麓南之丰茂。西接泉城之灵秀，东邻齐都之泱风。三河厚乳，哺七十万儿女。渤海清风，抚千万余润土。斯地也，春则喜雨润物，冬则瑞雪丰年。斯人也，古则群贤辈出，今则新秀思齐。乾恒动，自强不息之勇跃经济百强；坤包容，厚德载物之荣揽幸福之城。

第三段，歌颂邹平山水之美。写到了鹤伴山、白云山、唐李庵、范公祠、黄山、黛溪湖等。鹤伴山麓，天赋其秀。幽谷鹤鸣，山因青而幽；九潭积翠，水随律而动。白云山系，氤氲清香。鬼斧神工，聚天地阴阳之气；风雕玉琢，领山川钟灵之秀。唐李古庵，小刹秀景，佛院禅钟，涤尽尘世纷扰；范公名祠，绿树青墙，诗书典籍，厚传忧乐情怀。黄山逶迤，郁树葱葱，高低映秀，疑似明珠散落；黛湖玉绕，芳草萋萋，匝路亭艳，轻揽碧水萦回。素鸽浅翔，依山而歇；彩鱼嬉游，闻人而迎。可运太极，揽天地阴阳之气；可听鸟语，穷万物天籁之音。登高望远，迎旭日东升；携亲聚友，送夕阳西下。宜居之地，山水邹平，美哉！

同学们，《师说》体现了韩愈作为一个文学家的才气，更充溢着他作为一个正直文人的胆气！在当时社会，存在着两种不良风气。一是六朝以来，追求浮华艳丽文风的骈文盛行。他敢于批判，倡导"古文运动"，语言质朴，文风刚健，使"骈赋"这种文体也有了清新流畅的气势，发展成为"文赋"。第二种不良风气，是魏晋以来，门阀制度沿袭，上流阶层包括贵族子弟、士大夫皆以从师学习为耻，社会上也无人敢自称老师。唯独韩愈，作《师说》大张旗鼓地宣扬"从师学习"，不顾流俗，抗颜为师。倡导古文运动，宣扬从师学习，这两点都是对当时不良社会风气的强力批判。学习《师说》，我们敬佩韩愈的胆识，他是中国古代顶天立地的文人！

2. 师道之不传也久矣

这一段是本文的主体和重点。作者联系"师道之不传也久矣"的社会现实，连用三组对比，"古"与"今"、"少"与"长"、"贱"与"贵"对比，抨击了长期以来流行于士大夫阶层的"耻学于师"的不良风气。

活动设计一：范读诵读

下面我为大家配乐范读一下第二段。大家注意读音、断句。（教师范读）

请同学们大声朗读一遍此段。（学生朗读）本段2、3、4句有4个句中"也"字，注意断句。它们是句中语气词，表示语气的停顿，以引起下文，下面同学们集体齐读第二段。

活动设计二：三组对比

用课文中的话概括本段的三组对比。请两组同学代表写到黑板上。

古之圣人—今之众人（从师而问—耻学于师。圣益圣，愚益愚）师道；下；圣、愚；益；所以；其。

其子—其身（择师而教—耻学于师。惑矣！吾未见其明也！）耻；惑；句读；句读之不知，惑之不解（宾语前置）；不；小、大；明。

巫医乐师百工—士大夫（不耻相师—群聚而笑。其智反不能及。其可怪也欤！）之；相师；曰；笑；相若；道；位卑则足羞，官盛则近谀—省略句；

齿；其；欤。

教师总结：作者在本段开头用三个语气强烈的感叹句"嗟乎！师道之不传也久矣！欲人之无惑也难矣！"总起批判内容，接着分三层从不同侧面批判当时士大夫中流行的耻于从师的不良风气。先以"古之圣人"与"今之众人"做对比，指出圣与愚的分界在于是否从师而学；再以士大夫对自己的孩子跟对待自己在从师学习上的相反态度对比，指出这是"小学而大遗"的糊涂做法；最后以巫医、乐师、百工不耻相师与士大夫耻于相师做对比，指出士大夫之智不及他们所不齿的巫医、乐师、百工。作者分别用"愚""惑""可怪"，来揭示士大夫耻于从师风气的不正常。由于3组对比鲜明突出，作者的批判很具说服力。

我们再来齐读一下此段。

活动设计三：写法迁移

同学们，运用正反对比论证是本文的一个突出特色，对比之下，士大夫阶层"耻于从师"的态度越发显得愚蠢可笑，从而增强了文章议论的力量。正反对比论证，就是把性质相反的两种事物加以对照、比较后，推导出他们之间的差异点，使结论映衬而出的论证方法。运用这种方法，可以使正确的观点更稳固，使错误的观点更荒谬。

下面，同学们看大屏幕，看《廉政直通车》这则报道材料。同学们，这则材料是说辽宁省人大常委会原副主任宋勇犯受贿罪、权钱交易、卖官鬻爵而被判死缓的事。要求大家根据上面的材料，运用正反对比论证谈谈你的看法。下面大家用5分钟来写一写。请几位同学来发言。刚才大家的发言，都体现了正反对比论证写法。我把自己写的也展示给大家。屏幕："国难当头，多少英雄儿女抛头颅洒热血，为民族和人民的利益献出一切，他们的人生或许短暂，但熠熠生辉，永远照亮历史的天空。相反，有多少政府高官，置人民公仆的神圣使命于不顾，尸位素餐，中饱私囊，最终沦为铁窗下的囚徒。找错了位置，选错了方向，必定荒废了生命，迷失了人生。所以，我们一定要找准位置，找准方向，实现价值。"同学们在以后写议论文时，注意使用正反对比论证写法，增强自己作文的说服力！

（六）质疑问难，思考探究

课堂预设如下问题：

（1）课文提出了哪些观点？《师说》提出的观点有："师者，所以传道受业解惑也""无贵无贱，无长无少，道之所存，师之所存""弟子不必不如师，师不必贤于弟子""闻道有先后，术业有专攻"等。

（2）教师的"传道""受业""解惑"这三项任务，哪一项是主要的？本段对"受业"一项未做阐述，这是为什么？在韩愈看来，教师最重要的任务就是"传道"，他"收招后学"，"抗颜而为师"，主要目的就是要"传道"，恢复儒家的"道统"，因而提出"师道"的口号。这个意图是贯穿全文的。"受业"是教师的起码工作，即下文说的"授之书而习其句读"，尽人皆知。开头全面概括教师的任务时不可不说，但不是论述的对象。

（3）"师道"是指什么？"师道"是从师的原则和风尚，指课文中所讲的"无贵无贱，无长无少，道之所存，师之所存"。

（4）课文引用孔子言行，阐述了什么观点？你如何看待这一观点？"弟子不必不如师，师不必贤于弟子。"今天，在接受一些新知识、掌握一些新技能方面，年轻人掌握更快，而且有时学生的思想受到的束缚更小，因而有些方面确实"弟子不必不如师，师不必贤于弟子"。

（七）拓展运用，联系现实

任务设计：韩愈在第二段开头说"师道之不传也久矣！欲人之无惑也难矣！"在第一段中说"惑而不从师，其为惑也，终不解矣"，这都是在强调，人有了疑惑必须从师学习才能解决。有的同学对此提出了质疑：在当今高速信息化时代，我们鼠标一点，尽知天下事，哪里还需要跟从老师解决疑惑啊？请谈一谈你对这位同学观点的思考。

学生思考、交流。学生发言。

教师总结：材料中这位同学的观点有合理性，但不完全正确。他看到了信息社会人们网络学习的快捷与便利，想到了终身学习，这是合理的。不过，他对韩愈提出的"从师学习才能解除疑惑"观点认识片面。一是应该联系当时社会背景。作者旨在批判魏晋以来士大夫阶层不从师学习的不良风气，倡导树立从师学习的风尚。因此以古代圣人虚心从师学习为榜样，强调从师方可解惑的必要。二要全面理解"从师"的内涵。韩愈所说的师，不是单指教育机构中的老师，而是泛指所有在道德、学问、技艺方面胜过自己或有一技之长的人。从作者说的"道之所存，师之所存"，引用孔子"三人行，则必有我师"及"无常师"的言行，提出"弟子不必不如师，师不必贤于弟子"的师生观等方面都可以得出结论，"从师"有很广泛含义。因此，韩愈的观点在今天看来也是正确的。

（八）课堂小结，凝练思维

我们重点学习了本文的主体部分第二段，掌握了本段中的重点文言基础知识，学习了作者通过三组对比来批判当时社会上士大夫阶层耻于从师的不良风气，训练了正反对比论证手法的运用，更深刻地理解了"从师学习"内涵。议论文有破有立，第二段对"耻于从师"风气的批判是"破"，第三段引用孔子事例说明"圣人无常师"的道理就是"立"，表达要"从师学习"的正确观点。最后一段，交代了写作本文的缘由，借表扬李蟠"能行古道"，乐于从师而学，来进一步批判不从师学习的士大夫阶层，"古道"与开篇"古之学者必有师"首尾呼应。全文观点鲜明，结构严谨，逻辑严密，运用正反对比论证，有破有立，深刻透彻，说服力强。

（九）布置作业，巩固知识

（1）背诵全文。

（2）梳理积累课文中的各类重要文言基础知识。

（邹平市高中语文中心组成员教学比赛教学设计）

辨清关系，建立联系

——高考"关系型"话题作文的审题立意教学设计

【学习目标】

1.辨清"关系型"话题内部的几种主要辩证关系。

2.学会"关系型"话题作文审题立意的基本方法。

3.课堂训练，增强"关系型"话题作文审题立意能力。

【课前预习】

（一）考纲要求

基础等级：符合题意。发展等级：深刻（透过现象深入本质，揭示事物内在的联系，观点具有启发性）；创新（见解新颖，推理想象有独到之处）。

（二）高考分析

2003年全国高考卷用"感情亲疏和对事物的认知"命制了第一道"关系型"话题作文。从此，关系型话题作文在高考作文命题中享有着举足轻重的地位。如：2004年有"相信自己与听取别人的意见"（全国卷Ⅰ）、"遭遇挫折和放大痛苦"（全国卷Ⅱ）、"人文素养与发展"（浙江卷）等，2005年有"出人意料和情理之中"（全国卷Ⅰ）、"位置与价值"（全国卷Ⅱ）、"铭记与忘记"（全国卷Ⅲ）等，2006年有"走与停"（重庆卷）、"人与路"（江苏卷）等，2007年有"一生与一步"（四川卷），2010年有"仰望星空与脚踏实地"（北京卷），2011年有"一切都会过去/一切都不会过去"（上海卷）。

自2005年至今，山东语文卷自主命题，话题作文出现在以下三年。2005年，请以"双赢的智慧"为话题，自定立意，自选文体，自拟题目，写一篇不少于800字的文章。所写内容必须在话题范围之内。2007年，请以"时间不会使记忆风化"为话题，写一篇不少于800字的文章。要求：①自拟题目。②自定立意。③自选文体，且文体特征鲜明。2008年，请以"春来草自青"为话题，写一篇不少于800字的文章。要求：①自拟题目。②自定立意。③除诗歌外，文体不限。④文体特征鲜明。其中2008年"春来草自青"是典型"关系型"话题作文。

（三）"关系型"话题作文的定义、特点

定义："关系型"话题就是由两个或两个以上的词语或短语并列组合而成的一种话题形式。如："失去与获得""对手与朋友""竞争与合作""经典与时尚""创新与模仿""清醒与糊涂"等。（"关系型"话题作文的审题立意难度超过"单一概念型"话题作文）

特点：一是话题富有思辨性，思维含量高。要求考生辩证地、立体地分析二者关系，找出二者有机联系，提升了高考作文的检测功能。二是增强了话题作文的限制性。限制相对多一些，宿构抄袭押题者往往弄巧成拙。

（四）关系型话题作文话题要素间的几种主要关系（理解、熟记）

1. 对立统一关系

即各要素单一来看是对立矛盾的，但实质上它们又相互依存、相辅相成、和谐统一。例如"自由与纪律"。没有"自由"，也无所谓"纪律"；没有"纪律"，也就没有"自由"。两者对立统一。或变通理解为：没有纪律，就不可能有真正的自由；人要有自由，但自由要受纪律的约束。

2. 是非取舍关系

指关系型话题各要素之间是一是一非、一对一错的关系，对它们只能有所取舍选择。例如"偏见与关爱"：只能理解为"要消除偏见，勇于关爱"，如做其他理解，则是不科学的。

3. 并非绝对关系

指关系型话题各要素之间存在着某种关系，但这种关系不是一成不变的。例如"痛苦与成功"：可理解为"成功来自痛苦的磨砺"；但痛苦之后，并非全是成功；成功也并非全部源自痛苦。

4. 并列共存关系

指关系型话题各要素之间存在着一种平等并列的关系，几个要素可以同时共存。例如"谦虚与表现"。既要谦虚待人，又要善于表现自己。

【教学过程】

（一）导入新课，激趣引思

同学们，我给大家讲一个故事。故事的名字是《审判社会良心》。（板书）……

20世纪，在纽约穷人居住区曾发生过这样一件事，一个年近六旬的老太太因偷窃面包而被告上法庭，她偷窃是为了喂养她那三个失去父母的孙子，因为他们已经几天没吃东西了。按法律她应该被判10美元的罚金或10天的拘役。这时一位中年男人向老太太鞠了一躬，并掏出10美元放进帽子里，同时向众人说道："请诸位每人交50美分的罚金，这是为我们的冷漠付费，以处罚我们生活在一个要老祖母去偷面包来喂养孙子的城市。"这是时任纽约市市长的拉瓜迪亚。片刻，所有的旁听者都默默地起立，每个人都认真地拿出50美分放到帽子里，连法官也不例外。老太太看到这个场面，痛哭流涕。

故事讲完了。请同学们看屏幕。谁能告诉大家，这个故事告诉人们什么道理？

法律无情，但人有情，关爱别人是人之常情。这个故事就包含着一个在现实中就存在的、看似矛盾、其实又统一的关系型话题：法律与人情（板书）。今天，我们一起学习一个新专题——《关系型话题作文的审题立意》。（板书）

（二）出示目标，明确方向

（1）辨清"关系型"话题内部的几种主要辩证关系。

（2）学会"关系型"话题作文审题立意的基本方法。

（3）课堂训练，增强"关系型"话题作文审题立意能力。

（三）预习回看，温故知新

（1）明确考纲对"审题""立意"的要求；了解"关系型话题"在高考全国卷、山东卷中的表现；明确"关系型话题"的定义、特点；关系型话题作文话题要素间的几种主要关系。（多媒体）（板书四种关系）对立统一，无此无彼；是非取舍，有此无彼；并非绝对，有此未必有彼；并列共存，有此有彼。

（2）预习检测：能否准确辨清四种基本关系？请指出下列话题关系类型。（多媒体）

作文话题1："平凡与伟大"；作文话题2："向前看与向钱看"；作文话题3："名师与高徒"；作文话题4："成功与失败"；作文话题5："自信、自满、自负"；作文话题6："成人与成才"。

（对立统一、是非取舍、并非绝对、对立统一、是非取舍、并列共存）

教师：虽然思想家们给我们总结出了这四种"基本关系"，但具体判断一组概念相互关系时，不可死板。因为很多时候，从不同角度分析，概念之间相互关系可能就不同。

（四）例题研讨，示范引领

阅读下面的文字，根据要求作文。（60分）

①走你自己的路，让别人去说吧！（但丁）②常问路的人不会迷失方向。（波兰谚语）③应当耐心地听取他人的意见，认真考虑指责你的人是否有理。（达·芬奇）④相信一切人和怀疑一切人，其错误是一样的。（塞纳克）

面对各种说法，有人想：我该相信谁的话呢？也有人想：还是相信自己最重要。请以"相信自己与听取别人的意见"为话题，自定立意，自选文体，自拟标题，写一篇不少于800字的文章。所写内容必须在话题范围之内。

任务设计：①明确"相信自己与听取别人的意见"二者关系。②用一句简练完整的话，将作文观点句写出来。

学生活动：2、4、6组的2号同学去黑板展示。

分析：是对立统一的关系。"自信"有可能阻碍"信他"，可二者都是不可缺少的。相信自己：自信，不自信。听取他人意见：不听，盲听，客观听（有选择地听）。立意的角度：①学会善听（自信并有选择地听）；②不要在别人的意见中迷失自我；③在别人的意见面前自大不可取。

示例：带领学生看一下例文的"题目与开篇"。

相信自己，也要相信别人

庸者，相信别人，怀疑自己；愚者，相信自己，排斥别人；智者，相信自己，也相信别人。

——题记

有人说："当局者迷，旁观者清。"于是相信别人，让别人决定自己。有人说："只有自己才最了解自己。"于是闭目塞听。在错误的泥潭中越陷越深。相信自己与听取别人的意见看似是不可统一的矛盾双方，但二者却有统一的一面，它们正如我们的左臂与右臂，缺一不可。

在竞争激烈的今天，我们既要相信自己，又要相信别人。

（五）方法总结，凝练思维

关系型话题审题步骤：四审。即审材料、审提示、审话题（把握内部辩证关系，掌握审题立意方向）、审要求。

关系型话题审题要旨：辨明关系型话题作文要素间的关系。对立统一、是非取舍、并非绝对、并列共存。（板书"步骤""要旨"）具体操作的过程中必须兼顾话题构成的各个要素，清楚地点明其间关系。关系型话题作文，重在考查考生的思辨能力。故构思作文之前，最重要的是要用辩证思维的方法，辨清构成话题的词或短语之间的特定关系。

关系型话题作文立意原则：二者兼顾，建立联系，选取最佳点。（板书"立意原则"）①任何事物都具有对立统一的几个方面：好坏、正反、对错、有无、雅俗、多少、先后……②在每一事物的几个方面去寻求对应，就能建立二者的多种联系。

（六）思考交流，深化思维

（2010年高考语文北京卷）以"仰望星空与脚踏实地"为题。

任务设计：辨明二者关系。判断以下立意是切题、符合题意、偏题还是离题。

1. 仰望星空为脚踏实地定下目标，脚踏实地是仰望星空的基础；2. 从仰望星空开始，由脚踏实地实现；3. 既要仰望星空，也要脚踏实地；4. 仰望医学的、文学的、科学的星空，某名人脚踏实地取得了成果；5. 仰望星空，脚踏实地，个人、国家、人类得到好处；6. 星空缥缈，无法触及，我们活在当下，应脚踏实地；7. 仰望星空，看见一颗颗伟人之星（贝多芬、陶渊明、苏武）8. 仰望星空，那颗星星是奶奶，我想起了奶奶，奶奶教会了我要脚踏实地；9. 以上这些名人都是脚踏实地的，什么是脚踏实地呢？就是忠于职守，敢于付出；10. 仰望星空与脚踏实地需要坚持，需要毅力，需要奋斗；11. 为了实现梦想，我们要脚踏实地，而脚踏实地需要目标，需要坚持，需要勤奋。

学生：1、3、5组的3号同学发言。

归纳：1、2、3切题，4、5合题，6、7、8、9偏题，10、11离题。

（七）回看故事，深度思考

任务设计：法律是严肃的，执法不能讲感情；而人是感情动物，相互关爱乃人之本性，是人之常情。请以"法律和人情"为话题写一篇作文。

立意参考：①法律是为了保护人情，法律以人情为根基。法律与人情是对立统一的。②没有法律，也就没有人情。不可"以情代法"，否则会给整个社会带来灾难性后果。③没有人情，法律就无存在必要。法律中蕴含人情。

（八）课堂训练，思维激辩

活动设计："最佳立意"擂台赛！（6个小组把写有立意的白纸贴到黑板上。并且由小组代表讲述：何种关系？观点句是什么？为什么？）

规则简述："擂台赛"组织说明：北组，包括1、3、5组；南组，包括2、4、6组。1、2组，3、4组，5、6组，分别"同擂比拼"（相同赛题）。比赛很正规，三赛二胜制。发放记号笔和大白纸。

赛题1：阅读下列材料，根据要求作文：

美国一中学生写了一篇文章，呼吁人们签署一项请愿书，要求对"一氧化二氢"化学物进行严格控制，甚至完全予以禁止使用。理由是①它有可能引发过多出汗和呕吐，②它是酸雨的主要成分，③处在气体状态时，可能引起严重灼伤，④发生事故时吸入也有可能致命，⑤它是腐蚀的成因，⑥它会使汽车制动装置效率减低，⑦在不可救治的癌症病人肿瘤中已发现该物质。

该中学生调查了50多人，了解他们是否支持禁止使用此化学物质。结果有80%支持，12%尚不能决定，只有一人说："一氧化二氢"就是水呀，怎么能禁止使用呢？

遗憾的是，注意到这个常识的人只有2%！谜底一揭开，人们顿悟，因为他们只关注了危言耸听，而忽略了众所周知的水分子即由一氧化二氢构成的基本化学常识。

日常生活中，我们也常经历过、听到过有关"关注""忽略"方面的事，或者对此有过一些思考。

请你以"关注与忽略"为话题，写一篇文章。

1.二者关系。2.请用一句简练而完整的话，将你的观点句写出来。

赛题2：阅读下列材料，根据要求作文（2005全国卷Ⅲ作文题）：

阅读下面的文字，根据要求作文。

甲、乙两个好朋友吵架，乙打了甲一拳，甲在沙地上写了"今天我的好朋友打了我一拳"。又一次外出时，甲不小心掉进河里，乙把他救了上来，甲在石头上刻了"今天我的好朋友救了我一命"。乙问甲为什么要这样记录？甲说："写在沙地上，是希望大风帮助我忘记；刻在石头上，是希望刻痕帮助我铭记。"

以"铭记与忘记"为话题，写一篇作文。

① 二者关系。②请用一句简练而完整的话，将你的观点句写出来。

赛题3：阅读下列材料，根据要求作文（2005全国卷Ⅱ作文题）：

阅读下面的文字，根据要求作文。

工厂的角落里，几块形状各异的锈铁锭不甘寂寞地聊了起来。

甲：我想成为机器人，现代化建设最需要我。

乙：我愿意做成螺丝钉，很多地方都离不开我。

丙：我看机器人和螺丝钉的价值可不同啊！

丁：他们都在寻找适合自己的位置。

生活中，每个人位置可能不同，但各有其价值，请以"位置和价值"为话题，写一篇作文。

立意分析：

赛题1：以"关注与忽略"为话题（对立统一）。"对立统一"关系，是没有甲也就没有乙的关系。人们对一氧化二氢的危害深恶痛绝，八成的人要求禁止这种物质，表现出对环保的密切关注，可在这关注的过程中，却忽略了它的有利的一面——它就是水，世间万物的生命之源！这就引发人们思考：我们只关注事物的这一面，却忽略了它的另一面。如果对人才使用，关注了他的长处，而忽略了他的短处，可以激发他的潜能，在工作中扬长避短；而一旦过分关注他的短处，忽略其长处，则不利于工作的开展，有时反而适得其反。立意参考：全面关注事物，不可忽略其积极一面。忽略小不足，关注大优点。忽略要以全面关注为前提，关注要以适当忽略为基础。

赛题2：以"铭记与忘记"为话题（并列共存）。"并列共存"关系，是既要如何也要如何。例如《在忘记与铭记之间》：行走在人生路上，我们笑看窗外花开花落、叶枯叶落，静观天外云卷云舒、风停风起。在路上我们经历着太多太多悲喜交集的事，在生命之河的航行过程之中，我们学会了忘记该忘记的悲欢之事，学会了铭记该铭记的点点滴滴。

赛题3：以"位置和价值"为话题（并非绝对）。"并非绝对"关系是条件关系，在审题立意时，更多强调积极的一面。找准位置，绽放光彩，虎啸深山，鱼翔浅底，驼走大漠，雁排长空。世间万物自有属于自己的一片天地，生命的玄机是找到自己的位置，绽放属于自己的光彩。

（九）指导点拨，回避误区

要避免关系型话题作文审题立意误区：

（1）顾此失彼，只谈一面。如"弯路与直路"，应该两方面都谈，不能只谈一个方面。

（2）态度暧昧，中心不明。如"相信自己与听取别人的意见"，有位考生结尾抛出一句："到底是要相信自己还是要听取别人的意见呢？请你评定。"不表明自己的观点，左右为难。

（3）题目随意，不明关系。不少考生题目太"时尚"，而扣不准关系话题本身，显得不伦不类。

（4）偷换概念，偏题离题。例不去论证"仰望星空""脚踏实地"辩证关系，而论述"仰望星空、脚踏实地都需要目标，需要毅力，需要奋斗"。

（十）布置作业，练习巩固

完成学案上5道关系型话题的审题立意练习。

用一句简练而完整的话，表达出以下话题的你的观点句。以"平凡与伟大"为话题，"快乐幸福与思维方式"，"遭遇挫折和放大痛苦"，"语言与沟通"，"石头与商机"。（话题材料见学案）

（十一）结束语

同学们，这节课我们学习了"关系型"话题作文审题步骤、要旨和立意原则。审题，要做到"四审"，辨清关系；立意，要做到兼顾两者，建立联系，选取最佳点。正如《找准位置　绽放光彩》例文所写，"生命的玄机是找到自己的位置，绽放属于自己的光彩"。相信大家在今后的学习、人生中，也会找到自己的位置，绽放出属于自己的炫目光彩。

（邹平市长山中学公开课教学设计）

义薄云天救孤托孤，凛然正气光照千古

——《史记（选读）》之《赵氏孤儿》教学设计

【教材分析】

本文节选自《赵世家》，属于高中语文教材《史记（选读）》第二单元。单元主题是"义薄云天"，单元学习目标是认识"义"的丰富内涵及人物立身行事的价值取向，体会人物的高尚精神，从而建构自己的精神家园。本文记述了战国时期晋国权臣赵盾因与屠岸贾不和而被其灭族，赵盾之子赵朔的遗腹子赵武在程婴和公孙杵臼的帮助下得以幸存。十五年后，赵武灭屠氏。之后程婴自杀复命。文章把中国古代的忍辱负重、舍生取义的精神表现得淋漓尽致。

《赵氏孤儿》的故事原型出于《左传》中有关"孟姬之谗"的记载，故事梗概如下：晋国国君晋灵君由赵氏族人赵盾一手扶上王位，晋灵公长大后屡屡与赵盾发生冲突，后来赵盾在晋灵公的逼迫下逃往他国。庄姬进谗，使得晋灵公灭了赵氏一族。而有鉴于赵盾"子为正卿，亡不越境，反不讨贼"的行径，太史董狐将此事记录为"赵盾弑其君"。

西汉时，司马迁在《赵世家》中对这段史事进行了改造，使其更加充满戏剧色彩，并在一定意义上为赵氏家族"平了反"，也由此成为元杂剧《赵氏孤儿》的基本剧情。此外，刘向在其《新序》《说苑》中对"赵氏孤儿"的故事也有两次记载，虽在个别地方与《史记》有所不同，但总体还是继承了它的故事结构。史记中的《赵世家》记述了赵氏家族在与晋国公室和卿族的权力角逐中由兴起到衰亡的历史过程。课文《赵氏孤儿》节选自《赵世家》，这部分内容，故事惊心动魄，情节曲折跌宕。作者不仅塑造了赵氏孤儿这一复仇英雄的形象，而且还给我们塑造了程婴、公孙杵臼这两个光照千秋的义士形象，为我们谱写了一曲"士为知己者死"的千古悲歌。细读课文我们会发现，作者对这两个人物着墨不多，却把他们放到尖锐的矛盾斗争中，让他们在风口浪尖上，进行生与死的抉择，表现了他们的侠肝义胆凛然正气。作者借赵氏孤儿的故事，塑造了程婴、杵臼两个"士为知己者死"忠义志士形象，揭示了正义终将战胜邪恶的真理，为我们谱写了一曲义薄云天、光照千古的义士悲歌。

【学情分析】

本学期为高二下学期，本人任教的班级是高二普通文科班。学生对《史记（选读）》学习有着较为浓厚的兴趣。比起以前的文言文学习，《史记（选读）》的故事性情节的吸引力、人物形象的传奇色彩更加能吸引学生。学生前面已经学习了三篇《史记（选读）》中的课文，分别是《廉颇与蔺相如》《晁错》《信陵君窃符救赵》。"以国家利益为先"为主题的前两篇课文，帮助学生积累了很多重要、典型的文言基础知识，也让学生较为深刻地理解了"苟利国家生死以，岂因祸福避趋之"的爱国精神。《信陵君窃符救赵》中信陵君的义勇行为也让学生初步感受了"义薄云天"的主题。课前，学生对《赵氏孤儿》有着浓厚的兴趣，我也给学生提供了较为丰富的预习资料，让学生对这个故事的相关背景有了较多的了解，从而为课堂学习提供了前提。

【教学目标】

基于以上对教材内容、学生学情两方面的分析，按照《普通高中语文课程标准（2017年版2020年修订）》要求，结合本单元特点，我确立如下教学目标。

1. 知识目标：梳理归纳重点文言知识，扎实做好文言文基础字词句知识的积累；把握课文中的矛盾冲突，学习古代传记成功塑造人物形象的方法。

2. 能力目标：通过课堂朗读、重点强化，进一步增强学生阅读浅易文言文的能力；通过自主学习、合作探究，训练学生归纳概括文本主要内容的能力。

3. 情感态度和价值观目标：理解文中人物维护正义、舍生取义的高尚精神，并与时代精神"公正""感恩"相融合，渗透课堂德育教育。

【教学重难点】

重点：梳理归纳重点文言知识，扎实做好文言文基础字词句知识的积累；

理解文中人物维护正义、舍生取义的高尚精神。

难点：鉴赏"将人物置于矛盾冲突中来突现人物品格和精神"的写法。

【教学方法】

"问题式任务导学法"（以问题探究驱动任务，激活课堂，完成教学目标）

【教学过程】

（一）图片导入，激趣引思

同学们，刚才，我们看到的是陈凯歌导演的电影《赵氏孤儿》中的部分剧照。

著名国学大师王国维在1913年成书的《宋元戏曲考》中如此评价《赵氏孤儿》："即列之于世界大悲剧中，亦无愧色也。"18世纪初，赵氏孤儿的故事流传到欧洲，法国的伏尔泰、德国的歌德等大作家都纷纷对它加以改编，搬上舞台，在欧洲许多知名的大戏院都引起了轰动！各国评论家都把它同莎士比亚的杰作《哈姆雷特》相比较。这一源自《史记》的悲怆的历史故事，也被称为中国文学史上的《哈姆雷特》。故事尽管距今已2600多年，仍频现于剧院、荧屏。今天，我们继续学习选修教材《史记（选读）》中《赵氏孤儿》课文。

（二）展示目标，明确方向

略。

（三）回顾知识，温故知新

六卿专政：春秋时期，晋国公室无力，卿大夫专权。

赵氏孤儿：前597年，屠岸贾族灭赵氏。十五年后，赵氏孤儿（赵武）诛灭屠氏。

三家分晋：前453年，赵襄子（又名赵毋恤，赵武四世孙）时，韩、赵、魏灭智伯，三家分晋。

胡服骑射：前307年，赵武灵王（赵雍）军事改革。

（四）整体感知，梳理情节

（1）请一名同学概述故事情节。屏幕展示情节要点。学生依据小标题，用自己的话复述课文主要故事情节。

叔带托梦，昭示厄运。

屠岸作难，灭赵九族。

杵臼赴死，程婴救孤。

景公占卜，谋立赵孤。

赵孤成人，程婴殉义。

（2）老师板书：噩梦→灭族→救孤→复仇→殉义。（殉：为某种信念、理想而牺牲生命）

（五）掌握知识，深入思考

1. 救孤

（1）京剧视频赏析《程婴救孤出宫》片段

（2）全班齐读第三段。

（3）分角色读第三段。同学们，学习文言文，朗读是很重要的基本方法。第三段中，几位主要人物的语言简洁而生动，下面，我们分角色来读一读，看哪个小组的同学读得最好，最能体现人物的内心斗争和气概。

（4）文言知识点学习。讲解知识点。（问题质疑、知识点重点强调）

①赵朔妻，成公姊。（"姊"注音；句式，翻译）②走公宫匿。（解释"走"）③公孙杵臼。（注音"杵臼"）④胡不死？（解释"胡"）⑤若幸而男。（解释"幸"；"男"词类活用）⑥而朔妇免身。（"免"通假字）⑦索于宫中。（特殊句式）⑧祝曰："赵宗灭乎，若号；即不灭，若无声。"（解释"祝、若、号、即"）⑨立孤与死孰难？（"立"词类活用；解释"孰"）⑩子强为其难者。（"强"注音并解释）⑪衣以文葆。（"衣"词类活用；"葆"通假字；特殊句式）⑫婴不肖，不能立赵孤。（解释"不肖"；"立"词类活用）⑬小人哉程婴（主谓倒装句，翻译）⑭请活之，独杀杵臼可也。（"活"词类活用）⑮然赵氏真孤乃反在。（解释虚词"乃"）

（5）问题思考：本段中，围绕赵氏孤儿，文中人物是如何做的，矛盾冲突有几次起伏？

在矛盾冲突中刻画人物形象。

赵朔妻：走、匿　　　　　——矛盾缓和

屠岸贾：索　　　　　　　——形势危急

赵朔妻：祝　　　　　　　——又趋缓和

屠岸贾：（必且）复索　　——再次危急

程婴：谬；公孙杵臼：呼　——矛盾高潮

诸将：攻、杀、喜；赵孤：匿 ——矛盾缓和

（6）问题思考：本段中，杵臼成仁和程婴立孤，"立孤与死孰难？"杵臼毅然选择了死，"死"真的是容易的选择吗？他的内心会有怎样的矛盾冲突？杵臼是逃避更难以完成的重担吗？你如何评价杵臼对死的选择？

赵氏为邪恶权臣屠岸贾所灭，作为赵朔的门客，公孙杵臼对赵朔朋友程婴曰："胡不死？""立孤与死孰难？"与程婴设计救孤，为给赵孤顺利成长创造条件，骗过诸将，必须有人在这场演戏中牺牲。他选择了慷慨牺牲。

士为知己者死，舍身报恩。义重于生，把"义"看得比生命更重要。杵臼择死，是春秋时期"士"阶层展示自身价值，维护人格尊严，舍生取义精神的典型体现。"君子坦荡荡"，胸怀坦荡以及对程婴无比信任。

（7）《深山藏孤》短文赏析，体会程婴藏孤育孤的艰辛和内心矛盾冲突，理解程婴的高尚品质。

2. 复仇

（1）全班齐读第四段中"韩厥向晋景公进言"一段文字。

（2）文言知识点学习。讲解知识点（问题质疑、知识点重点强调）。

①大业/之/后不遂者/为祟。（断句；解释"遂、祟"；特殊句式）②其赵氏乎！（解释虚词"其"）③中衍人面鸟噣。（注音"中衍"；"噣"读音、含义）④降佐殷帝太戊。（注音"太戊"）⑤叔带去周适晋。（解释"去、适"）⑥国人哀之，故见龟策。唯君图之。（"哀"活用；"见"通假；释"唯、图"）⑦召而匿之宫中。（省略了哪个词？）⑧景公因韩厥之众以胁诸将而见赵孤。（翻译。注意"因"）⑨矫以君命。（解释"矫"）⑩孰敢作难！（解释"孰"）⑪微君之疾，群臣固且请立赵后。（解释"微、且"）

（3）问题思考：韩厥在赵孤复仇成功的过程中起了什么样的帮助作用？作用重要吗？韩厥为何要帮助赵孤复仇？韩厥的这种帮助是"义"的精神的表现吗？

韩厥自赵朔被诛杀后，15年中一直"牢记承诺""等待时机"，终借景公生病占卜一事，抓住时机，帮助赵武获得晋景公和诸将支持。相对于杵臼、程婴的舍弃生命、取义成仁，他的行为不那么震撼人心，但对赵武复仇成功却起到了关键作用。信守承诺，追求正义，是"义"的表现。

3. 殉义

（1）一生朗读课文第五段。全班齐读第五段。三人分角色。全班分角色朗

读。（5、6组旁白，3、4组程婴，1、2组赵武）

（2）文言知识点学习。讲解知识点（问题质疑、知识点重点强调）。

①及赵武冠，为成人。（"冠"注音、解释）②程婴乃辞诸大夫。（解释"辞"）③我思立赵氏之后。（"立"词类活用）④我将下报赵宣孟与公孙杵臼。（"下"词类活用）⑤武愿苦筋骨以报子至死，而子忍去我死乎！（"苦"活用；翻译此句）⑥赵武服齐衰三年。（"齐衰"注音、解释）⑦春秋祠之，世世勿绝。（解释"祠"）

（3）思考：程婴经历万难，得以把赵氏孤儿扶立。为什么最后还选择了自杀？他的内心会有怎样的矛盾冲突？程婴可以不自杀吗？你如何评价程婴对死的选择？

将人物置于矛盾冲突中来突现人物品格和精神的写法是《史记》惯用的手法。

在忍辱负重，身背卖友求荣骂名，将赵孤抚养成人，完成复仇大业后，程婴谓赵武曰，"昔下宫之难，皆能死。我非不能死。我思立赵氏之后。今赵武既立，为成人，复故位，我将下报赵宣孟与公孙杵臼"。最终自杀。

程婴择死，既是大业完成后的释然，亦是不肯独享荣华富贵的超然。面对"是生还是死"的冲突，他内心有答案，"义"比生命更重要，朋友已惨死，他不会独享人生。他的择死，同样是春秋时期"士"阶层展示自身价值，维护人格尊严，舍生取义精神的典型体现。

4. 总结三个人物形象（屏幕展示人物形象要点）

救孤　公孙杵臼：悲壮牺牲　舍身报恩

　　　　程婴：忍辱负重　藏孤育孤

复仇　韩厥：信守承诺　匡扶正义

殉义　程婴：功成自杀　舍生殉义

（六）舍生取义，理解精神

问题引导：在生与死面前，公孙杵臼、程婴都"舍生择死"，你如何看待他们的这种"生死观"？假如你是文中的杵臼或程婴你会做出怎样的选择？你认为"义"是一种怎样的精神？

小组交流，学生发言。

就课文内容来看，公孙杵臼是赵氏家族的一名门客，程婴是赵氏家族的一个朋友。为了这份知遇之恩，为了这份友情，为了帮助一个遭受灭族之灾的忠臣家族报仇洗冤，更是为了维护人间的正义，他们机智、勇敢地用生命演绎"瞒天过海"，救赵氏孤儿一命。公孙杵臼慷慨牺牲。程婴甘背"卖友求荣""残害忠良"骂名15年，抚养赵孤成人，助其报仇、复故位后，为了20年前的承诺，毅然自杀，下报好友。

可以说，二人面对心中的"义"，没有丝毫考虑个人的利益。生命无比珍贵，但他们抱着必死的信念，勇敢牺牲生命来完成"救孤复仇"的伟大义举。正如司马迁《报任安书》所言"人固有一死，或重于泰山，或轻于鸿毛"，杵臼、程婴让生命展现出一种比泰山还要沉重的价值，诠释了"舍生取义"的内涵。司马迁通过这两个人物揭示了正义终将战胜邪恶的真理，表达了对勇于牺牲生命、追求正义的英雄的敬重和对"舍身报恩""士为知己者死"的生死观的认同。教会了后人面对不公正时，如何对待生与死，如何追求正义。

义，作为一种精神，核心内涵是勇敢，是一种敢于说话、敢于行动直至敢于牺牲生命的精神。面对不公正，挺身而出，敢于用行动维护正义；面对理想、追求、信念，敢于付出，敢于为之献身。

义，作为一个名词，核心内涵是公正，可解释为"公正的道理"。如果进一步阐述含义，义就是对于不公正的敢于斗争和对公正的敢于维护，是脱离了个人利害得失考虑的一种高尚品格。

《赵氏孤儿》文末一句"春秋祠之，世世勿绝"的结语，抒尽一代史学大师纵贯千古的良苦用心。

（七）课文拓展，文化传承

1. 关于"义"的圣贤言说

不义而富且贵，于我如浮云。——《论语·述而》

（对于用不道义的手段而得到的富贵，对我来说就像浮云一样微不足道，并且鄙视这种做法）

生，亦我所欲也，义，亦我所欲也；二者不可得兼，舍生而取义者也。——《孟子·告子》

孔曰成仁，孟曰取义，唯其义尽，所以仁至。读圣贤书，所学何事？而今而后，庶几无愧。——文天祥《衣带遗歌》

孔子教导成仁，孟子教导取义，只要把道义做到了极点，那么所希望的仁德自然也就做到了极致。我们读圣贤之人的著作，学习的是什么东西？（设问句，意思学习的就是仁义）那么从今往后，就几乎没有什么可惭愧的了。

慷慨捐躯易，从容就义难。——黄宗羲《兵部左侍郎苍水张公墓志铭》

2. 历史事例："义"的古今传承

鲁迅先生说，"我们从古以来，就有埋头苦干的人，有拼命硬干的人，有为民请命的人，有舍身求法的人……这就是中国的脊梁。"在汉代，就有敢冒天下之大不韪，公然提出要削藩的政治家晁错；有民族气节传诵千古的外交家苏武。为挽救北宋内政外交的困局，先天下之忧而忧的范仲淹不惧个人的荣辱得失，毅然掀起了政治改革的先河；后继者王安石更是忍辱负重，以"天变不足畏，祖宗不足法，人言不足恤"的无畏气概，再次进行改革。决意效法程婴故事的文天祥，道出了"人生自古谁无死，留取丹心照汗青"的千古绝唱。明朝同样涌现出了许多折射出儒家思想生死情结的悲壮故事，先是出现了不畏天下权贵势力的改革家张居正；后来又有抗清名将袁崇焕以文臣领兵，在辽东独拒后金举国之师，成为不可逾越的铁锁雄关；在国家倾覆之际仍有抗清名将史可法书写最后的壮歌。戊戌变法失败后，面对即将举起的屠刀，谭嗣同从容地对梁启超说："不有行者，无以图将来；不有死者，无以召后起。程婴、杵臼、月照、西乡，吾与足下分任之。"遂相与一抱而别。

注：月照是明治维新时期的和尚，西乡是指明治维新的大臣西乡隆盛。二人都主张推翻幕府统治。勤王的革命行动失败后，二人在西南萨摩海边投海自尽，月照圆寂，西乡存活。后来西乡隆盛辅佐明治成就维新大业，成为明治三杰之一。（西乡隆盛、大久保利通、木户孝允）

3. 课堂写作练习

选取历史上的几个人物，以"我们中华民族自古以来就有许多舍生取义的仁人志士"为开头，写一段议论文字。（100字左右）

学生写作展示。

（八）课下作业

请同学们以"'义'在我心中"为话题，联系史实、现实，课下写一篇作文，字数不少于800字。

（九）结束语

对"赵氏孤儿"这一经典故事作现代解读，我们可以将忠奸斗争、家族仇恨的矛盾冲突转换为正义与邪恶的较量、善良与残暴的比拼。杵臼、程婴救孤不仅仅是救活了一个家族复仇的种子，更是表明了整个中华民族在善与恶面前不畏邪恶、追求正义的鲜明态度。杵臼、程婴不畏牺牲、追求正义的高尚精神，也是当今时代弘扬的"社会主义核心价值观"的重要一点，也是中华民族永远值得继承发扬的正确的价值观、生死观！

（荣获山东省信息技术与课程融合优质课高中组三等奖）

利令智昏穆公袭郑，忠心悲情蹇叔哭谏

——《优秀传统文化》之《蹇叔哭师》教学设计

【教学目标】

1. 课文理解层面：在理解文本的基础上，理解蹇叔两次哭泣的内涵。

2. 传统文化价值观层面：能够正确评价蹇叔送子出征的行为，感受其内心矛盾，在此基础上深刻理解爱国敬业的深刻内涵。

3. 思维层面：拓展思考，为蹇叔或者其子提出一些减少损失的可行性方案，训练学生思维。

【教学重难点】

重点：理解文本，能从蹇叔前后两次悲哭中体会出蹇叔的忠贞爱国之心以及深深爱子之情。

难点：学生能就出师不利之事展开讨论，找出应对策略，培养学生多角度看待事情的能力，养成全面思考的思维习惯。

【教学过程】

（一）导入新课，出示目标

中华优秀传统文化源远流长、博大精深。鲁釐公三十年（前630），晋文公因郑曾无礼于己且两属于楚，便联合秦穆公合兵围郑。秦穆公听从郑国烛之武的退师建议，与郑结盟，单方面撤军，留下了杞子、逢孙、杨孙三人在郑国戍守，晋文公也只好罢兵而归。郑人派杞子掌管郑国都城北门的钥匙，杞子存私心，遣使告知秦穆公，如果派兵前来，郑国可轻易得手。秦穆公便想派兵袭

105

郑。可是郑国远在千里之外，秦军袭郑需跨越晋国疆界，胜算不大。若因前面秦弃盟毁约单独撤军之事，晋袭秦师，秦军危险。今天我们共同学习选自《左传·鲁釐公三十二年》的一篇儒家经典历史散文《蹇叔哭师》。蹇叔这位老臣悲伤的哭声穿过2600多年的历史，让我们今天听来仍为之动容。蹇叔是谁？他为谁而哭？又因何而哭？让我们这节课一探究竟。

出示本节课"教学目标"。

（二）检查预习，温故知新

在走进课文之前，我们先一起回顾一下与本节课内容有关的两点背景知识。

第一点，是我们高一学过的左传名篇——《烛之武退秦师》。

老臣蹇叔哭师，就发生在老臣烛之武用精妙的言辞说退秦军两年多之后。同是老臣，国家不同，故事不同。那是在鲁釐公三十年，前630年，晋文公因郑曾无礼于己且两属于楚，便联合秦穆公合兵围郑。秦穆公听从郑国烛之武的退师建议，毁约负晋，与郑结盟，单方面撤军，并留下了杞子、逢孙、杨孙三人在郑国戍守，晋文公也只好罢兵而归。

学生背诵烛之武的说辞。

填空（幻灯片）：

《蹇叔哭师》开篇的杞子从郑国派人密告秦穆公提出偷袭郑国，就和《烛之武退秦师》文末交代的杞子等人留守郑国一事相衔接。帮助郑国守城两年多的杞子等人，准备再次毁约负郑，要里应外合消灭郑国。

第二点，是春秋时期著名战役——秦晋"崤之战"。

秦晋"崤之战"是发生于公元前627年。大家看学案，对崤之战的背景、经过、结果已经了解。其实本文就是《崤之战》的开始部分，属于战争前的原因介绍。而在《蹇叔哭师》内容之前，左传的《崤之战》还有一小段文字，一起看一下。（幻灯片）

冬，晋文公卒。庚辰，将殡于曲沃，出绛，柩有声如牛。卜偃使大夫拜。曰："君命大事。将有西师过轶我，击之，必大捷焉。"

译：冬季，晋文公死。十二月初十日，准备把棺材送在曲沃停放。离开绛城，棺材里有声音像牛叫。卜偃请大夫跪拜，说："国君发布军事命令：将要有西边的军队过境袭击我国，如果攻击他们，必定大胜。"

看《崤之战》第一段，原文，译文。（学生读一下）本段用带有神话色彩的文字介绍了晋文公新丧之事。在崤之战之前，用"刚去世的晋文公显灵发布军事命令，要求晋军袭击过境秦军并预言会取胜"的描写文字为后文埋下伏笔。

我们知道，此时，即公元前628年，晋文公已死。作为"春秋五霸"之一的晋文公去世，这对秦穆公来讲是好消息。另外，在郑国任国君45年之久的郑文公也已死，郑文公就是派烛之武出城退秦师的那位国君。晋、郑两位国君新丧，年轻的继位者晋襄公、郑穆公，让称霸已久的秦穆公有些轻视，也让秦穆公称霸中原的野心进一步膨胀。这是秦晋崤之战的基本背景。

（三）重点字音

课件、学案。

（四）课文朗读

个人读、齐读。

（五）文本学习

环节一：深读文本，深入理解

（1）问题：郑人派杞子掌管郑国都城北门的钥匙，杞子存私心，遣使告知秦穆公，如果派兵前来，郑国可轻易得手。秦穆公便想派兵袭郑。可是郑国远在千里之外，秦军袭郑需跨越晋国疆界，难度很大。秦穆公请教蹇叔，作为秦国老臣的蹇叔，他如何回答秦穆公的请教呢？

蹇叔的意见非常明确，不可轻易出兵袭郑。原因有二：一是劳师袭远不合兵法常规。劳师袭远，郑有准备。劳而无功，秦军士卒会生抱怨、悖乱之心。二是秦军行军千里之远，恐怕会遭所经之国（指晋国）袭击。况前因烛之武退秦师，秦背约负晋与郑结盟之事，秦晋已生嫌隙，晋袭击秦军很有可能。蹇叔的担忧是有根据的。蹇叔对秦穆公的回答，层次清晰，委婉恳切。

概括：不合兵法，郑有准备，士卒埋怨，遭晋袭击。

（2）问题：试分析，秦穆公为何不听蹇叔的忠告？

郑国国君郑文公新丧，无暇备战，杞子掌郑国都城城北门之管，可做内应，是个有利条件。晋国国君晋文公新丧，国内忙于治丧；再加上秦晋友好多年，应该不会袭秦。秦穆公向东争霸中原的野心，日益膨胀，恐怕大好时机丧失。

（3）问题：怎样评价秦穆公派人对蹇叔说的"尔何知？中寿，尔墓之木拱矣！"

这是历史上非常著名的骂人的一句话。可以说是无礼之至。蹇叔哭送秦军不吉利的预言惹恼了秦穆公。秦穆公派人告诉蹇叔，你是老得头脑昏聩了，如果你只活到中寿之数，现在你坟墓上树都早已是合抱之木了。中国自古就有尊老传统，尽管秦穆公和蹇叔是君臣关系，但骂人活得太久，显示出秦穆公丢失了国君应有的基本德行修养，体现的是不能虚心纳谏，利令智昏的形象。

（4）探究思考：蹇叔有两次哭泣，请根据课文写出原文的两次哭泣之语并翻译；并分析两次哭泣的情感内涵或原因。

秦穆公拒绝了蹇叔的建议。作为秦国老臣。蹇叔不愿看到出征秦军覆亡，国力受挫；却无力挽救，便只能怀悲痛之情，哭送秦军。并告诉主将孟明此次出师必遭覆灭。蹇叔第一次哭，为国而哭，哭出的是一颗爱国的耿耿忠心。

蹇叔之子，作为此次行动的兵卒，没有任何理由选择不去。而蹇叔明知此次秦军出征必败，其子必死。作为父亲，他无法阻止其子赴死，便有了为子而哭。他预言晋人必袭秦军于崤山，嘱咐其子在崤山南岭北陵之间亡，以便收其尸骨。古语：父母之爱子，为之计深远。可是蹇叔虽然睿智，也有了无法为子谋深远之时。此时蹇叔之哭，哭出的是舐犊亲情。

设计意图：帮助学生理解文本，把握人物形象。

环节二：理解并传承优秀传统文化价值观

学生活动：蹇叔既然知道秦军必败，为什么不设法阻止他的儿子随军出征？如果你是蹇叔的儿子，你会做何选择？

蹇叔明知秦军出征必败，其子必死，还是哭着送子赴战，因为蹇叔知其子是秦国兵卒，服从军令，是军人本分。在服从军令为国赴死和保子存宗族的矛盾中，蹇叔选择了前者。正是深入骨髓的大公无私、忠于国家、忠于职守的信念使他做出了这种选择。

如果我是蹇叔之子，依然会挺身出战。因为作为兵卒，挺身为国出战，这是士兵的天职。但深知此次行动凶险，可以向上司建议做好对晋军偷袭的防御措施，做好出师的保密任务，争取更大的胜算。

环节三：思维发展，提升学生思维品质

学习《崤之战》最后一段。

秦伯素服郊次，乡师而哭曰："孤违蹇叔以辱二三子，孤之罪也。"不替孟明。曰："孤之过也。大夫何罪？且吾不以一眚掩大德。"

译：秦穆公穿着白色的衣服在郊外等候，对着被释放回来的将士哭着说："我违背了蹇叔的劝告，让你们受了委屈，这是我的罪过。"没有废弃孟明，（秦穆公）说："这是我的错误，大夫有什么罪呵！况且我不会因为一次过失而抹杀他的大功劳。"

秦军冒险东征，行军1500多里，跨越晋国疆界偷袭郑国，果然遭到了惨败。"弦高犒师"挽救了郑国，传为美谈；晋袭秦军全歼出征秦军三万人，俘虏秦国三位将帅。秦军惨败验证了蹇叔的预言。令人欣慰的是，在惨败之后，秦穆公幡然醒悟，哭迎秦将，勇于认错，秦军内部再次团结一致。秦穆公在惨败后反思，没听蹇叔忠告，一意孤行，招致损失惨重，可以说后悔莫及。那蹇叔在秦军出征覆亡后，会不会也再次思考呢？

问题：如果你是蹇叔，为了避免秦军覆亡以及自己年老子丧，你还有哪些有力措施或建议？

如果我是蹇叔，首先我会在秦穆公不听我的谏言的情况下，马上联合其他大臣一起尽量说服秦穆公三思而行，取消此次出征。

其次，在秦穆公出师不可谏的情况下，能够说服秦穆公和主帅，采取各种防御晋军偷袭的策略，做好出征消息保密措施，以减少此次出师的损失。

设计意图：指向学生家国情怀培养、理性思维能力培养。

（六）课下拓展（小作文）

如果你身在抗美援朝时期（1950—1953），已近暮年，独子在戎，送子赴朝参战时你的内心是什么样的，你会对儿子说些什么？

（七）结束语

同学们，春秋无义战，秦军的冒险出征也是为了"利益"二字。但作为秦国老臣，蹇叔不愿看到秦军败北，国力受挫，却无力挽救，便只能哭送秦军。蹇叔之哭，哭出的是一颗为国的耿耿忠心。作为父亲，他无法阻止其子赴死，哭出的是舐犊情深。蹇叔见秦军出师必亡而不能救，其悲可知；蹇叔见子随军赴死而不能救，其痛可知。

蹇叔之哭，体现的是我们中华优秀传统文化"忠心为国""心忧国事"的崇高精神，也一脉传承至今，成为我们今天社会主义核心价值观"爱国敬业"的价值追求。同时，这段历史也不断提示我们，重要决断一定要三思而行、虚心纳谏，不可利令智昏、一意孤行。

【板书设计】

蹇叔哭师

《左传》

哭师　为国忠心　悲
哭子　舐犊情深　痛

三思而行
虚心纳谏

（邹平市长山中学公开课教学设计）

感受内心激烈矛盾，探求人的精神复活

——统编教材《复活》模拟说课答辩实录

2021年12月，在滨州第三期"三名"工程培养人选培训过程中，我参加了说课、答辩培训，并有幸获得了三位省级专家老师的点评指导，深感受益匪浅。此次说课、答辩培训，是用当天下午、第二天上午共一天的时间，以参训教师抽签上台"说课答辩"、三位省级专家现场对教师"说课答辩"情况逐一点评指导的形式进行。负责指导的几位专家都担任过省特级教师、齐鲁名师评选的评委。说课答辩要求：说课8—10分钟，上台说课前30分钟告知说课篇目；备课时，就一本教材，两张白纸，半个小时，没有教师用书，没有手机、电脑等备课途径；说课不使用多媒体等投影设备；答辩，是在说课结束后，现场抽取一个答辩题目，答辩时间是2—3分钟。教师的说课、答辩对教师专业成长有很大促进作用，因此将模拟说课、答辩的内容和专家点评指导整理出来，以助反思改进。

一、模拟说课

尊敬的各位专家、评委，各位老师：大家好！今天我说课的题目是《复活》。

本课出自统编教材高中语文教材选择性必修上册第三单元，单元人文主题是"多样的文化"。学生通过学习本单元，"了解若干国家和民族不同时期的社会文化风貌，感受人类精神世界的丰富，培养开放的文化心态"。本单元人文主题"多样的文化"，是单元学习应达成的立德树人的培育目标，是语文课程独特的育人价值的体现，是对学生进行成长教育、生命教育的具体体现。本单元属于《普通高中语文课程标准（2017年版2020年修订）》18个学习任务群中的"外国作家作品研习"学习任务群。高二选择性必修的专属学习任务群称为"研习"，这与高一必修课程有所不同，除了难度的提升，更强调专题学习，强调学生对专题的自主研究、思考、理性探究和拓展学习。本单元选入了四篇课文，学习本课之前，学生已经有了高一年级语文必修课程的阅读写作基础，高二学生的问题思考能力、理性探究能力进一步增强。

鉴于以上对教材内容、学生学情两方面的分析，并依据新课程标准语文的四大核心素养——语言建构与运用、思维发展与提升、审美鉴赏与创造、文化传承与理解，我确立本节课的教学目标是：

语言运用目标：整体感知，梳理小说情节。

思维发展目标：把握小说人物形象，探究小说思想主旨。

审美鉴赏目标：从叙事手法、语言风格方面把握作品独特的艺术成就。

文化传承目标：联系历史文化背景，理解创作意图，感受人类文化的丰富多彩。

教学重点：探究小说的思想主旨。（依据教材，作为小说学习，理解小说的思想主旨是学习小说的关键）

教学难点：理解创作意图，感受作者人格。（依据学生学情，学生与作品描述的沙皇俄国时代相隔较远，理解难度较大，需要教师提供历史背景）

教法："问题式任务导学法"。（以问题探究驱动任务，激活课堂，完成教学目标）

学法：学生朗读法，学生探究合作展示法。（朗读是语文学习的基础，学生探究、合作、展示是为了突破重难点学习，锻炼思维能力、表达能力、自学能力）

为了实现以上4个教学目标，解决重点难点问题，我设计了以下5个教学环节。

教学环节一：情境导入，激趣引思

玛丝洛娃无辜卷入一起谋财害命的官司，蒙冤受难，即将去服苦役。担任陪审员的贵族聂赫留朵夫在法庭上发现，玛丝洛娃正是自己年轻时抛弃了的姑娘，良心深受谴责。经过痛苦的思想斗争，决定去监狱探望玛丝洛娃祈求宽恕。同学们，熟悉而又陌生的他们在监狱里见面会是怎样的情景呢？

（这一个环节引导学生关注情节的连贯。课文节选的是《复活》第一部分

第43章。导入语既是对情节的回顾，也是为激发学生的学习积极性）

教学环节二：问题探究，任务带动

这是本节课重点环节。以学生自主探究、合作、展示、点评为主要方式，锻炼学生思维能力、沟通能力、表达能力、自学能力。本环节设计4个学习任务。

任务活动一：初读课文，整体感知

教师提出问题：朗读全文，请同学们概括本文主要情节。学生朗读、思考、小组合作、相互交流、展示。教师根据学生发言情况指导点拨。本文情节概括：聂赫留朵夫去监狱探望，鼓起勇气，面对曾经被自己深深伤害的玛丝洛娃，忏悔当年的罪恶，祈求宽恕。

任务活动二：品读课文，理解观点

语文学习要重视对学生的思维训练。教师提出问题，问题一：人物是小说的关键，请大家分析本文的主人公聂赫留朵夫、玛丝洛娃，他们具有怎样的性格特点。问题二：在理解人物形象的基础上，请尝试概括本篇小说的主旨。学生活动：学生品读重点词句、段落，相互交流，小组代表展示。教师根据学生发言情况点拨。人物形象：聂赫留朵夫，心存善念，深陷于生活与心灵的激烈矛盾中，是作者人性理想的展现；玛丝洛娃，深受伤害，内心还未觉醒，思想堕落。本文主旨：探讨人的精神的复活。

任务活动三：赏读课文，分析特色

教师提出问题：本篇小说在语言描写、动作描写、心理描写等方面，都有杰出的表现，请结合小说有关内容分析一下这些描写手法的使用及效果。学生思考后，小组合作交流。请学生有感情地朗读有关描写的文段。学生赏析发言，教师相机点拨，如聂赫留朵夫在和玛丝洛娃对话时，先用"您"后用"你"，此处对话中人称代词的变化，表现的是聂赫留朵夫心理变化，对玛丝洛娃情感距离的变远，让学生体会。这个任务设计对应学习目标三的审美任务——体会作品的艺术特色。

任务活动四：悟读课文，传承文化

教师提出问题：作者为什么要创作《复活》？学生根据对课本的理解，交流讨论，展示。教师适时用多媒体出示《复活》创作的时代背景、作者经历，指出聂赫留朵夫这个人物形象在作者的多部小说中都有，他可以被看作是作家一部分自我的化身，是作家在精神上艰难探索的艺术记录。结合沙皇俄国统治的黑暗、社会的腐败、人性的堕落的时代背景，体会作者以文学的探求追求人性的复活的思想情感。

教学环节三：课堂总结，凝练升华

教师提出问题：学了本节课，同学们学到了什么？学生可从小说的主旨、结构，作者的写作方法、写作目的、人格等方面总结。学生发言、展示，教师用粉笔写，把学生发言关键词写成板书，重点体现人物形象特点、小说主旨、艺术手法等。

教学环节四：当堂检测，学以致用

教师依据学案，对课文的情节、描写手法等内容当堂检测，让学生巩固本课学习重点内容。

教学环节五：布置作业，巩固提升

这也是一个"弘道"的环节，传承人文精神，巩固提升能力。作业：只要同学们认真观察，就会发现在生活中有不少"小说元素"或让人感动，或引人审思，或令人开怀，大家课下尝试写一篇小小说，不少于800字。

板书设计：由师生共同完成，以关键词体现本节课知识要点和能力方法总结，让学生一目了然，抓住本节课学习的关键内容。

我的说课到此结束，谢谢。

二、答辩题目

谈一下如何结合你的学科特点和学科精神实现学科德育渗透？请用一句话概括你的教育理念。

各位评委，语文本身对于学科德育渗透具有得天独厚的优势。教材中的课文都是文质兼美的文章，课文学习的同时，美育和德育贯穿语文课堂的每一节课。根据《普通高中语文课程标准（2017年版2020年修订）》，语文学科核心素养包括四个方面：语言建构与运用、思维发展与提升、审美鉴赏与创造、文化传承与理解。在文化传承与理解方面，理解小说中人物的崇高精神、理解作者对社会负责的精神态度等，都能对学生起到人生成长的指导作用和教育作用。

一句话概括自己的教育理念。我认为，语文就是"读写语文"。因为阅读和写作是语文学科的基础和关键，也是最主要的语文学习方式。语文学习，一是在人文性方面，对学生进行文化熏陶；另一点是在工具性方面，使学生学好语文，为所有学科学习和人生成长打好基础。因此我的语文教育理念就是强调读写，以读促写，以写促读。

谢谢。

三、专家点评指导

谢谢曲老师。刚才曲老师作了非常精彩的说课。可以看到，对说课的理解比较规范，也比较全面。

（1）教学目标的设计，紧扣语文四大核心素养，这非常好。高中老师就要旗帜鲜明地围绕语文核心素养去设立教学目标。这是个新课题，我们还要继续研究，可以做得更好。

（2）重点难点的设计及依据、教学方法，也说得非常清楚。

（3）教学五个环节设计是非常好的。特别是第二环节的"四读"设计，初读、品读、赏读、悟读，都是读，但是是对文本逐渐深入的读。初读是整体感知课文，大体上了解，初步感受。品读、赏读，曲老师设计了合作学习，合作就是分享式的合作，让学生在读的过程中赏析特色。这个过程中，老师要引导学生合作分享。

（4）课堂总结环节注意了师生的记录、积累。曲老师是学生说他写，把学生总结的写到黑板上了。那这个环节就有点欠缺，除了教师写，也要让学生写，课堂上学生一定要动起来，不要做旁观者。

（5）课堂检测环节，我觉得检查内容是有些欠缺的。语文字词学习，很关键，也是基础。在平时的检测里面，首先就要落实好语文字词知识。

（6）布置作业环节。曲老师布置了小小说写作作业，这个作业是一个拓展性的或者说是开放性的作业，这是可以的。语文不一定每天都布置这样的作业，但适时布置一次是对学生写作有好处的。

还有最后一点，再返回去，就是教材分析方面，大方向是正确的，还要再细致一些。高一已有的学习基础分析有点远，要结合单元主题分析前后篇目之间的关联才好。比如说本课是探讨人性的复活，那其他几篇文章和本篇的区别和联系是什么？应简要梳理、说明，这样也可以增加学生学习课文的兴趣。

关于答辩环节。问题是"谈一下如何结合你的学科特点和学科精神实现学科德育渗透？请用一句话概括你的教育理念"。问的实际上是三个事情。首先，要回答出高中语文学科的特点是什么，学科精神是什么。其次，是如何立足于学科特点、学科精神，去进行学科德育渗透的。那你的学科特点怎样说呢？可以4个字概括，如听说读写，多少年来这是语文学科的特点。也可以说是核心素养，我的学科特点就体现在学科素养这4个方面。学科精神是什么？人文性、工具性等。再次，是用一句话概括你的教育理念，你说了十句话也多是吧（笑）。那这种问题怎么回答呢？回答时可以先散后集中，最后，用一句话总结，不应该反过来。

（滨州市第三期"三名"工程人选培训说课答辩内容）

立意高深阐明利害，论证有力直入君心

——统编教材《谏逐客书》复习教学设计

【教学目标】

1. 积累并掌握重点实虚词的意义及用法。

2. 增强文言翻译采分意识，提高文言文翻译能力。

3. 解读文本，提高筛选、分析和概括信息能力。

【教学过程】

（一）文化常识积累

1. 今陛下致昆山之玉，有随、和之宝，垂明月之珠，服太阿之剑，乘纤离之马，建翠凤之旗，树灵鼍之鼓。

①昆山，即____，古代以出产美玉而闻名。②随、和之宝，即随侯珠与____，传说中春秋时随侯得到的宝珠和楚人卞和所获的美玉。③太阿（ē），古代名剑，相传为春秋时著名工匠欧冶子、____所铸。④灵鼍（tuó），即____，古人认为有灵性，皮可蒙鼓。

2. 所以饰后宫、充下陈。

①后宫：君主时代____住的宫室，后又用来指代妃嫔。②下陈：古代殿堂下____的地方。位于堂下，故称下陈。

3.《郑》《卫》《桑间》《昭》《虞》《武》《象》者，异国之乐也。

①《郑》《卫》《桑间》指____一带的乐曲。②《昭》《虞》《武》《象》都是传说中的古乐名。《昭》，即____，传说中舜时的乐曲。

4.此五帝三王之所以无敌也。

①五帝：《史记·五帝本纪》指黄帝、颛顼、帝喾、＿＿＿、＿＿＿。②三王：夏、商、周三代开国君主，即＿＿＿、＿＿＿和＿＿＿。

参考答案：（1）昆仑山　和氏璧　干将　扬子鳄（2）妃嫔　放置礼品、站列婢妾（3）郑国、卫国　《韶》（4）唐尧　虞舜　夏禹　商汤　周武王

（二）基础知识梳理

要求：自主复习课文，结合注释，识记文中重点字词，合上课本，解释文中加点词语。

1. 掌握课文中难写的字

mù公求士　东夷西róng　东得百里奚于yuān　五gǔ大夫

jiǎn叔　pī豹　yīn盛　制yān yǐng　魏公子áng

东据成gāo之险　河南xíng阳　割gāo yú之壤　功yì到今

昭王得范jū　rǎng侯魏冉　华阳君mǐ戎　乘xiān lí之马

树灵tuó之鼓　xī象之器　骏良jué tí　不实外jiù

yuān珠之zān傅玑之ěr　ē gǎo之衣

佳yě yǎo tiǎo赵女不立于侧也　击wèng扣fǒu

弹zhēng搏bì　sháo yú《武》《象》zhuān xū　帝kù

弃qián首以资敌国　jiè寇兵而jī盗粮

2. 通假字

昔缪公求士　遂散六国之从　向使四君却客而不内　而陛下说之　西蜀丹青不为采

退弹筝而取《昭》《虞》　是以泰山不让土壤　河海不择细流　此所谓"藉寇兵而赍盗粮"者也

3. 词类活用

名词作状语：西取由余于戎，东得百里奚于宛（在西面，在东面）

西并巴、蜀，北收上郡，南取汉中……东据成皋之险（向西，向北，向南，向东）

使之西面事秦（向西）蚕食诸侯（像蚕一样）

名词、形容词用作动词：夫物不产于秦，可宝者多（名作动，作为宝物）

然则是所重者在乎色乐珠玉，而所轻者在乎人民也（形作动，看重、

看轻）

使动用法：来丕豹、公孙支于晋（使……来；招来，招致） 遂散六国之从（使……离散）

强公室，杜私门（使……强；加强） 向使四君却客而不内（使……退却，拒绝）（使……进入，接纳）

王者不却众庶，故能明其德（使……退却，拒绝）（使……显明，彰明）

却宾客以业诸侯（使……退却，拒绝）（使……成就霸业） 而歌呼呜呜快耳者（使……畅快、舒畅）

快意当前，适观而已矣（使……畅快、舒畅） 所以饰后宫、充下陈、娱心意、说耳目者（使……愉快）（使……喜悦、舒畅） 退弹筝而取《昭》《虞》（使……退；摈弃不用）

（三）字词拓展延伸

解释多义词，联系有关课文。

私：私人的，自己的；私下，偷偷地；偏爱；私事，私利。

强公室，杜私门 私见张良，具告以事（《鸿门宴》） 吾妻之美我者，私我也（《邹忌讽齐王纳谏》）

丹不忍以己之私，而伤长者之意（《荆轲刺秦王》）

却：推辞，拒绝；使……退，击退；退后；回头；还、再；表转折。

后秦击赵者再，李牧连却之（《六国论》） 却坐促弦弦转急（《琵琶行》）

却与小姑别，泪落连珠子（《孔雀东南飞》） 何当共剪西窗烛，却话巴山夜雨时（《夜雨寄北》）

才下眉头，却上心头（《一剪梅》）

说：同"悦"，喜悦、喜爱；讲，谈；说法，言论；文体的一种；劝说，说服。

说尽心中无限事（《琵琶行》）是说也，人常疑之（《石钟山记》）

鲰生说我曰："距关，毋内诸侯。"（《鸿门宴》）

（四）课文典句翻译

要求：翻译前圈画出你认为是得分点的字词、特殊句式。

1.向使四君却客而不内，疏士而不用，是使国无富利之实而秦无强大之名也。

假使四位君主拒绝远客而不予接纳，疏远贤士而不加以任用，这就会使国家没有丰厚的实力而让秦国没有强大的名声。（得分点：向使、却、内、疏、是）

2. 然则是所重者在乎色、乐、珠玉，而所轻者在乎人民也。此非所以跨海内、制诸侯之术也。

这样做就说明，陛下所看重的，只在珠玉声色方面；而所轻视的，却是百姓。这不是能用来驾驭天下、制服诸侯的方法啊！（得分点：重、轻、所以）

3. 今乃弃黔首以资敌国，却宾客以业诸侯。

现在竟然抛弃老百姓使之去资助敌国，拒绝宾客使诸侯成就霸业。（得分点：乃、资、业）

4. 今逐客以资敌国，损民以益仇，内自虚而外树怨于诸侯，求国无危，不可得也。

现在驱逐客卿来帮助敌国，减少本国人口而增加仇人的实力，结果在内使自己虚弱，在外又和各国诸侯结怨，像这样做而想使国家不陷于危境，这是办不到的。（得分点：益、树怨、得）

（五）文本内容深读

本文是一篇奏议，也是一篇非常典范的论述性文本。文章内容丰富，结构严谨，论证有力，是我们学写议论文的好教材。

（1）请对文章第一段划分层次、概括层意，梳理论证思路，并指出使用的论证方法。

首先，开门见山，表明观点：驱逐客卿错误；接着，铺陈列举四位秦君重用客卿而富国的史实——事实论证（史实论证、举例论证、正面论证）；然后，总结指明客卿之功；最后，反面假设，逐客不利于秦，回扣逐客错误的论点——道理论证（假设论证、反面论证）。

穆公求士——广纳人才——遂霸西戎

孝公用商鞅——变法治国——民盛国强

惠王用张仪——四面扩张——以横破纵

昭王得范雎——打击豪门——强化集权

（2）请对文章第二段划分层次、概括层意，梳理论证思路，并指出使用的论证方法。

　　第二段由回顾历史转入现实。首先，用7句铺陈排比，正面列举秦王爱异国宝物的客观事实——事实论证（史实论证、举例论证、正面论证），再用反面假设，铺陈排比，指出秦王对异国珠玉、女色的喜爱——道理论证（假设论证、反面论证）；其次，列举秦王在音乐上弃"真秦之声"用"异国之乐"的事实，指明取用音乐原则，快意当前，适观而已——对比论证；再次，点明秦王下逐客令后表明的用人原则：非秦者去，为客者逐；最后，指出秦王重物轻人，重色乐珠玉轻人民，与秦王统一天下之目标背离，指出此非所以跨海内、制诸侯之术——对比论证。

　　（3）请对文章第三段划分层次、概括层意，梳理论证思路，并指出使用的论证方法。

　　首先正面论述古五帝三王广纳人才无敌于天下，接着反面指出今秦王"却宾客""藉寇兵而赍盗粮"。使用正反（古今）对比论证方法，阐明纳客与逐客的利害。

　　（4）请对文章第四段划分层次、概括层意，梳理论证思路，并指出使用的论证方法。

　　首先正面论述士愿效忠于秦国，接着从反面论述逐客国危的严重后果。使用正反对比论证的方法，总结分析：逐客必将造成秦国的危亡。

　　（5）"李斯既亦在逐中，若开口便直斥逐客之非，宁不适以触人主之怒，而滋之令转甚耶！妙在绝不为客谋，而通体专为秦谋。语意由浅入深，一步紧一步，此便是游说秘诀。……意最真挚，笔最曲折，语最委婉。而段落承接，词调字句，更无不各具其妙。"（清，余诚《重订古文释义新编》卷五）

　　阅读以上文字，思考：本文能够说服秦王的关键在什么地方？

　　首先，立意高深，从秦王统一天下的高度立论。始终围绕秦"大一统"的目标论证利害关系。

　　其次，开篇即避重就轻，缓和与秦王的对立矛盾。在李斯的叙述语境中，秦王还没有颁布逐客令，而只是自己听说大臣们有这样的议论，发表自己的看法而已。这样避免了和秦王的直接对立，也为秦王取消逐客令铺好了台阶。

　　最后，谈古论今，用事实说话。运用了大量无可辩驳的事实论据来论证"逐客之害""纳客之利"。事实论证、道理论证、对比论证等论证方法充沛有力。

（六）高考真题链接

（2022年高考全国甲卷）阅读下面的文言文，完成下面小题。

齐助楚攻秦，取曲沃。其后秦欲伐齐，齐、楚之交善，惠王患之，谓张仪曰："吾欲伐齐，齐、楚方欢，子为寡人虑之，奈何？"张仪曰："王其为臣约车并币，臣请试之。"张仪南见楚王，曰："今齐王之罪其于敝邑之王甚厚，敝邑欲伐之，而大国与之欢。大王苟能闭关绝齐，臣请使秦王献商于之地，方六百里。若此，则是北弱齐，西德于秦，而私商于之地以为利也，则此一计而三利俱至。"楚王大说，宣言之于朝廷曰："不榖得商于之田，方六百里。"群臣闻见者毕贺，陈轸后见，独不贺。楚王曰："不榖不烦一兵不伤一人而得商于之地六百里寡人自以为智矣诸士大夫皆贺子独不贺何也"陈轸对曰："臣见商于之地不可得，而患必至也。"王曰："何也？"对曰："夫秦所以重王者，以王有齐也。今地未可得而齐先绝，是楚孤也，秦又何重孤国？且先绝齐，后责地，必受欺于张仪。是西生秦患，北绝齐交，则两国兵必至矣。"楚王不听，曰："吾事善矣！子其弭口无言，以待吾事。"楚王使人绝齐。张仪反，秦使人使齐，齐、秦之交阴合。楚因使一将军受地于秦。张仪知楚绝齐也，乃出见使者曰："从某至某，广从六里。"使者反报楚王，楚王大怒，欲兴师伐秦。陈轸曰："伐秦，非计也。王不如因而赂之一名都，与之伐齐，是我亡于秦而取偿于齐也。"楚王不听，遂举兵伐秦。秦与齐合，楚兵大败于杜陵。故楚之土壤士民非削弱，仅以救亡者，计失于陈轸，过听于张仪。

（节选自《战国策·秦策二》）

参考译文：齐国帮助楚国进攻秦国，攻下了（秦地）曲沃。后来秦想要进攻齐国，由于齐、楚友好，秦惠王为此忧虑，对张仪说："我想要发兵攻齐，无奈齐、楚两国关系正密切，请你为我考虑一下，怎么办呢？"张仪说："请大王为我准备车马和金钱，让我试试看。"于是张仪去南方楚国见到楚怀王，说："现在对秦王来说齐王的罪恶是最严重的，秦国准备征讨齐国，然而楚国跟齐国交好。如果大王能关起国门跟齐断绝交邦，让我劝说秦王献上商于的土地，方圆六百里。如果这样，楚国就在北面削弱了齐国的势力，又在西面对秦国施有恩惠，且获得了商于六百里土地，这就是一举三得的上策。"楚怀王非常高兴，在朝堂上宣布说："我已经得到商于六百里土地。"听见这话的群臣都向怀王道贺，陈轸最后觐见，唯独不向怀王道贺。怀王说："我不派遣一个士兵，不伤亡一名将士，就得到商于六百里土地，我自认为这是非常明智的，朝中百官都向我道贺，只有你一个人不道贺，这是为什么？"陈轸回答说："我认为大王不但得不到商于六百里土地，反而一定会招来祸患。"怀王问："为什么？"陈轸回答说："秦王之所以重视大王的原因，是因为有齐国这样一个强大盟邦。如今还没有得到秦国的割地却先和齐国断绝邦交，是让楚国陷于孤立状态啊，秦国又怎会重视一个孤立无援的国家呢？何况楚国如果先跟齐国断交，然后再向秦要求割让土地，那么必然遭到张仪欺骗。结果是西面惹出秦国的祸患，北面切断了齐国的后援，这样秦齐两国的兵都一定会进攻楚国。"楚王不听从，说："我的计划已经妥当了，你就闭口不要多说，就等待看我（得到割地）吧。"怀王派使者跟齐国断绝邦交。张仪回到秦国之后，秦王就派使者前往齐国，秦齐的盟约暗中缔结成功。楚国派遣一名将军去秦国接收土地。张仪在证实楚齐确实断交以后，才出来接见楚国的索土使臣说："从这里到那里，纵横总共是六里土地。"楚国使节回国报告楚怀王，怀王大怒，准备发兵去攻打秦国。陈轸说："攻打秦国，不是一个好办法。大王不如趁此机会将一个大都市送给秦国，跟秦连兵伐齐，这样可以把损失在秦国手里的再从齐国补偿回来。"楚怀王没有采纳，于是发兵北去攻打秦国。秦、齐两国合兵，楚军在杜陵惨败。可见，楚国的土地并非不大，人民也并非软弱，之所以会几乎亡国，是怀王没有采纳陈轸的忠告，而过于听信张仪的缘故。

1.下列对文中划线部分的断句，正确的一项是（　　）（3分）

A. 不毂不烦一兵/不伤一人而得/商于之地六百里/寡人自以为智矣/诸士大夫皆贺子/独不贺/何也/。

B. 不毂不烦一兵/不伤一人/而得商于之地六百里/寡人自以为智矣/诸士大夫皆贺/子独不贺/何也/。

C. 不毂不烦一兵/不伤一人/而得商于之地六百里/寡人自以为智矣/诸士大夫皆贺子/独不贺/何也/。

D. 不毂不烦一兵/不伤一人而得/商于之地六百里/寡人自以为智矣/诸士大夫皆贺/子独不贺/何也/。

解析：本题考查学生文言文断句的能力。"不烦一兵"和"不伤一人"字数相同，结构相似，都是后文"得商于之地六百里"的前提，"而"是连词，所以"而"之前应断开，由此排除A、D。"子"是第二人称，指"你"，是"不贺"的主语，因此"子"前应断开，由此排除C。这句话的意思是：我不派遣一个士兵，不伤亡一名将士，就得到商于六百里土地，我自认为这是非常明智的，朝中百官都向我道贺，只有你一个人不道贺，这是为什么？故选B。

2. 下列对文中加点的词语及相关内容的解说，不正确的一项是（　　　）（3分）

A. 约车意思是约定派车，"约"与《鸿门宴》"与诸将约""约"字含义相同。

B. 宣言指特意宣扬某种言论，使人周知，与后来用作文告的"宣言"含义不同。

C. 孤国指孤立的国家，"孤"与《赤壁赋》"泣孤舟之嫠妇"的"孤"字含义相同。

D. 阴合意思是暗中联合，"阴"与《岳阳楼记》"朝晖夕阴"的"阴"字含义不同。

解析：本题考查学生理解文言实词在文中的意义和用法的能力。A."约车"的"约"是"拴套、准备"之意，"与诸将约"的"约"是"约定"之意，二者含义不同。说法错误。B."宣言"是指特意宣扬某种言论，使人周知；作文告的"宣言"是指国家、政党、团体或领导人对重大问题公开表态以进行的宣传号召，二者含义不同。说法正确。C."孤国"中的"孤"是孤单、孤立的意思；《赤壁赋》"泣孤舟之嫠妇"的"孤"字是孤单之意，二者含义相同。说法正确。D."阴合"的"阴"是私下、暗中的意思，《岳阳楼记》"朝晖夕阴"的"阴"字指阴晦的气象，二者含义不同。说法正确。故选A。

3. 下列对原文有关内容的概述，不正确的一项是（　　　）（3分）

A. 秦国想要攻打齐国，但又担心楚国作梗，因齐国曾经都过楚国，齐楚关系密切。秦惠王希望张仪考虑如何应对，张仪答应尝试出使楚国。

B. 张仪见到楚王，提出楚国如果能与齐国断交，秦王就会下令献上商于之地六百里，又可以削弱齐国，还能得到秦国的恩惠，这是一举三得的事情。

C. 楚国群臣祝贺将得商于之地六百里，陈轸不以为然，认为秦看重楚是因为楚有齐为后援，若先绝齐后索地，一定受骗，齐秦两国都将攻打楚国。

D. 张仪返回，秦王随即派人与齐联合，拒不给楚国六百里地，楚王大怒，起兵伐秦，秦齐合力大败楚兵。楚国失败是因为没有听从陈轸而误信张仪。

解析：本题考查学生理解文章内容的能力。B. "还能得到秦国的恩惠"说法错误。原文"西德于秦"的意思是"（因对秦国施有恩惠）从而得到秦国的感激"，而不是"得到秦国的恩惠"。故选B。

4. 把文中画横线的句子翻译成现代汉语。（10分）

（1）楚王不听，曰："吾事善矣！子其弭口无言，以待吾事。"

（2）张仪知楚绝齐也，乃出见使者曰："从某至某，广从六里。"

解析：（1）楚王不听从，说："我的事办好了！你还是闭嘴不言，等待我的好事吧。"（考查学生理解并翻译文言文句子的能力。"善"，形容词，好；"其"，副词，表命令语气，还是；"弭口"，住口）（2）张仪知道楚国与齐国断了交，于是出来接见使者说："从某地到某地，纵横六里。"（考查学生理解并翻译文言文句子的能力。"绝"，动词，断绝；"乃"，副词，才；"广从"，纵横）

【教后反思】

高三语文一轮复习务求实效。积累并掌握重点实虚词的意义及用法，增强文言翻译采分意识并提高文言文翻译能力，解读文本并提高筛选、分析和概括信息能力，这三点作为教材文言文复习的基本要求是我们备课组老师们一致认同并坚持的。每篇重点的文言文，都用学案导学的方式引导学生复习文本、梳理文言知识点、注重文言句子翻译训练、把文本复习与高考考点考题对接。日积月累坚持下去，学生的文言文阅读能力、解题能力会增强的。

需要进一步改进的是，文言文导学案要进一步强化"前挂后连、互相联通"设计，即要通过重点词语加强教材文言文各篇目以及高考题文言选文材料的联系。

（邹平市第一中学高三语文组公开课教学设计）

学以致用，以文解题

——新高考论述性文本"具体情境下的拓展运用"教学设计

【教学目标】

1. 掌握阅读论述性文本必备知识，发展"具体情境下的拓展运用"关键能力。

2. 发展和提升思维品质，树立"学以致用"正确价值观。

【学法指导】

具备"专业考生"的专业阅读技能：①解读文本——明话题，理思路，概括观点；②解答题目——审题干，找关联，以文解题。

【教学过程】

（一）课堂导入

2022年2月，中国选手徐梦桃第4次踏上了冬奥会征程，她在自由式滑雪女子空中技巧决赛中夺得冠军、圆梦摘金。

今年的《开学第一课》，展示了一个细节：徐梦桃把自己比赛可能遇到的问题，一一列表，列出了406张预案表！是啊，没有谁是随随便便就能成功的。

表格，体现的是一种认真、严谨的做事态度；同时，又是一种"思维可视化"的方式。学以致用，我们的语文学习，能不能运用表格的形式呢？

（二）学习目标

（1）掌握阅读论述性文本必备知识，发展"具体情境下的拓展运用"关键能力。

（2）发展和提升思维品质，树立"学以致用"正确价值观。

（三）温故知新

论述性文本三种"论证特点题"基本答题方法

表1

分析论证思路	（1）先粗读全文，整体感知，把握文章全貌；再细读文本，研读段落，明确段落大意
	（2）分析各段联系，划分层次并归纳层意，用首先、其次、再次、最后等表顺序的词组组织答案
分析论证结构	（1）在掌握论述性文本4种基本论证结构及特征的前提下，先判断、点明全文论证结构
	（2）再按照"论证思路"具体表述
分析论证方法	（1）在掌握论述性文本基本论证方法的特点及效果的前提下，先判断、点明论证方法
	（2）再具体阐释论证方法的使用、分析论证效果

（四）课堂探究

环节一：分析高考，认知"具体情境问题下的拓展运用"题

表2

年份	卷别	文体	文本情境	题号	题目	考查内容	能力、素养
2021	新高考Ⅰ	学术论文	朱光潜与钱锺书关于"诗画异质"的论述，让考生得到审美浸润	5	5.嵇康诗有"目送归鸿，手挥五弦"一句，顾恺之说画"手挥五弦易，目送归鸿难"。请结合材料，谈谈你对此的理解（6分）	把握作者观点态度并拓展运用	1.概括、归纳、整合信息，剖析思路结构，分析论证层次，以理解作者观点态度的思维能力
	新高考Ⅱ	学术论文	当代青年要遵守网络道德规范，恪守网络底线，体现网络文明意识	5	5.互联网上，有年轻人为炫耀技术，故意在网络中植入病毒，导致病毒传播。请根据文章，谈谈你对这种现象的看法（4分）		

续表

年份	卷别	文体	文本情境	题号	题目	考查内容	能力、素养
2022	新高考Ⅰ	政论文+学术论文	1.讲话稿 2.诗歌传统与新诗创作的关系	4、5	4."己所不欲，勿施于人"出自《论语》，现已成为国际社会公认的处理人际关系和国际关系的黄金准则。请结合材料一对这一现象加以分析（4分）		2.根据题目具体情境，分析、运用信息，学以致用，发表看法、主张
					5.如何推动中国古典诗论的"创造性转化、创新性发展"？请结合材料谈谈你的看法（4分）		
	新高考Ⅱ	学术论文	1.中国典籍"谁来译" 2.霍、杨的翻译思想 3.异质文化传统与翻译	5	5.评价一部中国典籍译本是否优秀，可以有哪些标准？请结合材料进行概括（4分）		

信息类文本阅读命题规律分析：阅读材料、题型及赋分，材料主要是学术论文或政论文，3道单选+2道简答成为标准结构，共19分或17分；简答题主要考查信息的理解、筛选、整合，具体论证和写作思路的分析，以及根据题目设置的情境和原文关键信息进行推断或者拓展运用，设问角度灵活多变，体现新高考"以生考熟"的命题特点。

备考策略：依据教材文本，提炼考点，对接考题，"以熟求新"。能整体感知文本，把握材料主要内容；能筛选重要信息，概括材料观点；能分析行文思路，分析论证方法；能依据文本观点态度，根据题目具体情境，学用结合，提出看法。

环节二："专业考生"的专业阅读技能

表3

解读文本	明话题	明确文章内容围绕的一个核心词（短语、短句）
	理思路	概括段意，分层归纳，用顺序词表述出行文脉络
	概括观点	概括提炼文章中心思想
解答题目	审题干	理解、弄懂题目中关键词语，区分"现实情境""文本问题情境"
	找关联	找问题和文本之间的对应点、联系点、契合点
	以文解题	使用文本的关键信息来解答题目

环节三：复习教材，模拟"具体情境下的拓展运用"考题

古人云："不破不立，不塞不流，不止不行。"材料一和材料二都将破除谬误与论述真理极为灵活地交织在一起。如何写好驳论文，请结合两则材料谈谈你的看法。（4分）

提示：本题考查"根据题目设置的情境和原文关键信息拓展运用"的能力。

学生活动：依据方法，完成表格填写。

表4

解读文本	明话题	理思路	概括观点
材料一：《反对党八股》（节选）段落	党八股的罪状之一：空话连篇，言之无物	首先提出问题："空话连篇，言之无物"；其次指出"长而空"的根源、危害，提出要把文章"写得短些，写得精粹些"；再次指明"短而空"也不好，"应当禁绝一切空话"；最后得出结论——"尤其需要有内容的文章"，"最不应该、最要反对的是言之无物的文章"	反对写文章空洞，主张写文章要有内容
材料二：《拿来主义》段落	对待文化遗产的正确态度：拿来主义	首先对"拿来主义"观点概括阐释；其次从反面批判了对待文化遗产的三种错误态度；再次从正面阐明了"拿来主义"的原则、方法；最后总结全文，点明对待文化遗产的态度是"拿来"，强调了"拿来主义"者应具备的条件，指出"拿来"的意义	批判对待文化遗产的错误做法，阐明"拿来主义"的正确做法

表5

解答题目	审题干	找关联	以文解题
古人云："不破不立，不塞不流，不止不行。"材料一和材料二都将破除谬误与论述真理极为灵活地交织在一起。如何写好驳论文，请结合两则材料谈谈你的看法（4分）	①"谈写作方法"的情境；②驳论文；③理解题干中古文含义；④结合材料	（1）关联文本在"层次结构""观点""事例典型""论证方法"等方面的体现；（2）关联自己对论述性文本掌握的基本知识（论点、论据、论证思路、论证结构、论证方法等）	

以文解题。参考答案：

（1）正面观点要明确，针对性要强。材料一明确反对写文章"空话连篇，言之无物"，表明"尤其需要有内容的文章"；材料二批判了面对外来文化时三种错误态度，阐明拿来主义"占有、挑选"的正确方法，观点鲜明。

（2）批判时要充分阐述正面的道理，而在阐述道理时，一定要有清晰的层次结构。驳论文写作要破立结合，有破有立，或先破后立，或边破边立，层次分明，条理清楚。如材料一批判党八股罪状时，按提出问题（摆现象）—分析问题（论危害、挖根源）—解决问题（提办法）的思路来论证，体现出层进式结构特点，逐层推进，逐步深入；材料二按照提出观点—对比分析—点明意义的思路论证，体现了对比式结构特点，对照比较，层次清楚。

（3）在揭露和批判中举例阐述正面道理时，要选择大家公认的、有深切感受的例子，这样深入说理才有基础，正面道理才立得牢。如材料一在揭露党八股的第一条罪状"空话连篇，言之无物"时，正面的说理举了"斯大林在七月三日发表的一篇演说""《资本论》不是很长的吗"等典型例子，真实可信，增强了论证说服力。

环节四：高考实战，掌握题型和方法

（2022年新高考Ⅰ卷）现代文阅读Ⅰ阅读下面的文字，完成下列小题。

题型———"现实情境下的拓展运用"

4."己所不欲，勿施于人"出自《论语》，现已成为国际社会公认的处理人际关系和国际关系的黄金准则。请结合材料一对这一现象加以分析。（4分）

提示：本题考查"根据题目设置的情境和原文关键信息拓展运用"的能力。

表6

解读文本	明话题	理思路	概括观点
材料一：摘自习近平《加快构建中国特色哲学社会科学》	中华文明传承与发展	首先指出中华文明的独特价值，要传承、弘扬，要创新性发展；其次提出民族性和世界性的关系	要推动中华文明发展
材料二：摘编自郑敏《新诗百年探索与后新诗潮》	中国当代新诗的困境	首先指出中国当代新诗创作与理论的困境，并指出原因；其次提出办法，即在找回诗歌传统的基础上再吸收外来营养；最后对比中国古典诗论、西方文论，强调中国古典诗论价值	要解决中国当代新诗发展的困境，就要在找回诗歌传统的基础上吸收西方文论营养

解答题目	审题干	找关联	以文解题
4."己所不欲，勿施于人"出自《论语》，现已成为国际社会公认的处理人际关系和国际关系的黄金准则。请结合材料一对这一现象加以分析（4分）	①古文含义；②"社会现象"情境；③结合材料	①"中国智慧"；②世界意义	

学生活动：依据方法，完成表格填写。

以文解题。参考答案：

（1）"己所不欲，勿施于人"彰显了传统儒家思想的"恕道"，能够体现中国立场、中国智慧和中国价值的理念。

（2）它超越国界，具有当代价值，为谋求中国与世界共同发展进步提供了思想和方法，体现了民族性和世界性的统一。（每点2分）

评分细则：

（1）主要是体现中国智慧（民族性、中国性）的意思。儒家思想的"恕道"不一定回答出来。结合材料重点，答出"中国"给1分，答出"智慧"或"价值"给1分。

（2）主要体现其世界意义（世界性、民族性和世界性的统一）。使用原文"越是民族的越是世界的""为解决世界性问题提供思路和办法""由特殊性到普遍性"也算对。注意：本题重在解释为什么，而非是什么；如果只是解释"己所不欲，勿施于人"且意思正确得1分。

典型问题：

（1）答成怎么做；

（2）解释不准确。

方法技巧："现象分析"题解答技巧

第一步——透过现象分析本质。题干所给的现象是个例，需要透过现象抓住其本质。本题先要分析"己所不欲，勿施于人"现已成为国际社会公认的处理人际关系和国际关系的黄金准则这一现象的实质，即中华优秀传统文化为解决世界性的问题发挥了重要作用。

第二步——仔细阅读文本，把握材料的主要观点，进而找到与题干所给现象相契合的内容或观点。

第三步——用材料中的内容或观点来阐释现象。阐释时，可以从"是什么"的角度阐释这种现象是如何体现材料观点的，还可以从"为什么"的角度解释出现这种现象的原因。

题型二——"文本情境下的拓展运用"

5. 如何推动中国古典诗论的"创造性转化、创新性发展"？请结合材料谈谈你的看法。（4分）

提示：本题考查"根据题目设置的情境和原文关键信息拓展运用"的能力。

学生活动：依据方法，完成表格填写。

表7

解答题目	审题干	找关联	以文解题
5. 如何推动中国古典诗论的"创造性转化、创新性发展"？请结合材料谈谈你的看法（4分）	①"文本问题"情境；②结合材料一、二	材料1：要加强对中华优秀传统文化的挖掘与阐发，使其与当代文化相适应、与现代社会相协调；二是要在比较、批判的基础上适当地吸收其他国家的学术研究成果，使民族性更加符合当代中国和当今世界的发展要求。 材料2：强调了师洋师古应同时进行，恢复自己传统的活力才能吸收外来的营养的观点	

以文解题。参考答案：

（1）加强对中国古典诗论的挖掘与阐发。

（2）批判性地吸收和借鉴西方文论。

（3）寻求古典诗论与当下审美需求的契合，协调解决新诗面对的问题。

（4）发挥古典诗论在诗歌阐释上的长处，向世界传播中国古典诗论的审美意义和审美价值。

评分细则：

（1）按照古（加强对中国古典诗论的挖掘与阐发）、今（寻求古典诗论与当下审美价值的契合，协调解决新诗面对的问题）、中（发挥古典诗论在诗歌阐释上的长处，向世界传播中国古典诗论的审美意义和审美价值）、外（批判性地吸收和借鉴西方文论）四个角度采分。

（2）如果答出"师洋师古"给2分，答出"回顾与前瞻"给1分；回答"明确西方文化优缺点，同时明确中方文化优缺点"给1分。

（3）如果只回答"当代社会""当代世界""现实社会""现代性"，只是单纯解释是什么，而不是论述怎么做则不得分。

典型问题：

（1）分条作答，采分点难找。

（2）角度不全面，尤其是"中"这个角度很少有答出的。

（3）多角度混答，比如"古"和"今"答在一起。

方法技巧："具体情境问题下的拓展运用"题解答技巧

第一步——审清情境，明确答题方向。首先要弄清楚题目设置的具体情境，从对象、概念、范围、性质以及发问方式等多角度准确把握题意，找准答题的大方向。如2021年新高考Ⅱ卷中的"年轻人""为炫耀技术""故意""植入病毒"等都限制了答题内容；有的题目具有复杂性，需要细细揣摩。2021年新高考Ⅰ卷除了两处引文比较明显，顾恺之的画家身份则是隐含的信息（不影响答题），发问中"对此"的"此"也是答题的关键。

第二步——综合阅读，建立题文关联。此类题本质上是一种关联阅读、综合思考。首先，要在梳理层次、概括层意的基础上把握材料的观点，弄清每则材料的观点是什么，是从哪些角度展开的；多则材料的观点综合起来又有怎样的联系，是对立矛盾关系，还是正反、虚实的不同，或者角度、立场不同。其次，要把题目和本文观点联系起来。看分析题目中的"情境"涉及材料中的哪些观点，需要运用到哪些信息，将题文勾连起来思考，形成认识和分析的角度或要点。

第三步——定点作答，依照文本分析。所谓"定点作答"，是指要按照情境问题所涉及的文本要点进行分析。主要有以下几点：一是看法，有的题目还需要明确回答"是"还是"不是"；二是有层次地阐述理由，必须结合材料具体内容，避免离开文本材料去进行漫无边际的分析，或者把自己的一些猜测和没有证据的材料无限夸大。

（五）学以致用

（2022年新高考Ⅱ卷）现代文阅读Ⅰ阅读下面的文字，完成下列小题。

5. 互联网上，有年轻人为炫耀技术，故意在网络中植入病毒，导致病毒传播。请根据文章，谈谈你对这种现象的看法。（4分）

提示：本题考查"根据题目设置的情境和原文关键信息拓展运用"的能力。

学生活动：依据方法，完成表格填写。

以文解题。参考答案：

（1）为炫耀技术故意在网络中植入病毒属于网络失范行为，是错误的做法，年轻人应该遵守网络道德规范和法律。这样的年轻人应从"五不"来认识和遵守网络行为的底线要求，做到不有意或无意作恶，否则会给网民造成损失和伤害。

（2）应该用网络行为的基准意识来规范自身行为，从"等效意识""反身意识""价值意识"和"契约意识"等方面提醒和约束自我，促进网络中新的信任机制的形成。（每点2分）

（2021年新高考Ⅰ卷）现代文阅读Ⅰ阅读下面的文字，完成下列小题。

5. 嵇康诗有"目送归鸿，手挥五弦"一句，顾恺之说画"手挥五弦易，目送归鸿难"。请结合材料，谈谈你对此的理解。（6分）

提示：本题考查"根据题目设置的情境和原文关键信息拓展运用"的能力。

学生活动：依据方法，完成表格填写。

以文解题。参考答案：

（1）根据莱辛的观点，绘画宜于描写静物而诗歌宜于叙述动作，"手挥五弦"和"目送归鸿"这两句诗都含有动作。

（2）而作为空间艺术的绘画只能表现最小限度的时间。

（3）与"手挥五弦"相比，"目送归鸿"包含更长的时间先后承续的过程，所以更难以被转化为绘画。

（六）本课总结

表8

学以致用，以文解题 ——高考语文论述性文本"具体情境问题下的拓展运用"题型表格化备考	
学以致用	学习了知识要到实际中运用
以文解题	使用文本的关键信息来解答题目
论述性文本	是剖析事物、论述事理、发表意见、提出主张的一种文体
具体情境	是指题目中各种信息综合而成的境况
拓展运用	运用文本内学到的知识去解决文本外的问题

拓展运用题，本质上还是考查理解、分析、概括能力，只是增加了特定的"情境"。所以，只要同学们认清了这类题的"实质"，掌握了基本类型（现实情境、文本问题情境）和答题方法（解读文本——明话题，理思路，概括观点；解答题目——审题干，找关联，以文解题），熟能生巧，就能正确解答。

（七）结束语

唤起一天明月，照我满怀冰雪。徐梦桃坚守心中晶莹的梦想，不放弃努力，不断总结科学、细致的方法，终圆梦奥运，登上巅峰。

不要放弃你的努力！青春须早为，岂能长少年。毛主席说："世上无难事，只要肯登攀。"鲁迅说："时间就像海绵里的水，只要愿挤，总还是有的。"不要放弃你的努力！与其说失败是成功之母，不如说坚持不懈是成功之本。水滴可石穿，铁杵磨成针。坚持与努力不会保证让你成功，但一定会令你离成功更近一步。距离高考还有270天，为了梦想，加油！

胜利一定会属于我们！

（滨州市高三语文教学研讨会观摩课教学设计）

第 三 章

课题·研究

阅读经典，提升素养

——新课程背景下经典阅读对提升高中生语文素养
影响的实践研究

一、课题概述

"阅读经典，提升素养——新课程背景下经典阅读对提升高中生语文素养影响的实践研究"课题，是邹平市教学研究室批准的立项研究课题，课题编号：zpk13516036。课题研究负责人：曲立强。课题负责人所在单位：山东省滨州市邹平县长山中学。课题于2016年5月获得批准立项，于2018年5月经邹平市教学研究室课题鉴定组审核后结题。

二、课题结题基本情况

课题"阅读经典，提升素养——新课程背景下经典阅读对提升高中生语文素养影响的实践研究"，于2016年5月获得邹平县教研室批准立项，计划于2018年5月结题。课题组语文教师带领学生叩开了经典阅读的大门，以经典阅读润泽学生的心灵，为学生的人生之路奠基。

成果主件："新课程背景下经典阅读对提升高中生语文素养影响的实践研究"结题报告。

成果附件：校本教材1《沉淀千年的优雅——经典宋词赏析》；校本教材2《中国古代诗歌鉴赏》。论文《高中语文经典阅读的实施途径》（发表于中文核心期刊《语文教学与研究》2016年第8期）；论文《试析〈祝福〉的悲剧结构与艺术特点》（发表于中文核心期刊《中学语文教学参考》2016年第18期）。

原计划成果形式：课题研究报告、研究论文

原计划完成时间：2018年5月20日

通信地址：山东省邹平县长山耀南路276号

课题组成员：曲立强、赵云峰、杨秀华、李伟、王东

三、课题研究的主要内容、过程和活动

（一）课题核心概念

本课题核心概念的界定，是新课程背景下经典阅读对提升高中生语文素养影响的实践研究。通过课题的研究、实践，寻求中华传统经典诗文诵读教学和外国经典文学名作教学的方法，总结出行之有效的中华传统经典诵读教学和外国经典文学名作教学策略。

"阅读经典"：是在本校开展晨读以来的更高层面的阅读指向，根据不同年龄结构，不同认知水平，特创建不同阅读内容的各种阅读方法。本课题坚持"开卷受益，书香盈门"的观点，在诵读经典的基础上，提升高中生的阅读能力，不仅倡导学生广泛阅读经典，拓宽视野，提炼阅读质量和效果，而且让学生在教师的引领下，逐渐学会阅读方法，处理好博览和精读的关系。同时从经典中挖掘蕴藏着的深刻道理，使学生内外兼修，明白事理。同时采用灵活多样的读书方法，充分调动学生阅读兴趣，积淀千古文化，修炼人文素养，以提升阅读能力为目标，利用多元化的阅读空间，构建书香育人的指导思想，让学生深入阅读，点滴积累，把学生逐步引向知识的殿堂。

"提升素养"：本课题研究的高中生的阅读能力主要是指学生在诵读经典的过程中，能够将阅读材料进行甄别、辨识、去伪存真的能力，也就是能够阅读、理解、分析、品味阅读材料，处理、筛选、搜集、接受各种有效信息的能力；能够调动已有的认知基础、阅读经验去解决学习、工作和生活中的实际问题的能力，并在这个过程中逐步掌握科学的阅读方法，培养良好阅读习惯，提高综合素养。

（二）课题研究依据

《普通高中语文课程标准》就阅读教学的概念、目标、达成目标的方法等问题做了重新的定位和深入系统的阐述，并提出了具体明确的要求。此外，"教学建议"也建议教师在教学中重视"培养学生广泛的阅读兴趣，扩大阅读面，增加阅读量，提倡少做题，多读书，好读书，读好书，读整本的书"；

"评价建议"里也明确提出了"注意加强对学生平日诵读的评价，鼓励学生多诵读，在诵读实践中增加积累，发展感悟，加深体验与领悟"的评价要求。并且《普通高中语文课程标准》在"附录"中设置了"关于诵读篇目的建议"和"关于课外读物的建议"两个内容。这些内容的出现，都说明引导学生大量阅读中外经典是实现"全面提高学生语文素养"的重要途径。

（三）研究过程

本课题"阅读经典，提升素养——新课程背景下经典阅读对提升高中生语文素养影响的实践研究"，于2016年5月获得邹平县教研室批准立项，历经两年，于2018年5月结题。

成立课题研究小组。由组长曲立强老师负责课题研究的实施，各位研究教师负责研究材料的收集、整理。进一步整合硬、软件资源，使参加该课题的实验教师、负责人增强实验的能力，聘请有关专家、学者参与实验的指导、小结和评估的全过程。

制定明确的考核制度。课题组制定了《经典阅读考核细则》《语文经典读本的读书要求及考核办法》，对高一高二年级的经典阅读做出明确规定。每学期召开经典阅读专题研讨会，进行阶段小结并提出下步工作要求。把"经典阅读"纳入学校校本课程，充分发挥以班主任、语文教师为重点的诵读骨干队伍的作用，坚持不懈，狠抓落实，真正指导、组织好本单位的阅读课。统一规定：高一高二年级每周两节阅读课，在学生阅览室上，每学期组织两次经典阅读抽测。建立学校、家庭和社会相结合的阅读教育体系，使学校、家庭、社会形成共识，形成经典诵读活动良性运行机制。

制定实施意见，确保在时间和形式上按计划、有步骤地开展。校本《语文经典读本》在每个单元的后面都设计了趣味语文活动，这为开展语文实践提供了优质的资源，可以充分利用这一平台开展丰富多彩的阅读实践活动。如：摘录名家名句、名家名篇展、经典诵读大赛、课本剧表演等，读完一个专题后办一期读书手抄报、写一篇读后感等，让学生感受阅读的快乐。

（四）研究活动

以班级为单位，每学期组织1—2次与"经典阅读"有关的语文兴趣活动，活动主题可以是："我喜爱的一篇文章（一首好诗、一个故事）""我喜爱的一个文学形象""向你推荐一本好书""假如名著中的某个人物来到今天""我崇敬和喜爱的一个作家"等；形式可以是：故事会、班会、书评会、演讲会、朗诵会、作文比赛、阅读知识竞赛、优秀读书笔记展、自编自演课本剧和小品等。

各班设立"经典诵读擂台赛"，形式要活泼、实用，有利于激发学生的读书兴趣。学校每学期组织一次"经典阅读优秀学生"评选活动。充分利用黑板报等载体开展课外阅读活动，各班每学期至少出一期以课外阅读为主题的黑板报专刊。为激发学生的读书热情，创建书香校园，为全校师生及家长搭建读书展示的舞台。根据读书节活动情况，我们进行书香班级、优秀读书个人的评选。

定期展示学生们的经典阅读成果。俗话说："不动笔墨不读书""好记性不如烂笔头"，我们要求学生在读书时不但要圈画好词、好句、好段，还要学会批注，记写自己的感悟。学生设立专门的读书笔记本，记录读到的好词佳句、精彩片段，或写批注、读后感，为以后的写作提供素材。同时，我们把周一至周五的晨读定为经典诵读时间，即每天学生利用晨读时间背诵优秀古诗文；每周的经典诵读课上，教师指导学生在阅览室里阅读《语文经典读本》，并做好读书笔记写出读后感；晚上的语文作业加进阅读经典读本和选读篇目，记好读书笔记，让经典阅读融进学生生活的方方面面。

（五）研究计划执行情况

我们把实施过程分为三个阶段进行，在学校领导和同事们的大力支持下，课题组严格按照预定研究计划开展课题研究工作。

第一阶段（2016.3—2016.5）查阅有关文献，对本课题研究的价值进行论证，完成课题申报，制定课题实验方案。

第二阶段（2016.6—2017.12）加强理论学习，组织课题研究人员培训，增强对本课题研究意义的认识，进行课题立项工作和实验教师培训工作；按照研究方案实施"经典诵读"：设计"经典阅读记录卡""经典阅读评价、反思表"等表格，以经典读本为依托，学生按计划开始阅读与积累，教师做好引导和督促工作；定期组织交流与评比，做好阅读监控和阅读反馈评价；通过专家讲座、专家指导、校际交流、考察观摩等活动，加速实验进程；做好学生的经典阅读调查、统计分析，撰写并上交阶段实验小结；举行实验教师教学观摩研讨会，学生诵读汇报会，优秀教学设计、教学案例、教学论文评选等活动。

第三阶段（2018. 1—2018. 5）整理研究过程中的各种资料，推广实验阶段，验证课题研究的预期目标，形成结题报告。

四、课题研究成果的出版、发表情况，转载、采用、引用情况等

论文《高中语文经典阅读的实施途径》（发表在核心期刊《语文教学与研究》2016年第8期）；论文《试析〈祝福〉的悲剧结构与艺术特点》（发表在中文核心期刊《中学语文教学参考》2016年第18期）；校本教材《沉淀千年的优雅——经典宋词赏析》在学校内广泛使用；校本教材《中国古代诗歌鉴赏》在学校内广泛使用。

五、课题研究成果简介（含学术价值和社会效益）

（一）总结了经典诵读的课堂教学模式

探索了古诗课堂教学基本模式。解诗题，知诗人：教师引导学生了解诗人的生平、写作背景。抓字眼，明诗意：教师引导学生抓住诗句中的关键字词讨论、品味，领悟诗意。这是本模式中最关键的一步，是教学重点，教师要引导学生在特定的诗境中体会词义的丰富性。原则是学生能够用自己的话串讲诗词大意即可。想意境，品诗味：教师运用多媒体、表演课本剧等手段为学生创设想象的氛围，引导学生体会古诗的内在韵味，在头脑中再现古诗的艺术境界，沉浸在诗情画意的享受中。感情诵，迁移用：教师引导学生采用多种诵读方法（如比赛读、分角色读、引读、加提示语读、加动作读，编曲唱等），以读悟情，以读颂情，领略古诗的语言美、音韵美、图画美和意境美。最后引导学生结合生活实际仿写古诗，或者说写一段文字，要求必须引用刚才所学的诗句。

语文课堂与诵读经典结合模式。在语文课堂上，我们要求：教师要带头学习和运用经典名句。在老师的带动下，比赛各班学生谁能在课堂上用上经典名句回答老师问题与同学交流。

传统节日与诵读经典结合模式。课本内容安排的古诗文有限，我们根据各时令或节日开展相关的古诗文活动实践课，效果显著。根据不同的季节，设计丰富多彩的经典诗文活动实践课，如春天，我们以"春天进行曲"的活动形式引导学生收集、背诵关于描写春天的古诗；抓住节日背诵节日诗，如遇上春节，我们则开展"寻找经典中的年味"活动，要求学生背诵写春节的经典诗

文，每到母亲节、父亲节，我们就开展以"感恩"为主题的故事联赛等。

日常教学与诵读经典结合模式。作为语文教师，在日常教学活动中，要充分利用学生在校的有限时间，每时每刻都要渗透"诵读经典"的思想及行为。如"每日一诵"，就是参研教师每天利用晨会课时间，将该天学生需要诵读的简短诗文或必读诗文选段板书在黑板一角，并引导学生诵读几遍；"每周寄语"，就是班主任老师，利用周一班会时间，将本周需要提示、警醒、教诲学生的言语，选用经典诗文中的句子，以寄语的方式，张贴或板书在黑板一角，并指导学生诵读、领会意思；"谈古论今三分钟"，就是要求语文教师每周至少利用一课时的前三分钟，跟学生交流古今经典诗文，宣讲诗文的大致情节或意思，指导学生课外阅读。

艺术课与诵读经典结合模式。我们把美术课的色彩、图形的审美和音乐课的音韵美融入经典诵读中，让经典诵读在艺术美中更显魅力。"画是有形诗，诗是无形画，诗画同源"，两者的同质性决定了两者结缘的可能。因此我们将诗词引入美术课堂，以诗词为画题，任由孩子展开想象的翅膀，画心中所想，充分发挥学生的想象力。在诵读教学中，教师可以让孩子们以诗为内容，描绘出诗中的意境，使孩子们在品诗作画时，入情入境。音乐课上引进经典的内容展开教学，丰富了教学的形式。我们沿用古人的方式吟唱诗歌，确实能起到一定的效果。

（二）形成了经典阅读课内外结合方式

调整课时分配。课题研究的重点立足于提高"阅读能力"之上。即大量阅读、早期阅读，积累语言文字、积累生活经验、积累学习方法，提高运用语言文字的能力。为保证有充足的诵读时间，首先调整课时，把每天晨读的前十分钟用于学生朗读，每天下午的课前十分钟用于学生书写，增加自由阅读、书写练习时间，督促教师在提高课堂效率上下功夫。

优化阅读教学模式。把单向的教师传授、单一的课本为主的教学模式从师生关系到课堂拓展等方面进行改革，转变师生关系。根据系统科学的反馈原理，我们在实验的中后期，逐步建立了一种"交流—互动"的教学模式，即把单向型的直线往复转变为网络式辐射型，也就是把教师单向灌输知识变为师生、生生之间的多向的、开放的、主体的教学模式。如："每日一诵"，可以是老师提供的经典诗文，更多的是由学生自主筛选、推荐的诗文佳句等等。学生课前自学课文，课堂上以学生活动为主，教师只起穿针引线的作用。正是由于在我们的实验中师生位置的"混淆"，学生的读写能力、自学能力有了大幅度的提高。

开展语文实践活动。语文实践活动既是课堂教学的补充延伸与发展，又是对课题研究成果积累与应用的有效途径。具体活动内容有：各班建立图书角及诗词赏析辩论会，以提高学生的鉴赏水平与审美情趣；班级开展"诵读之星""日记之星""手抄报之星"的评比，以激发兴趣；学校定期举办各种语文活动，如作文竞赛、诵读比赛、演讲比赛等。在师生的共同努力下，长山中学的语文实践活动已开展得有声有色，有些活动已受到了社会各界的关注。

创新语言积累形式。如何把课外阅读落到实处，有效地完成课外阅读目标，是我们研究的主要任务。为此，我们精心设计了课外阅读卡。学生读课外书常常是走马观花，多数是匆匆浏览一遍就算完成任务。但要完成阅读笔记，就必须经过认真阅读、思考。这样把读与写有效结合，不仅可以提高阅读能力，而且可以培养学生分析、概括和表达能力。做笔记就是一种写作练习，常写能丰富学生语言，常写就能熟能生巧。写笔记也是培养认真读书习惯的重要途径。一个人要是有了认真读书的习惯，将终身受益无穷。我们除了向学生推荐背诵篇目以外，还引导学生有计划地完成课外阅读任务。新学期要求学生明确诵读任务，制订个人阅读计划。

（三）探寻了经典诵读与学生个性成长关系

诵读经典是培养学生语感的捷径和最重要的手段。古往今来，文学史上一些文学大家无一不是通过阅读培养了语感，打实了语言功底而成为大家的。所谓"读书百遍，其义自见"，"文选烂，秀才半"就是这个道理。

诵读经典能够增强学生理解能力。人们的记忆有两种，一种是机械记忆，一种是理解记忆。随着年龄的增长，理解能力逐渐增强，记忆力也由机械记忆转化为理解记忆。朱熹在这方面论述很精辟。他说，读书之法，在循序而渐进，熟读而精思，使其言皆若出于我之口，其义皆若发于我之心。熟读精思，融会贯通，就成了后来读书的正确标准。

诵读经典能够提高学生写作能力。杜甫说："读书破万卷，下笔如有神。"这"万卷"，我们认为，就是广采博取之意。古今文学大家背名篇、背名著，就如同不拒细流蓄水成渊一般，为他们创作之流备足了丰富的水源，才有"不尽长江滚滚来"的诗文传诵。当代的中学生如果熟读经典，头脑里记住了大量的词语、精彩句段或者美文，融会贯通后变成自己的东西，形成新的观点，那么，读起文章来，也就会有了自己的理解，写起文章来，自然也有了内容可写。

诵读经典能够完善学生个性塑造人格。诵读经典犹如与先哲同行，聆听先哲对世界、对历史、对人生的感悟，学生会被那睿智的思想灵光照彻。比如读先秦诸子，不但能感受到儒家"仁爱"的人性光芒，还能激发"济世、修为"的进取之心；不但能感受到道学空灵的境界，还能学会洞悉世界的方法。诵读经典，人们能感受到一颗颗激越跳荡的民族心和一段段荡气回肠的爱国情，屈原峨冠博带、手执长剑，伫立在汨罗江边眺望楚都，忧叹长问；文天祥在零丁洋上悲壮的豪迈高歌，岳飞壮志未酬白发陡生的剜心之痛，情景毕现，很容易拨动学生的心弦。

诵读经典还能提升学生综合素质。现在的中学生，阅读分析能力不强，表达能力不强，其中一个重要原因，就是脑中无"米"，说起话来、作起文来当然困难。将来做学问、搞研究，也只有积累的知识多了，才能融会贯通，才容易产生新的联系，形成自己的新观点。学生的诵读能力，此时就转化成了阅读能力、写作能力；转化成了分析问题和解决问题的能力。理解了书义，也便受到了教育，提高了对事物的认识、分析、理解能力，对生活自然有了正确的观点、态度。

（四）提出了营造经典阅读环境的基本方法

创设浓郁的诵读经典的氛围，积极开展书香校园建设，让学生感受经典，亲近经典，长山中学"诵读经典"氛围的构建主要体现在以下三个方面。

浓厚文化底蕴。长山中学以儒家经典文化为底蕴，校园建成儒学文化的"立体教科书"。在教室里，有诗文园地，小小图书角；在教室外，有诗文赏析，新书交换站；在过道两旁，有诗文长廊，配图名言警句；班级里，有诗文小报；广播里，有诗文诵读；铃声里，有配乐诵读；校园里，有诗文标牌……总之，为了营造一种翰墨书香氛围，可谓是万紫千红诗满园，千树万树诗花开。

构建课程体系。课题组确立校本课程开发方案，将"经典诗文教育"作为特色建设项目，大力打造个性化、本土化的校本教材。为此设计了该校本教材的框架体系，将国学经典与古典诗词重要篇目，按年段、分层次，循序渐进编排，不讲解、不分析，只求能"口诵心惟"。

举行展示活动。为了促进学生诵读经典的热情，积极开展了丰富多彩的诵读经典展示活动。如举行古诗词诵读比赛、说古论今三分钟、诵读经典手抄报评选、"三好厚基"践行活动等，这一系列的展示活动极大地丰富了学生的课外诵读生活，激发了学生自觉地投入诵读经典之中。

（五）课题研究的实践意义和理论价值

本课题的研究有利于培养学生对我国传统文化和国外经典文学的兴趣，并激发学生对传统经典诵读和国外经典阅读的兴趣；有利于语文教师进一步探索中华传统经典诗文诵读教学和外国经典文学阅读教学的方法，进而总结出一套行之有效的中华传统经典诵读教学和外国经典文学阅读教学策略。有利于进一步探索高中生语文素养的具体内容，有利于进一步探索诵读传统经典与高中生语文素养的关系及其影响，为语文素养的提高奠定基础。对于教师的专业成长，对于校园特色文化的建立，以及品牌学校的打造都有着积极的作用。

课题研究中的许多理论是对传统的语文教学理论的继承和发展，提出了一些新的符合时代特色和社会发展的理论、原则和方法。本课题的实验与研究及通过实验与研究取得的理论成果，符合课程改革的要求和时代发展对人才的需要，有利于推动长山中学语文教育发展。

六、课题研究中存在的问题及改进

（一）应协调处理好课题研究的三种关系

读练经典与日常教学的关系。每天挤出那么一点时间来读练经典，会不会影响我们的日常教学呢？其实这个问题，早已被事实证明，不但不影响日常教学，相反更是促进了日常教学的有力开展。二者是相辅相成，密不可分的。在教学中融入经典，必将促进经典的吸收，将经典用于教学，有事半功倍之效。

督查监管与习惯养成的关系。要培养学生"一日一诵一练"的良好读练习惯，督查监管是必不可少的。既有学校课题组对参研教师的督查，也有教师对学生的监管；既有对过程的督查监管，也有对结果的督查监管。

考核评估与教学相长的关系。为了激发教师参与课题研究的积极性和主动性，建立长久的考核评估机制是必要的。也只有这样，才能促使教师去钻研，去实践，去创新，从而达到教学相长的目的。

（二）经典阅读课题研究中的问题及思考

如何在"厚基致远"方面做得更细，更贴近学生实际。正如国学大师南怀瑾说的那样：经典诗文能使孩子渐渐懂得"人伦之道"的"做人"道理，懂得"生存之道"的"生活"艺术，懂得人生进入"文学"化的境界。因此，学生的"厚基致远"尤为重要。这也正是我们需下功夫去拓展和研究的。

如何在"资源整合"方面做得更实，更利于实际操作。经典诗文可谓是星海灿烂，浩瀚无边，如何从这些纷繁复杂的诗文中找到最适合、最恰当的诵读材料，需要我们开动脑筋，实现资源有效整合。

如何在"拓展延伸"方面做得更宽，更有效促进教学。首先是课题辐射面的延伸。这是课题向纵深研究，推进课题效益发挥的最好办法。其次是课题影响力的延伸。这不仅是提升教师个人的知名度，更是提升学校影响力的一条途径。最后是教师素质的延伸，必将带动一批教师成长起来。

我们的"阅读经典提升素养"课题历经两年也取得了一些收获，参与课题的老师都从中获益良多。期待"经典阅读"之花开遍校园，为学生综合素养的提高发挥更大作用。

附：论文发表

课题研究论文《高中语文经典阅读的实施途径》发表于《语文教学与研究》2016年第8期

高中语文经典阅读的实施途径

语文经典文章的阅读是高中语文教学中的重要组成部分，我国的新课程改革对于高中学生语文经典阅读十分关注。但是在高中语文经典阅读的课程实施中仍旧存在着一些不足，例如对学生的阅读主体定位不清晰，教学的过程过于单调和机械化，对阅读的内容和形式没有进行灵活的选择等。针对这些现象本文将对高中语文经典阅读的途径展开论述，希望可以对高中语文的学习产生积极的作用。

一、新课改下高中语文阅读教学中存在的问题

新课程改革中较为关键的部分就是课堂教学的改革。我国新课程改革在不断地推进，自从新课改在我国中学教育中实施以来，最大的特点就是提升了课堂活跃程度。特别是语文课堂教学变得越来越丰富多彩，高中语文课堂已经不再是一副死气沉沉的样子，语文课堂逐渐焕发出新的活力，在具体的教学中产生了一批很好的教学方法和教学策略。但是在教学实践中还存在着一些问题。教学的创新是语文新课标中所倡导的一大理念，但是在实施中很多教师只是依葫芦画瓢并没有真正掌握新课程改革的精髓，在实施中很难收到相应的成效。

在新课程改革的要求下，高中语文经典阅读的教学容易走进以下几种误区：一种是"放羊式"教学，主要的表现为，课堂氛围看起来十分热闹，但是没有具体的教学目标；教师在课堂上的讲授少了，课堂上出现的乱哄哄的状况，看起来似乎是在讨论，但是实际上学生讨论的内容没有实际的主题，学生在课堂上完全处于自由的状态，这是一种流于形式的比较肤浅的没有深度的"热闹型"教学模式误区。其次是对语文中的人文过于关注的误区，教师在课堂上总是深挖语文的人文精神，对于"字词句"等不进行分析和解释，学生在语文阅读教学中没有收获最为基础的语文知识，这样的教学淡化了对学生基础知识的培养，最终导致学生的人文素养出现极大的缺陷。

二、在新课改下实施高中语文经典阅读的途径

1. 阅读教学和互动表演——《氓》

比如在必修二的第二个单元中的《氓》这篇文章，这篇文章的内容比较简单，但重点比较突出。教师可以这样安排学生的学习——先背课文，再为学生讲述一个故事，对故事中的人物进行详细的分析，学习两种手法，最后便是明白其中的道理。在学生对课文进行充分的学习后让学生将其改编为一个剧本，这样可以促进学生将自己在阅读中对文章的理解进行表达，文章的改编效果、人物内心活动、表演中需要具有的情感等，都需要学生对文章进行很好阅读的前提下才能实现。学生将整个文章改编成话剧表演完成后，教师可以对学生的表演成果展开相应的评价，并最终揭示整篇文章的中心，帮助学生树立正确的人生观和价值观，这样一篇经典的古诗文就在学生的阅读和表演的基础上，实现了学生的学习和理解。

这种师生互动的方式要完全以学生为主体，课程成功最关键的就是学生对文章的阅读和理解，同时教师也要在课程的设置中多动脑筋，想办法研究如何让学生积极主动，并顺利地找出各种问题的突破口，让学生的能力在潜移默

化中得到提升。在互动表演式的教学模式下，教师和学生一起思考，一起互动，共同讨论，完成对文章的阅读和理解，这样的学习过程对学生来讲是一种享受。

2. 阅读教学互动讨论——《鸿门宴》

在高中语文课本必修一中的第二单元《鸿门宴》中，教师可以要求学生在课前对文章中的各种文言文字词以及鸿门宴的历史背景进行一定的了解，通过对本课进行阅读，在相互讨论中分析课文中不同人物的具体形象。同时教师还要对相关的资料进行收集，将整个故事发生的情节通过板书展示出来。在做好了充足的准备工作后，再让学生对整篇文章展开阅读，这样极大地降低了学生的阅读难度，帮助学生初步对整篇文章进行了解。充分调动学生学习的积极性，随后教师可以引出学生需要讨论的话题，例如可以让学生分析项羽所说的——"天亡我，非战之罪"含义，让学生分析项羽的死到底是因为什么。随后教师可以再为学生设置需要讨论的问题"项羽的死具有一定的历史必然性，但是我们可以假设一下如果项羽没有死，故事的情节将会怎样发展呢？""如果在鸿门宴中哪一个环节改变一下，刘邦就必定会死呢？"这样的问题可以极大地调动学生讨论的积极性，教师此时可以引导学生再一次对文章进行详细的阅读，结合自身的观点，同小组之间进行讨论，论述自己的观点。

综上可知，当前我国新课程改革为我国的高中语文学习带来极大的改变，高中语文课堂不再是一潭死水，但是在新课程改革的具体实施中，教师很容易走进不同的误区，达不到相应的教学效果。

高中语文写作教学课堂结构优化策略研究

一、课题概述

"高中语文写作教学课堂结构优化策略研究"课题，是中国教育学会中学语文教学专业委员会"全国写作教学理论与实践研究"课题（中语课字〔2014〕第01号）之子课题，课题编号：中语课字〔2014〕第01—137054号。课题研究负责人：曲立强。课题负责人所在单位：山东省滨州市邹平县长山中学。课题于2015年5月获得立项，于2019年4月经中国教育学会中学语文教学专业委员会课题组审核后结题。

二、本课题研究关键词

高中语文写作　阅评改　课堂结构优化

三、目标与设计

本课题研究的方向为"高中语文写作教学课堂结构优化策略研究"，是"全国写作教学理论与实践研究"的子课题。本课题致力于高中语文写作教学中作文批阅、课堂讲评、作文修改等环节的问题解决。

四、理论与实践

《普通高中语文课程标准》大力提倡高中生对作文进行自评、互评，自改、互改，这必将会促进高中作文教学课堂结构的优化，推进高中写作教学深入改革与发展。引导学生在不断的习作修改之中发现修改带来的变化，体验修改带来的成功，享受修改带来的乐趣。

五、经验与效果

本课题通过三年的持续研究，构建了"美文欣赏—范文引路—拙文导改—自评互评—改后再评—家长、社会力量助评"的高中作文多元互动评改课堂教学模式，以评价主体多元互动、评价过程开放发展、评价功能激励性、评价语言多样化等原则。通过高中语文课堂结构优化研究，增强学生写作兴趣，提高学生作文综合能力。

本人主持申报的中语会子课题"高中语文写作教学课堂结构优化策略研究"于2015年5月获得"全国写作教学理论与实践研究"课题组审批通过，在计划2017年5月结题的基础上，延长了一年研究时间，于2018年5月顺利完成课题研究。在整个课题研究过程中，我们课题组成员以科学的态度、创新的精神，扎扎实实地开展研究工作，经过扎实的研究，达到了研究的预期目标，取得了比较丰富的成果，现将研究情况报告如下。

六、课题背景及界定

（一）在什么背景下遇到了什么问题？

高中作文教学结构优化研究的反思与创新是新课改提出的新要求。

山东省滨州市邹平县长山中学是山东省滨州市"读写教改实验"的佼佼者，所倡导的"以读促写、读写结合"语文教改实验在2001年前后获得巨大成功，全市语文读写教改现场会在长山中学召开，各高中语文教师云集本校观摩学习。长山中学在读写结合方面所做的积极探索获得了各位领导、专家、兄弟学校的认可，读写结合的教改探索也极大增强了本校语文教师的读写教改热情和语文教学实效，阅读和写作好比语文的双翼，双翼和谐、有力地挥动，助推着长山中学语文教学有力前行。

然而，随着长山中学生源质量的逐年下降和读写教改实验热潮的逐渐减退，高中作文教学中，作文评改的问题近年来日益凸显，主要表现为以下三种情况：一是评改作文形式单一，只有教师评改学生作文；二是教师在平时作文中评改的多，不注重作文修改过程；三是学生对评改态度不端正，没有养成良好的评改习惯。

语文教师这种以作文评判者自居，漠视学生评改主体的现象，导致学生不能充分了解自己的缺点短处和学习别人的长处，失去了作文评改应有的意义。而学生的作文水平也因为老师的"麻木评改，单调评价"长期得不到提高。这种改得随意，改得辛苦，甚至是改得烦恼的现象成为约束学生作文水平提高的瓶颈。因此，作为高中语文教师，我们感觉只有贯彻落实新课标，改变传统的作文评改方式，在评改的方法上不断创新，才能使学生写出好作文。

《普通高中语文课程标准》中明确指出："要重视引导学生在自我修改和相互修改的过程中提高写作能力。""重视对作文修改的评价。"这就是强调：作文评改是写作教学的重要环节之一，它既能让学生体验写作成功的愉悦，从深层次上激发写作的热情，又能使他们提高评价修改作文的能力，切实提高写作水平；评改作文不是作文教学中的最后一道工序，而是学生习作训练的重要组成部分，甚至是写好作文的开始。要求教师应该把评改作文当作一次和学生进行交流的环节，对学生作文训练提出了明确的要求，特别是学生自我评改作文的能力训练，要求让学生通过自改和互改取长补短，促进合作和相互了解，养成独立思考的习惯。

1. 高中作文教学结构优化研究创新是长山中学提高语文教学质量的需要

在我们进行这项研究之前，长山中学学生作文整体水平不高，当然这与生源质量有直接关系。具体表现在：

（1）学生作文水平差距很大。表现在学生与学生之间、班级与班级之间的差距。少数成绩好的学生有五十几分以上，而且选材新颖，语句通顺，有真情实感。成绩差的只有二三十分，错别字、语病很多。

（2）学生作文内容十分贫乏。学生作文最大的问题还是没内容好写，离题的作文很多。

（3）学生作文技能普遍较差。我们当时对学生作文水平进行过调研，对学生作文从作文习作内容、习作技能、书信格式、错别字标点符号和整体评价五个项目进行批改和记分。从各项的得分率统计结果来看，学生失分最多的是习作技能，他们对写作的基本要求"叙事清楚，语句通顺"都做不到，许多学生的作文叙事杂乱，语病很多。

（4）学生作文缺乏真情实感。不少学生作文或感情漠然、词不言情，或笔是心非，失真失诚。写假人假事假经历的"胡编式"作文、东摘西抄的"拼凑式"作文、全文照搬的"移植式"作文很多，有些作文虽然写的是真实的事，可是没有经过自己的观察和思考，不是自我真情的流露和抒发。许多作文选材陈旧，叙述老套，缺乏创新。

当时就如何提高学生写作水平、提高语文教学质量问题，我们认为应选择高中作文教学结构优化研究方式创新作为突破口，才能解决这一"瓶颈"问题。

2. 开展作文教学结构优化研究，是提升校园文学品质的需要

文学是社会生活的一面镜子，必将打上时代的烙印，校园文学也是如此，"写作是人类社会的产物，它的产生以其记载、表达、交流及说服功能为人类的精神文明与物质文明的发展服务"。关于这一点，我国古代思想家王充说"为世用者，百篇无害，不为用者，一章无补"，谈到的就是写作的社会功能。这就要求学生必须加强思想修养，提高认识水平，写方向正确、有益于社会的文章。

写作教学的根本任务在于以人为本。毋庸置疑，文学活动在学生的成长历程中的作用及影响是巨大的，开创校园文学活动是成为学生成长发展的外在、内在需求。他们需要得到文学的滋润和通过开展相关活动来认识自我，调节自我，提升自我，进而以此来达到初步认识社会、了解世界的能力。学生是校园文学活动的主体，只有引导学生正确地把握文学的作用及功能，校园文学的品质才能真正提高。

（二）这个问题的内涵

高中作文教学结构优化研究是指在教学工作中教师通过多种手段对学生的学习行为过程进行评价，得出成绩。评改方式会因学生学习特点而制定，无规定的套式，只要对学生大发展有效的都可采用。

高中作文阅评改方式的反思与创新是指根据高中生年龄特征及他们学习作文的特点而确定的一种促进学生作文水平提高的评价形式。传统的评价通常有评分式、评级式、评语式。本课题所要创新研究的高中语文作文评改方式的内涵包括以下几个方面：一是保留教师熟悉的评级式和评语式，让评等级与评语相结合，主要是一些还不能进行自评的学生多采用这种方式。二是进行学生互评自评式、小组轮评式、家长助评式。学生的自评互评式主要在作文水平有一定能力的学生中进行，使学生在相互的评价中得到学习，提高作文水平；小组轮评在作文中等水平的学生间采用，主要以提高欣赏兴趣的浓厚程度来提升作文水平；家长助评式，主要在作文困难生的引导上进行，意在家校结合，培养作文信心，从而提高作文水平。当然这些方式也不局限于只在一类学生身上采用，可以适当穿插。

七、理论依据及意义

（一）研究的理论、实践、政策依据

在国外，有关高中作文教学结构优化研究方式方法都各见其仁。像美国教学专家特罗丝把作文评改分为教师评改、同学互评和自我评改，三种评改分阶段进行。第一阶段，完全是教师评改起作用，它使学生了解写作的要求是什么，怎样才算达到标准，评改作文怎样进行；第二阶段，学生们将开始用教师评改的观点和标准，尝试做些作文评改；第三阶段，学生可以独立地做自我评改和评改他人的作品。还有罗纳德·克拉莫提出"编辑小组"法。小组至少要由三人组成，大家都对同一篇文章，按不同角度修改。组内学生可以互换角色、轮流承担不同任务，使每人都能以不同角色去修改文章，从而提高修改文章的多种技能技巧，从而形成自己的个性，同时也会产生一种把作文写得更好一点的愿望。

日本语文教学界也非常重视高中作文教学结构优化研究的研究，许多国语教师则常常采用由学生、家长、教师共同评改的方法，学生与家长评改一般不求全面，老师的评价则综合些。他们的某些看法和做法，值得我们借鉴：教师的评语应该有真情实感。多方参与评改。在作文评改方式上，教师创造了一种由学生、家长、教师共同评改的方法，在学生作文后面设立"同学评""家长评""老师评"几个栏目。这些评语都写得实实在在，新鲜、活泼，促进了作者和读者之间感情的交流，可以使学生从多方面认识自己文章的优缺点，有利于提高学生的写作能力，培养写作兴趣。另外，同学之间互相评改，切磋琢磨，也可以取长补短，共同进步。

在我国，作为评价手段之一的作文评改，更是受到广大教育工作者的重视。教育专家认为评改方式应是以学生为主，让学生全程参与，真正体现"以学生为主体"的原则，作文评改中应变原来教师主动地位为学生处于主动地位，让学生在教师的指引下进行自己评改，同学互相评改。像著名教育专家叶圣陶先生就提出"全班改、轮流改、重点改"的形式。如：崔海峰在《搞好作

文评改之我见》中提出了一些促进学生发展的意见和做法。

综上所述，高中作文教学结构优化策略研究，无论从理论方面还是实践方面都为我们的课题研究提供了丰富的做法和经验，但如何根据长山中学的实际，针对性地开展研究，如何创新高中生作文评改模式，增强习作评改的方式开放性和多元性，为创新和完善作文评改方式的研究，做出有应用价值的研究，是摆在我们面前的重要任务。

（二）课题研究意义

（1）通过本课题研究，为素质教育注入活力，开辟一种提高高中生作文能力水平的作文评改方式。

（2）通过本课题研究，发挥文学艺术特殊的"育人功能"，发展学生文学素质和人文修养，挖掘情商，启迪智慧，培养学生的想象力和创新精神，增强学生的社会生活适应能力和情感道德意识，从而全面、有效地提高学生的写作水平。

（3）通过本课题研究，促进教师的发展，提升教师的文学修养与文化品位，培养一批具有浓厚的文学色彩，勇于进行教学研究的新型骨干教师。

（4）通过本课题研究，促进校园文学繁荣，积淀、发展校园文化，从而建设独具文化特色的现代化新型学校。

八、研究的目标、内容、方法、步骤及过程

（一）研究目标

通过高中作文教学结构优化研究方式的改变和创新，促进学生的作文兴趣，提高教师作文教学效率，同时发展学生的语文能力。构建起适应于新课程所需要的评价方式和评价体系。通过评改方式的创新，进一步推进长山中学新课程改革的进程，改变长山中学语文学困生的面貌，再次提高教育教学质量。

（二）研究内容

如何把评改方式应用于教学中，并形成与新课改相适应的优化评价模式；如何让评改方式落到实处，便于老师及学生操作；如何利用评改方式提高学生的作文能力，转化学困生。而本课题研究的难点在于：怎样让师生转变思想，改变观念，提高认识；如何引路，如何采用合理有效的方法指导评改；怎样保证学生的活动效率和个人发展不会因学生的差异特点而受到影响；如何建立研

究活动的反馈和矫正程序；如何排除研究中出现的曲线问题。

（三）研究方法

1. 多种研究方法使用

理论研究与应用研究相结合、定性研究与定量研究相结合、情况分析研究与对策研究相结合的办法进行研究。包括采用通常的文献综述法、实际操练法、比较研究法、统计计量法等。

2. 抓住特点研究评改方式

讲究特点研究，这是最合适不过的研究做法。要在分析作文教学的同时分析师生特点，以形成可操作的像"教师初改""学生小组试改""学生正式互评""对比自省"这样的评改方法。那么特点的分析从实质性看，就是教师的评改习惯，学生的依赖性，而这两方面成了固定的格式后，对教师评改作文、学生提高作文能力都有着极为不利的影响。研究过程中，要我们注重学生与学生、教师与学生间个性与共性的相互促进，屏弃陋习，同时要在评改方式的运用中做到挖掘最近触发区，进行有效评改。

3. 强调体验研究评改方式

众所周知，学生能够独立地修改自己的文章，才是作文评改训练的最终目的。在作文评改当中，学生积极参与，对于同一篇文章，同学之间往往意见交锋，激烈争辩，思想观念相互撞击，学生开拓了思路、激发了灵感，提高了思辨能力。经过长期而一贯的训练，学生在品评他人文章时，能比较全面地辨别一篇文章的优劣，相对客观地评出分数。更重要的是，在作文评改之后，既能修改自己的作文，也能将评判他人作文的标准内化为自己写作时的注意要点，从而从另外一个角度提高了学生写作水平。另外，让学生试着改老师的下水作文，是教师与学生距离的缩小体现，学生把老师的文章评改后，自信心增强了，激发了习作兴趣。

（四）研究主要阶段步骤

本课题研究划分以下四个阶段：

1. 准备阶段（2015年3月—2015年4月）

小组制订总计划，研究成员制订个人研究计划。搜集有关评改方式研究资料，为课题的顺利进行打下基础。落实研究班级、教师，做好前查工作（包括学生的智力、个性特点和学情的建档），制订实验计划。就目前国内外几种主要的高中作文评改方式进行验证性研究，初步探讨适应于自己的评改方式，找到有效的评改方法，时间为一个月。

2. 深化研究阶段（2015年4月—2016年12月）

主要任务是根据第一阶段的研究和探讨，结合长山中学教育教学的实际情况，提出改良方案，付诸实践以验证，并在班级与学科中扩大实验范围。提出高要求，强化教师培训。组织教师学习评改创新的教科研论文，聘请专家到校举办讲座，进行研究指导，使全体教师掌握新作文评改的内涵，明确研究的目的和意义。学习与研究课题相关的书籍和资料，提高课题研究教师的理论水平和教学实践能力。研究成员采用多种方式方法实际操作，并归纳出作文评改方式的原则、方法，反复实施。经过一段时间的研究，收集了相关数据和信息之后，对原先的计划、实施进行必要的总结、反省或必要的调整。

3. 总结与推广阶段（2016年12月—2017年9月）

主要任务是根据第二阶段实验结果，实施作文评改良好方法，并使研究更进一步推进。通过示范课和研究会，总结出有效的方法，然后推行。通过对学生的调查了解，反馈教与学的信息。检测研究活动实施的效果性。撰写文章交流，推广经验，互相学习。

4. 结题与验收阶段（2017年9月—2018年5月）

主要任务是在继续进行研究的同时，总结成果，以论文汇编、总结、个案分析、教学软件、实验报告或论著等形式公布研究成果，并组织专家鉴定。

（五）研究实施过程

1. 着力营造高中作文教学结构优化研究良好氛围

（1）树立以学生为中心的评改观。从课题立项开始，课题组组织成员学习相关的材料，鼓励和充分调动研究人员的积极性。在研究对象的确定上也做了充分的考虑。经过一段时间工作的开展，学生对作文评改有了全新的认识，因此他们能够在课堂上大胆评议、修改，还能在课堂外积极修改作文，逐步养成良好的修改习惯。总体上大家已对作文评改方式研究的首创精神是表示鼓励的。

（2）搭建平等和谐的评改课堂。课堂可以舒展学生的心灵，放飞他们的创新思维，使学生敢于说真话。我们重视在作文评改课上积极为学生搭建一个和谐的课堂，充分鼓励学生的评改闪光之处，激发他们的评改自信心与积极性。

2. 构建高中作文教学结构优化研究的多种课型

在课题研究过程中，我们逐步探索构建了"佳作鉴赏课""创新修改课""评改拓展课"等多种课型。作文评改课的课型视学生的写作实际情况而定，如大多学生的习作已达到写作要求，那评改课将侧重于"评"，让作文的闪光点在课堂上展示，激发学生的成就感、自豪感；大多学生还不能把握作文目标，作文效果较差，那就要加重"改"在评改课中的分量，让学生有较多的时间去思考、修改，以达到效果；又如选材范围宽泛的习作，重点评改选材，以加强学生选材的新颖性、思维的灵敏性；而选材较单一的习作，主要评议谁的描写胜人一筹，从中让学生明白，同样的内容可以有不同的表达，学习表达的丰富性等。

3. 逐渐探索出高中作文教学结构优化策略研究的课型

研究后期，我们在摸索不同评改课型的有效性方面做了大量的工作，逐渐确定了结合长山中学实际的可操作性的评改课。课堂基本经过是：

（1）创设情境，点明中心。教师努力创设情境，整体回顾学生的作文，并以正面激励为主，表扬大批写作有进步的学生，以营造评改气氛，激发兴趣。

（2）评析佳作，领悟方法。首先让学生读一读典型材料，加深对评议材料的理解、感受，鼓励学生创造性发挥。然后组织交流，创设轻松和谐的评议氛围，不以教师的理解代替学生的感悟，尊重学生对典型材料的独特感受。在欣赏好词佳句时，加强朗读，使学生既能受到熏陶感染，又能激起写好作文的欲望，逐渐积累作文的好思路、好方法。

（3）整体赏评，举一反三。高中生评议作文，从很大意义上说是为了评改好自己的作文。所以，教师给学生以修改作文的时间，让每一个学生去亲身体验品味，揣摩推敲语言。并在评改交流中引导学生学会倾听，学会沟通，学会互助，学会分享，尊重他人，理解他人，欣赏他人。让学生在同学中自找合作伙伴，组成2~4人合作修改小组。交流各小组修改成果时，让同学们各抒己见，充分展示才华，体验评改的成功。

（4）自评互评，体验成功。让学生读读自己修改的最得意的部分，说说自己为什么这样评改？这样评改有什么好处？这样既大大鼓励了修改作文的同学，又给其他同学以很好的学习借鉴机会。

4. 创新作文评改新模式

通过研究，我们构建了"美文欣赏—范文引路—拙文导改—自评互评—改后再评"的高中作文多元互动评改课堂教学模式，以评价主体多元互动、评价过程开放发展、评价功能激励性、评价语言多样化等原则。引导学生在不断的习作修改之中发现修改带来的变化，体验修改带来的成功，享受修改带来的乐趣，从而提高学生作文能力。

九、研究结果与成效

（一）学生写作水平显著提高

1. 养成了良好的评改作文的习惯

通过课题实施，学生对作文评改有了全新的认识。作为研究对象的同学们，他们不仅能在课堂上大胆评议、修改，还能在课外认真修改作文，对作文评改产生了浓厚的兴趣，充分调动了学生的评改主动性、积极性。经过调查，研究对象的同学中90%的同学都养成了写好作文自己读读改改，或者请家长、同学帮忙评议共同推敲修改作文的好习惯，彻底改变了以前写好作文一塞了事的做法。评议修改作文已经成为他们的自觉行为，成为了他们写作的一个部分。

2. 激发了浓厚的写作兴趣

通过作文评改活动，激发了同学们强烈的写作欲望，老师要求他们一周写一篇生活作文，可班里很多同学都能主动多写几篇作文交给老师批阅，这些同学都曾高兴地表示："写作文很有趣""我喜欢写作文"等。而且他们喜欢尝试写不同体裁的作文，如小说、散文、议论文、演讲稿、活动征文等，通过一次次的评改活动，在老师、同学、家长的喝彩、鼓励与指正中，把同学们的写作兴趣一次次推向高潮。写作文不再是同学们的一项艰巨而令人头疼的任务，而是一项十分有趣的学习活动。

3. 切实提高写作水平

叶圣陶认为："语文教学的终极目标是让学生自能读书，不待教师讲；自能作文，不待教师改。"自能作文的关键是提高学生的写作水平。同学们写作着、评改着、快乐着，通过两年的努力，同学们的写作水平提高较快。他们所撰写的文章在各级各类征文比赛中获奖的数量比两年前增多了。

　　高二年级课题组成员组织学生参加第十七届"新世纪"杯全国中学生作文大赛，优秀作品有：高莹《学霸》、李萍《学霸》《古诗中的乡村》、贾景冰《学霸》、崔月灿《古诗中的乡村》、王昊《淳朴乡情诗中有》，指导教师曲立强。

　　组织学生参加中语会和全国写作教学研究课题举办的第一届"新蕾"杯全国中学生经典名著价值阅读征文，优秀作品有：李萍《人心——读〈边城〉有感》、高莹《那些消逝的最美》、崔月灿《智者天下》、张国帅《聚于义，败于忠》、李林宝《那人，那情，那边城——读〈边城〉有感》、王昊《为什么呐喊？——读〈边城〉有感》、姜旭鹏《爱的温度》。指导教师曲立强、李伟。

　　参加学校远足征文活动，优秀作品有：盖心悦《别样的体验》、王泰《三十二公里的"旅行"》、李雅歆《红色励志行》、李萍《心中唯景》、赵红雨《远足励志》、刘茹月《信仰》、王淑琪《红旗展扬》、刘金凤《红色长征》、张公宝《远足》、陈煜鑫《红色长征励志行》、高莹《远足体验》，指导教师李伟、曲立强、赵云峰。

　　参加学校社会主义核心价值观征文活动，并编辑成册，优秀作品有：高二2班尚海莹《时光慢流，国魂不朽》、高二2班马汝星《增添正能量，做个好青年》、高二6班刘丽《位卑未敢忘忧国》、高二1班赵雪《诚信，我们的立足之本》、高二3班刘鑫《社会主义核心价值观之我见》、高二6班李林宝《位卑未敢忘忧国》、高二1班李钊《位卑未敢忘忧国》。指导教师杨秀华、李伟、曲立强、赵云峰等。

　　2016年2月，长山中学组织学生参加课题组"第一届'新蕾杯'全国中学生经典名著价值阅读征文活动"（第二期），指导学生认真修改，并精选优秀作品寄往组委会参加评选，以此来促进学生写作水平提高。2017年11月组织学生参加全国中小学生创新作文大赛，王玉芳、刘媛媛、张越、麻嵘瓒、奚玉坤等多名同学成绩优异，参加了2018年5月的全国中小学生创新作文大赛复赛。

　　正如高二5班一位学生家长所说："孩子的思维很敏捷，对事物的看法也有独到之处，而且能把书上学到的知识灵活运用到写作中去，手法新颖，对写作也产生了浓厚的兴趣。"

4. 作文与做人同时进步

在作文评改的过程中不仅提高了同学们的写作能力，而且发展了学生思维，完善学生人格。如团结合作、虚心听取他人意见等良好的品质在活动的过程中得到了加强。在课题实施过程中采用最多的方式是小组合作进行评议修改，因此，很自然地养成了他们尊重他人，团结协作，善于听取他人意见的习惯。而且在活动的过程中逐渐培养了他们积极向上的人生态度及良好的心理品质，班级内常常是争先恐后地学习，你争我抢地为班级做事，同学们自信心强，乐于为他人服务，真正使作文与做人同时进步。

（二）教师专业化水平得到提高

1. 形成了先进的教育教学理念

通过课题研究，老师学习了大量的教育教学书籍，树立了正确的评价观、学习观、师生观等。老师们坚持以学生为主体，以教师为主导，从原来的个人包办作文评改转为探求灵活多变的评改方式和方法，为每一个学生的自主评改创造机会和条件，促使他们都参与到具体的语言实践活动中来，让每个学生都有所发现，有所感悟，有所体验，有所成就。

2. 提高了课堂教学水平与科研能力

在课题研究中提高了教师的课堂教学水平与科研能力，很好地促进了教师成长。课题组的曲立强（语文教研组长）、杨秀华（高三语文备课组长）、李秀珍（科研处主任）、李伟（备课组长）、张丽华（备课组长）、宋永峰、乔东方、赵云峰、王精厚等老师分别获得多项奖励，研究成员所撰写的教研论文分别在各级各类评比中获奖，很好地提升了教师的科研能力。

（三）课题研究促进了教法、学法的改变

在课题研究的过程中，合作学习、探究式学习、交互式教学以及认知灵活性理论与随机通达教学等都进行了一定程度的探索与深化。"合作、探究、交互"成为了作文评改课的核心教学模式。

十、课题研究存在的问题及改进

截至目前，本课题研究已积累了一定的经验成果，但尚有很多问题亟待解决，在实践中还存在这些问题有待在以后的研究中进行深化。一是学生对作文进行评改后教师如何进行随机有效的评价，这需要教师有深厚的积淀与教育的

机智。因此，教师自身的提高与发展需要提升。二是要加强学生评改能力培养的个案研究，增强作文评价的针对性，达到因材施教的目的。三是要深入开展作文评改与作文指导的结合研究，提高作文评改的效益。

目前，《普通高中语文课程标准》大力提倡高中生对作文进行自评、互评，自改、互改，这必将会促进高中作文教学的深入改革与发展。因此，本课题的进一步研究与推广，对推进高中作文改革有着十分深远的现实意义。

附：论文发表

本课题研究论文《高中写作教学课堂结构优化研究》发表于《语文教学与研究》2016年第14期

高中写作教学课堂结构优化研究

对于写作教学来说，作文讲评课在语文写作教学课堂结构中占据较大比例，也起到了关键性作用，但是大多数高中语文教师并没有重视语文写作教学课堂结构的优化工作，没有将作文讲评课作为写作教学的重点，学生作文水平难以提高。在新课程改革背景下，教师更应该积极优化语文写作教学课堂结构，调节好作文讲评课与作文写作课的结构关系，在实际教学过程中遵循结构优化原则，根据学生实际情况与需求，给出写作教学课堂结构的优化策略。

一、课堂结构的透视与优化原则

高中语文写作教学课堂结构应该遵循优化原则，遵循写作教学课堂结构优化规律，总结出一些教学经验。高中语文作文教学效率较为低下，方法手段落后，教师在课堂上的指导过于空洞乏味，缺少相应的真实可信材料，学生也就没有写作的材料与源泉。教师面对这种情况，应该将现代教育技术融入写作教学课堂中，提供多种教学资源，优化写作教学课堂结构。写作教学课堂从表面上看没有明确的结构与流程，但这只是表面，我们需要透过现象看到本质，每一堂写作教学课堂都有自己的结构与流程。例如，教师在每一堂写作教学课堂上，都要将教师主导性及学生的主体地位体现出来，把教师的异步指导与学生自主学习结合在一起，一般是教师指导在前，学生写作在后，因此教师需要在学生的习作中来分析学生学习情况。一节成功的语文写作教学课，一定是从显性到隐性再到显性的流变过程。教师写作课前的指导虽然具有空洞性，但是还是有合理成分的。教师在课前提出要求，能够引导学生思考，教师批改完学生作文后，再指出其中的问题进行讲评，体现了一种从理论到实践再到理论的认知规律。

二、课堂结构优化策略

（一）采用合作探究教学方法，评改结合

以往的语文写作教学课堂实践过程中，教师在及时讲评与作文精批细改之间非常为难，采用这种教学方法，教师的任务非常重，而且还不能满足学生反馈期待，因此导致写作教学训练没有效果。在新课程改革背景下，教师要平衡好两者之间关系，优化课堂结构，采用合作探究及评改结合的课堂教学方式。教师应该让学生分成几个小组，以小组为单位开展合作交流，评改其他同学的作文，教师应该打破按座位顺序分组惯例，依据学生作文水平，将学生平均地分成四人合作小组，确保小组间在合作探究时顺利实现互助互补。第二就是要引导学生评点作文，教师在正式课堂之前要浏览学生的作文，从中选出有代表性作文做成PPT或者是印发给学生，在课堂上共同交流分析，教师在这个过程中需要借助有计划的问题引导学生评点所选作文，给学生做好作文评点示范。然后教师将学生作文随机分给不同小组，确保小组成员的作文不出现在本小组中，在PPT上展示优秀作文标准，学生按照标准来评点作文、分析作文得失。

（二）用教材课文做示范，以读促评

教师在讲评作文时，必须结合具体的文章作为载体进行点评，不能够空洞地泛泛而谈。教师可以利用语文课本教材中的优秀范文让学生领悟怎样写文章，采用阅读教学方法，学生从阅读文章中能够感受到作者的结构布局及推敲字句等写作技巧，教师还要使用学习迁移规律，将其在阅读学习中学到的知识运用到评点与修改作文中来，遵从学生模仿心理需求，让学生学以致用，选取课本中佳作范文让其模仿，在模仿过程中逐渐在头脑中形成一种写作意识，为学生分析点评他人文章做出示范。例如，教师在讲解议论文如何概括地选用论据时，可以引导学生回顾语文课本教材中司马迁文章《报任安书》中语段："盖文王拘而演《周易》；仲尼厄而作《春秋》；屈原放逐，乃赋《离骚》；左丘失明，厥有《国语》……"让学生阅读品鉴这段文字，在这个基础上让学生评改作文，学生从中得到启发，很快地就能修改作文了。教师在作文讲评课上使用课本中范文来讲课，将会更加具有可行性与实效性，将语文课本中的文

章与作文课讲评结合起来，选取阅读文本主旨、写作方法基本上与作文实践要求一致的课文，一一对应起来，引导学生积极有意识地使用教材中阅读课文中的写作技巧，并将其应用在作文点评过程中，提升学生的写作能力及素养。

作文教学在提高学生素养及写作水平中具有重要作用，学生较强的写作能力需要长期的日积月累才能慢慢完成，也需要教师有效的指导与作文讲评。高中语文教师在开展写作教学课时，应该遵循作文教学课堂结构优化与透视原则，结合实际教学工作，提出高中语文写作教学课堂结构优化策略，提升学生写作水平。

第四章

研修·提升

做德才兼备之师，铸优质教育之魂

2018年4月15日至20日，我们跟岗学习一组成员在组长李秀珍主任带领下，到全国名校浙江省余姚中学进行了为期一周的跟岗学习。我们跟岗一组共有10名成员，包括6名语文教师，以及4名英语教师。感谢学校领导的高瞻远瞩和精心安排，为长山中学教师提供了外出跟岗学习的宝贵机会。学习期间，我们感受校园文化氛围、跟岗听课学习，与指导教师、学生交流，共计参与听课、交流、课后讨论140余人次；参加学科教研活动、学习讲座、高考备考研讨以及观看学生活动共计30余人次；撰写跟岗学习日志、制作学习美篇、写作学习反思总结共计20余篇。对浙江余姚中学的校园文化、课堂教学、学生管理有了较为全面的认知。

一、走进余姚中学，领略名校风范

余姚中学创建于1935年9月，建校83年。近几年来，学校秉承"让每位学生得到卓越发展"的教育理念，积极推进教育教学改革。学校办学条件一流。校园占地170亩。校园绿化面积达到40%，环境优美，绿树成荫，鸟语花香，形成"春有花、夏有荫、秋有果、冬有青"的美景。学校是首批浙江省现代教育技术实验学校、浙江省首批示范数字化校园。

学校取得了很多国家级、省级荣誉，如：中国百强中学、全国最具内涵特色中学、浙江省级重点中学等。2016年高考，北大、清华录取11人，一本上线率为96.4%。2017年高考，北大、清华录取10人，一本上线率达95.6%。2018年高考，北大、清华上线12人，预录取10人，一本上线率达95.8%。近三年来，余姚中学高考一本上线率均保持在95%以上。每年有100余名学生被中国"常春藤大学"（C9）录取。30%学生考入985重点大学，教学质量名列浙江省前列。

二、深入学习交流，探寻教育之法

（一）学校环境清静幽雅，校史文化底蕴深厚

学校外校门仿造清华门，激励着学生对优等学府的向往。一段长廊将学校与外在的喧哗隔离开。学校里到处葱葱绿绿、绿树成荫，教学楼后一处喷泉水池，小亭假山，王阳明的雕像立于其中，意境清幽。学校设有阳明文化馆，茶文化馆，校史博物馆，余姚状元进士坛。余姚是个人才辈出的地方，古有王阳明，近有蔡元培、蒋梦麟、余秋雨，正所谓"地灵人杰"。校园文化处处展现，书香校园，古色古香，浸润其中，令人心旷神怡。

（二）引领教师专业成长，打造专家学术团队

学校崇尚"学术至上、教育自觉"教风。现有教职工211名。学校有多名特级教师、正高级教师、宁波市名师及骨干教师，近2/3教师已完成或正参加硕士研究生课程进修。学习，已逐步成为姚中教师的生命方式。"静下心来教书，潜下心来育人"也已经成为姚中教师共同的价值追求。

（三）课堂教学求实务实，教育管理精雕细刻

余姚中学秉承"实获"精神，落实"精雕细刻抓教育"管理思想。重视学生优秀习惯培养，实行全程、全员、全面的精细化管理。积极实施教学改革，优化教学方式，积极探索"三段五环"高效课堂教学模式。重视学生自主发展，注重学生学习力培养，"自主学习、专注学习、高效学习"成为姚中学生的学习特质。

我听了多个语文老师的课，虽然每位老师授课风格不同，有学术讲座型、有读写结合型、有激情渲染型、有活泼热闹型，但老师们讲课都很务实，重在内容的传授、文本知识的拓展延伸，由点到面、由浅入深。例如，程载国、王健林老师的课，渗透着丰富的书香文化，老师上课幽默风趣，与学生互动频繁，在理解文言文的词意上，用自己丰富的阅读素养渲染着语文课堂，体现出大语文风采。李仁国老师的课，重在讲读，问题设计巧妙，把课堂重点、难点以简单的形式传授给学生，有四两拨千斤的态势，展现出学者的风采。黄徐辉老师的课注重文本内容，注重朗读教学，文本知识扎实，形式简单，问题设计一针见血，直接明朗，能巧妙引导学生理解所学知识，课堂环节紧凑，课堂容量大。黄欢儿老师的课注重基础知识积累，课前读记，课后整理，教学设计能

因一点而循序渐进，逐层深入，课堂驾驭能力强。课上充分利用多媒体教学。有的班级让学生利用课前5分钟重视字词积累，有的班级让学生利用晚自习做好课后的知识点梳理。教师运用课件也实用高效，体现出老师备课充分，课堂内容条理，有序、有答、有思。

拿英语来说，所有与我们长山中学四位英语老师结对的教师，都是根据自己正常的上课进度上课，没有一位老师专门为了听课而特殊备课。这几位老师有共同的特点：

（1）教师基本功扎实。英语口语流利、流畅、自然，能看出平时的英语课就是使用英语上课。

（2）课堂教学非常扎实，没有花架子。主要就是教师在讲，学生听，老师也会提问，与学生互动。在讲授新课时，教师就是按照课本上的活动、问题来安排自己的教学活动，没有再单独编制学案讲义。

（3）在听一位特级教师的一节课时，这位教师在讲解习题中的阅读理解，也是给学生读一下题目要求，问学生选哪个选项，选择的根据是什么，与我们上课讲练习题的步骤没有不同。

（4）他们也会给学生听写单词，听写完了，让学生把作业本收起来检查。

整体来讲，余姚中学教师课堂教学扎实深入，求实务实。课堂无过多烦琐环节，无喧嚣，更多的是对文本的挖掘，对课本的深度拓展，师生在语文课堂教学中达成一致，完成读者与作者的共鸣体验。在余姚中学5天，我们每人听课平均12节，收获满满。

（四）校本课程丰富多彩，社团活动助力成长

学校确立"本色做人、卓越做事"的学生发展目标，构建了"三层六类三特色"课程体系，开设了130余门校本课程，成立了23个学生社团。模拟联合国、模拟政协、学生科学院等成为省市名牌社团，致良知教育等德育活动享誉省内外。

学校每天安排九节课，每节课40分钟。下午第八节课，除了周一班会外，其他都是自习课。每周二、周五的第九节课是学生自由活动时间。我们观察到学生有打篮球的，有踢足球的，有跑步的，有读宣传栏报刊的，有到阅览室读书的，有到校内书店读书、买学习资料的，这让我们看到了高中生青春朝气的一面，也看到了他们自由奔放、爱好广泛的一面，有种大学校园的氛围。

学生的社团活动丰富多彩。通过与学生交流，了解到有很多社团。有各种学科竞赛，如英语配音大赛等。其中有文学社团，可以出版《书缘》专辑，优胜班级可以在操场上升起自己的班级旗，凸显班级集体荣誉。优秀的学生有机会获得与国外中学交流的学习机会。丰富的社团活动，提升了学生的学习兴趣，锻炼了学生的思维，增强了团队意识、集体荣誉感，以及学生的个人成就感。

三、借鉴他山之石，提升专业素养

让每位学生得到卓越发展是余姚中学的教育理念。没有最优秀，只有更卓越。余姚中学正以每年95%以上的一本升学率，实践着它的理念。作为一名教师，要不断学习，要做到"静下心来教书，潜下心来育人"。在高考改革的新形势下，依据山东新高考要求，潜心研究教材、学生、教学方法，提高学科教学质量。结合长山中学学生实际，准确把握学情，充分备课，上课务必讲求实效。

浙江余姚中学之行，给我留下了宝贵的人生记忆。五天不长，听课、评课，参加各种教学活动，时间在忙碌中匆匆而过；五天很长，影响的将是以后异彩纷呈的教学生涯。五天去了解一个学校是远远不够的，但是我们十人十个触点，碰撞思维，积流成河，便是一笔珍贵资源。今后工作中，我将继续更新教育教学理念，扎实努力，为长山中学教育事业发展做出更大贡献。

理念创新促发展，课堂改革提质量

2018年11月11日至17日，我们讲师团成员一行赴浙江杭州夏衍中学和浙师大附中笕桥实验学校（初中、小学）跟岗学习交流。此次跟岗学习我们高中组共8人，韩兆恩主任为组长。高中组成员虚心学习、勤行善思。我们走进课堂，认真、积极地参加学科听课，课后与指导教师、学生交流，共计参与听课、交流、课后讨论60余人次；参加学科教研活动、聆听校长专家报告、参加高考"7选3"经验交流以及观摩学生活动共计40余人次；撰写跟岗学习日志、制作学习美篇、写作学习反思总结共计50余篇。通过5天的跟岗学习，我们对夏衍中学和浙师大附中笕桥实验中学的学校文化、管理理念、中高考备考、课堂改革、学生生活等方面有了较为深刻的感触、认知，开阔了教育视野，更新了教学理念，取得了很大进步。

一、感受校园文化

一所好的学校一定有自己独特的学校文化，这种文化是这所学校在发展的过程中逐渐形成的，它决定着学校的特色和发展方向。我们这次跟岗学习主要接触了两所学校，一是夏衍中学，一是笕桥实验学校。这两所学校生源不同，建筑风格不同，教育阶段不同，但它们都有自己独特的校园文化。

（一）杭州夏衍中学：文化立校艺术特色

杭州市夏衍中学是以我国著名剧作家夏衍先生命名的一所高中，是杭州市江干区唯一的一所公办完全中学。近年来，学校办学效果显著，先后荣获了"全国学生营养与健康示范学校""浙江省爱国卫生先进单位""浙江省艺术特色学校（戏剧特色）""浙江省绿色学校""浙江省现代教育技术实验学校""杭州市文明学校""杭州市文明单位"等多项荣誉。2015年，学校被评为"浙江省二级特色示范高中"。

夏衍中学学校规模不大。每级8个班，每班35人左右；在校生800余人，教职工105人，实施小班化教学。校园内绿树成荫，文化氛围浓厚，处处整洁幽雅。走进校门，夏衍先生的铜雕像静静地矗立于一片苍翠之中。综合楼西侧的休憩园内，小桥流水，亭台池榭，环境怡人。走在校园里，我们感受着学校浓浓的文化艺术气息。学校有专门的大型表演剧场，学校艺术楼上张贴着"争做夏衍公益人"的大型条幅，学校办公楼的走廊里张贴着夏衍先生的生平事迹图片，教学楼的走廊上是活跃在各电台、电视台的优秀毕业生简介，中午，学校广播里播放着学生们自己录制的广播节目。在夏衍中学，我们看到学生们是热情的、自信的、快乐的、个性张扬的，从他们身上我们看到了学校文化的影响。

（二）笕桥实验中学：博约教育差异发展

浙江师范大学附属杭州笕桥实验中学位于杭州城东新城核心区，毗邻杭州东站，是一所江干区属公办初中，学校现有30个教学班，在编教职工人数104人，在校学生1097人。学校规模不大，但处处精致。笕实校园花团锦簇、绿树葱茏，和珏广场、里仁苑、典萃苑带着浓浓的书香味，创客实验室、机器人教室、录播教室等彰显着一流的办学条件。进入校门，竹丛掩映之下，是古色古香的文化墙，路左边"勤谨敬恕勇"，路右边"仁慈忍和友"，再往前是"仁义礼智信"，三块文化墙文化韵味特浓。典萃苑内有《论语》等传统文化展示，有鲁迅先生凝神沉思的雕像，四周的廊柱上，一柱一经典，有的是《庄子》，有的是《韩非子》，还有《昭明文选》《玄学》等。校园里的每一面墙都承载着厚重的文化，每一棵树、每一株花都在言说，是一座真正有文化底蕴的校园。

学校坚持"为每一位学生可持续发展服务"的办学理念，教育目标是培养"求真、养正、尚美"的博约学子。学校崇尚"我们都为学习而来，让人生因学习而精彩"的学校发展愿景，践行"博之以文，约之以礼"的校训，以博约的理念，激励师生的成长。"博"者，大通也，也就是希望学生们有渊博的知识，广博的见识，能博古通今、博洽多闻、博学多才、博采众长。"约"者，约束也，就是希望学生们能用文明的礼仪约束自己，用健康的情操陶冶自己，使自己的行为合乎社会规范。能待人谦和，具君子之风；能秀外慧中，成栋梁之材。笕桥实验中学教育的定位是"提供富有博约特色的平民教育，把学校建成有温度、有美感、有品质的新样态学校"。

二、探寻教育之法

（一）依据生源实际，突出艺术特色办学

夏衍中学在杭州市区32所普通高中中招生位次为27。在生源质量不高的实际情况下，学校非常注重特长培养，形成了以"文学、艺术、体育"为特色的办学思路，建立了特长生培养制度，许多学生因此圆了大学梦，又与"浙广电"联合开设"广电艺术特色班"，进一步拓宽了学生的升学渠道。学校的广电课程是杭州高中中最好的课程，每年学校都有大量学子通过艺术专业考入中央戏剧学院、浙江传媒学院、上海戏剧学院等高等院校。这里洋溢着独特的文化氛围。学校先后成立了夏衍电视台等一系列社团，为学生展示才华提供广阔的舞台。夏衍体育俱乐部的田径队已连续多年在区中小学田径运动会上取得佳绩，夏衍剧社的小话剧《特别采访》《奋挣》分别获得市一、二等奖，夏衍合唱团的男声小组唱在校内外的演出均得到各界的好评。

（二）应对高考改革，规划学生生涯指导

整个浙江省在选课走班教学方面走在了全国的前列。2014年浙江省首先在全国实行新高考。夏衍中学便是这场教育改革的亲历者和先行者。夏衍学校副校长孙正娟所做报告的题目《且行且思，且思且行》很好地概括了这些教育先行者的经历。

浙江省的新高考和新学考，在实行的过程中积累了丰富的经验，也遇到了很多的问题，他们也在不断调整，这些都非常值得我们借鉴学习。如针对选修物理科目的同学人数太少的问题，浙江省除了增加必须选修物理科目的专业外，还启动了应急机制，如果物理选修人数达不到6.5万人，将按照6.5万人的比例来确定学生等级考的赋分。这样就比较好地缓解了优秀学生选修物理比较吃亏的矛盾。他们在选课走班的时候根据不同学校的情况有全面走班、3+3、4+2、5+1和固定班级等诸多模式。同时在考试时间的安排上也做了调整。

面对新的形势，夏衍中学也遇到了很多前所未有的挑战，如因师资力量不足在课程安排上产生很多困难，对教师评价困难，学生学业负担加重等，职业生涯规划指导缺乏经验等。但面对困难，夏衍中学没有退缩，而是积极想办法

解决问题。于是就有了跨年级教学备课、资源共享的集体备课特点，有了按照不同比例，同中有异的教师的多元评价方式，有了"人人都是生涯规划师，生涯规划为人人"的教育氛围。

（三）定位平民教育，推动师生幸福发展

觅桥实验学校是一所相对年轻的学校，2000年由一所市属学校下设为区属学校，大批优秀教师流失，学校优秀生源流失，学校面临巨大危机，学校教学质量在全区处在末位，家长们对学校非常不满，一位家长在网站发了一篇文章《一所垃圾学校家长的控诉》更是把学校推向了风口浪尖。在这样的情况下，高琼校长临危受命，积极想办法，转变教学观念，打造学校文化，十年的时间让这所濒临关闭的学校一跃成为一所优质学校。针对学校生源，高校长提出的教育理念就是办平民教育，为每一位学生的可持续发展服务。学校的定位是提供富有博约特色的平民教育，把学校建成"有温度、有美感、有品质"的新样态学校，目标是培养"求真、养正、尚美"的现代博约学子。

为此，学校开展了一系列的活动，采取了一系列措施，如开展系列主题故事的宣讲，如让广大师生寻找"拨动我心弦的事"，"寻找感动"，及时发现学校中师生好的做法、想法，并大力宣扬，让广大师生把平凡的事情做好，把简单的事情做好，让优秀成为一种习惯，每天传播正能量。开展"三感教育"——让师生知道感动、学会感激、常怀感恩等。开设博约书院，让它成为培育博约文化的有效载体，实施博约课程的重要平台，展示博约特色的重要窗口。让广大师生身边点点滴滴的好人好事，正能量汇成学校的校园文化。

高琼校长的报告《让教育更有温度地落地》便让人有一种如沐春风的感觉。从高校长的报告中我们看到了学校领导对老师们是有温度的管理，老师们对学生是有温度的教育。高校长会在高考期间允许有孩子参加高考的老师不上班，还会给因无人看管而带到学校的老师的孩子提供免费美食和玩乐场所。高校长认为管理的最高境界就是不管理，作为学校领导要多养花，少种刺，制度永远是刚性的，但执行制度的人要有温度，学校要提高满意率，首先让老师满意，打造教师专业发展平台，让学校的每一个人做他最有价值感的事情。

这位睿智的校长知道，学校最核心的问题就是人，当老师们对学校有了归属感，便会以最大的付出来回馈学校。高校长种下的是花，收获的便是一个美丽的花园。所以我们看到了觅桥实验学校那些兢兢业业的老师们的身影。有

送孩子进入高考考场又马上回到学校岗位的老教师，也有在医院监护室还在坚持写教案备课的年轻教师。正是有了这些对孩子真心关爱、对工作认真负责的老师们才有了笕桥实验学校成绩的大幅提升，才有了孩子们健康快乐的成长发展。

在夏衍中学，我们看到有温馨舒适的教师书吧，走在学校办公室的走廊里，会闻到浓浓的中药的味道，后来才知道这是学校专门派人免费为老师们熬制养生汤药，知道缘由后，再闻到这苦涩的中药味时竟觉得有些幽香了。学校的人性化管理带来的是师生关系的和谐。我们看到，学校老师们办公室的门甚至校长办公室的门都是敞开的，课间时间，午饭过后的时间，经常会看到学生三三两两来问问题。我们看到老师们对学生们作业的精批精改，还有详细的作业批改记录。据说有位退休的老教师，他的作业批改记录有几十本之多，有如此热爱学生、认真负责的老师，何愁教育质量不高呢？

（四）深化课堂变革，差异教学花开校园

高琼校长认为课堂才是教育的主战场，教育改革只有进入课堂的层面，才真正进入了深水区，课堂不变，教育就不变，学生就不变，课堂是教育发展的核心地带。教育的痛点在哪里？高校长认为在课堂的立意，就是为什么要上一节课。根据这一标准高校长总结了三种形式的课堂。一是以知识立意的效能课堂，特点是高负担、高控制、高成效，围绕三个点（考点、学情点、知识点），选好三种题（典型例题、习题、试题）；二是以素养立意的现代课堂，进行自主合作探究，从长远来说可以提高学生的综合素质，但在短时间是低效的；三是以需求立意的未来课堂，让孩子们先见森林，再见树木。

笕桥实验学校课堂教学改革经历了三个阶段：①打造328高效课堂，两只红笔，个性化辅导，走下讲台拿起红笔，一对一辅导。②依托差异，实现学生为中心。教育不是要把篮子装满，而是把灯点亮。在这种理念下，笕桥实验学校的课堂教学致力于培养学生的高阶思维，指向深度学习，指向学习方式的转变。③尊重差异，培育笕实We-课堂。三次课堂的改革如同三级跳，体现了笕桥实验学校不断创新、不断变革的学校风貌，笕桥实验学校致力于打造城市中心区教学样态，形成不同的课堂范式，走进去又要走出来，靠的就是以教育科研引领学校发展，这种不断研究、不断创新的意识引领着笕桥实验学校走到了全国教育的前沿。

浙江师范大学附属杭州笕桥实验中学学校致力于教育科研，学校有1项教育部重点课题，5项浙江省规划课题，27项区级以上课题，学校与浙江师范大学联合成立了We-课堂研究中心、名师工作室、青年教师成长初阳学院，为每个教研组聘请一名理论指导教师和一名实践指导教师；青年教师初阳学院依托浙师大专家资源，为每一位青年教师定制专业成长规划。

学校致力于课堂变革，积极探索现代视野下课堂形态的变革与创新，探索互联网+背景下的课堂教学新样态，成立全国新样态千校联盟。2018年4月，学校与全国新样态联盟联合发布了全国基础教育课堂革命钱塘宣言，笕实的We-课堂更是在全国产生巨大影响。2018年11月，全国差异教学联盟中学理事会成立大会在笕桥实验中学隆重举行，差异教学理念进一步为全国各地所了解。

三、借鉴他山之石

让每位学生得到卓越发展是夏衍中学、杭州笕桥实验中学的教育追求。没有最优秀，只有更卓越。我们跟岗高中组成员认真总结在跟岗学校的收获，进一步思考并践行课堂变革，落实"让学生成为真正的学习者""把教室变为学堂"等理念；结合我们的学生实际，尊重学生差异，准确把握学情，教育教学倾注更多人文关怀，师生共同幸福成长。

改革之路从来都是摸着石头过河，笕桥实验中学的先进课堂理念，夏衍中学在新高考新课改的路上摸索出的经验固然值得我们学习，而更应该学习的是他们不断创新的教育理念，否则我们只能跟在别人后面亦步亦趋。今后工作中，我们将再接再厉，结合外出所学收获和工作实际，立德树人，潜心教学，争创佳绩。

《记承天寺夜游》观评课报告与
"主题式课例研修"收获

回顾2019年9月在上海市青浦区参加的五天研修活动，一句话可以概括我的感受——"我遇见了课堂教学中更广阔的世界"。以下是我在上海青浦区观沈雅萍老师《记承天寺夜游》一课的观课评课思考以及参加"主题式课例研修行动"的收获。

一、《记承天寺夜游》观评课报告

（一）基本情况

2019年9月24日下午13：05—13：45，我在青浦区崧淀中学聆听了沈雅萍老师执教的八年级上册《记承天寺夜游》。教研组长刘璐璐老师，主持了本次以文言散文"教读课例的教学策略"为研修主题的课例研修行动。第一环节是观课；第二环节是听课教师按观察要点默会、分小组交流15分钟；第三环节是沈雅萍老师说课10分钟，讲了自己的准备过程、教学思路等内容；第四环节是观课分组的两位教师代表潘辰怡老师、徐晶老师根据观察点进行评课，各5分钟。

（二）课堂观察要点

1. 教学目标具体化（文本解读的三层次和课时目标的三维度圈点）

目标是课时要达成的目标的简要概述，课堂教学要把目标具体到每个教学过程中，通过具体的教学方式和有目的性的师生对话达成目标。

2. 教学环节对应性（课堂环节双维表述，目标环节相互对应）

教学环节是教学目标具体化的一个方面，不同的环节不仅要对应不同的目标，而且环节与环节之间要思路清晰、过渡流畅。

3. 文言散文的教读策略（关注策略的选择与实施）

教师课前设计能从学生学情和文本特点出发选择相应的教学策略，并有效落实。

4. 学习过程的及时测评（关注策略调整，感受教学智慧）

教师注重学生在课堂学习过程中的表现，关注不同层次学生的学习情况，课堂根据课堂学生表现和生成及时调整策略，通过朗诵、表述、练习、练笔等方式对学生的学习效果进行检测、评价、反馈。

（三）本课观评课要点整理

按照关景双老师"主题式课例研修"观课、评课要有观察要点的方法，我选择了教学目标具体化、教学环节对应性两个课堂观察要点。

观察点一：教学目标具体化

沈雅萍老师的课时目标有三个：

（1）熟读成诵，掌握文中重点字、词、句的含义及文言特殊句式。

（2）在圈画、品读中感受作者夜游的愉悦，从"闲人"一词中体会作者复杂心境。（重点）

（3）联系作者生平及拓展诗文名句，感受作者旷达的人生态度。（难点）

评价：本课的文体是文言散文。文言文教学要设计好"文""言"的教学策略。沈老师的第一个课时目标从基础的"言"开始，注重朗读，要求掌握文言基础知识，这是正确的。第二个教学目标关注"文"的特性，要求学生以"闲人"为突破口，体会作者的复杂心境，并且教给学生感受作者情感的方法——圈画、品读，这也是不错的。第三个教学目标对应了文本解读三层次"显性内容、隐形意脉、深层意蕴"中的第三层次，深度解读文本，理解作者人生态度，目标设置是非常合理的。总之，课时目标从言到文，从显性内容到深层意蕴，从知识掌握到情感态度，逐层递进，循序渐进，设计得很好。

观察点二：教学环节对应性

沈老师的本课教学设计中，教学过程主要有五个环节：

（1）评论作者，导入新课；

（2）解题释义，感知文本；

（3）圈画品读，感受闲心；

（4）联系生平，感悟旷达；

（5）盘点目标，改写文言。

最后在教学设计中附录板书设计。记承天寺夜游闲人：欣喜悠闲悲凉旷达

评价：整体来看，教学环节双维表述，既说明本环节做什么，也说明为什么做。

具体来看，

环节一：是每节课必有的导入环节，通过引导学生了解苏轼的才能之高，明确苏轼是写散文的高手从而引出本文。

环节二：通过纠正字音，让学生可以正确、流利地朗读课文，明确重点字词句的含义及文言特殊句式，梳理文章内容的同时疏通文言字词；本环节对应课时目标一，同时为课时目标二做铺垫。

环节三：通过圈画品读，感受作者寻伴夜游赏月的"欣然"，结合写作背景和对苏轼的生平、思想的认识，明确"闲人"的复杂意蕴；本环节对应课时目标二，非常成功地完成了本课重点任务。

环节四：通过联系作者生平被贬经历，明确黄州虽是作者政治生涯低谷，却是他文学创作的巅峰，并补充拓展相关诗文名句；本环节对应课时目标三，有效解决了难点教学，开拓了学生学习领域，将学生引领到理解文本深层意蕴、感受人生态度、感受文化伟人世界观的高度，对学生有很好的成长引领作用。

环节五：通过写作检测学生对此篇文章的理解，为提升学生对作者的生平和思想的认识，推荐阅读《苏东坡传》；本环节对应本课时的三个目标，是在文本学习结束后，课堂学习的延伸；知识掌握、情感理解、人生态度感受以及文化视野的进一步拓展都通过最后的此环节得以落实。

在课堂上，我带着两个课堂观察点进行了批注式观课。初次使用关老师的观课方法，感觉很有收获。带着观察点观课，批注式听课，真正发现了沈老师扎扎实实地做到了文本解读三层次、课堂环节双维表述、环节目标相对应。沈老师的课，沈老师课堂上所体现的"主题式课例研修"的理念，值得我虚心、认真学习和领会。

二、"主题式课例研修行动"的收获

上海青浦区五天的研修，使我认识了关景双老师，记住了一个关键短语"主题式课例研修行动"。其间，我还接触了很多新概念并初步认知其内涵，

例如：主题课例教学，"三实践两反思"方法，批注式、有观察要点的观课评课方法，课例研修范式，教研组研修范式，"1+N+1"历练方法，解读文本三层次，圈点目标三维度，课堂环节双维表述，目标环节相对应等。

这些凝练的概念，是关老师"师之韵"名师工作室的心血凝结，关老师及他带领的团队毫无保留地呈现给我们，并用一节节实在的课堂教学、一次次实在的研修活动、一场场实在的主题讲座反复叩击我们的头脑：你明白何为"主题式课例研修"了吗？你知道课例研修怎样做了吗？

感谢"主题式课例研修"，感谢关老师。具体回顾，我们在这5天里先后听了6节关于"主题式课例研修"的课，参加了5次关于"主题式课例研修"的观课评课研修活动，听了关景双、刘璐璐、成慧、王友、杨文厚5位老师的6次课例报告或主题讲座。

下面结合6节课及与课有关的前后的课例研修活动、课例报告、主题讲座，谈一下我的收获。

（一）第一节是9月24日上午在崧淀中学，滨州蔡银静老师执教《散步》（第一次上课）

（1）课前，关老师给我们讲解了"为学而教的主题课例教学"四个观察要点并对观察要点解读。语文素养：课时目标具体化。先学后教：课堂环节对应性。以学定教：师生互动启发性。少教多学：自主建构的有效性。

（2）听蔡银静老师执教的《散步》。蔡老师设计了预习学案、课堂教学案，这样的设计我很熟悉，我也经常这样设计。教学设计中导入—读人—赏景—悟意的环节井然有序，逐层深入。

（3）听课结束后，关老师讲了评学论教（观课评课）的六步基本流程：分组观察（观察要点、批注设计）—自我梳理（默会20分钟）—小组讨论—执教说课—大组交流—用笔说话。

（4）结合蔡老师的课，我们尝试用"批注式、有观察要点的观课评课"方法，进行了第一次评课。提到了课时目标达成度、配乐朗诵的时机、目标的表述、课堂预设和生成、背景补充等问题。

（二）第二节是9月24日在崧淀中学，沈雅萍老师执教《记承天寺夜游》

（1）关于课堂教学，在上面的观课评课报告中已叙述。

（2）听课结束后，在教室进行了主题式课例研修行动。崧淀中学语文教研组向听课老师们展示了研修范式。研修主题为：文言散文"教读课型的教学策略"。由刘璐璐老师主持。

研讨：听课教师按观察要点默会、分小组交流15分钟。

说课：上课教师说课8分钟。

交流：两位教师代表根据观察点进行评课，各5分钟。

分享：刘璐璐老师交流《卖柑者言》课例报告。

（三）第三节是9月25日在博文中学，潘晓燕老师执教《什么比猎豹的速度更快》

（1）下午听课。上午是"听中学"，听关景双老师讲座"主题式课例研修行动"。

（2）分段批注式课文《什么比猎豹的速度更快》解读。"贯通环节的说明文课堂绩效"《什么比猎豹的速度更快》教学设计。

观课要点（6个）：课时目标具体化、师生语言术语化、课堂环节对应性、师生互动启发性、学习状态的把握、学习过程的测评。

课时目标：有两点教学目标，分别标注为重点、难点。

教学过程：四步，各环节均为双维表述。四环节依次是谈话导入，引出课题；初读课文，回顾方法；学习方法，了解特点；总结教学，布置作业。

（3）"目标贯通的学习课堂"主题式课例研修范式。包括六步。制定方案：分工合作，明确流程。经验学习：学习借鉴，自我内化。解读文本：清晰目标，贯通环节。观课研讨：实证梳理，评学论教。课例写作：反思得失，筛选方法。观点分享：回顾体验，持续研修。

（4）吴骋婕老师主持，潘晓燕老师说课，分小组研课，吴悦、金文静两位教师代表依据观察点进行评课。最后，成慧老师做《主题式团队合作课例研修》报告。主题课例研修，这几个字反复叩击着我们的心灵。

（四）第四节是9月26日在朱家角中学，王志江老师执教《梦游天姥吟留别》

（1）上午王友老师的讲座"学做思想型教师"。感受专业成长的视域和方法。参加工作14年就被评为上海市特级教师的王友老师用自身专业成长的经历给予我们很多启迪。

（2）下午听课，王友实证语文工作室主题课例教学——王志江老师《梦游天姥吟留别》。

课例主题：文本视角的诗歌教学。

观察要点（6个）：关注文体特点，观察这首诗歌特点；关注教学目标，观察重点难点落实；关注课堂环节，观察诗歌教学实施；关注问题设计，观察师生互动效果；关注深层解读，观察个性理解程度。

课时目标明确了重点、难点。

课堂环节：四步。课堂环节双维表述，对应教学目标。

（3）王志江老师说课。

（4）评课。按照主题课例研修的要求，先是一组教师代表刘婷老师从"文本视角的诗歌教学"观察点评课。肯定了教师的朗读魅力，提出了文本理解不充分的突出问题。二组教师代表项老师，评课入木三分。三分亮点，七分不足。指出前面26分钟在梳理情节、课文学习夹生饭，教师点拨不透。要注意知人论世，细推究，多元解读。滨州一中的地理学科吴老师也发表了见解。博兴三中马月亮老师评课，指出教师对文本的深度解读如何引导的问题。

（5）总结。王友老师总结，说明了研修范式。封立俊主任阐释了课例研修的特点。

（五）第五节是9月27日在尚美中学，杨文厚老师执教《山川之美》《记承天寺夜游》

（1）今天在尚美中学的研修目标是，感知青年教师"1+N+1"历练方法和"三实践两反思"方法。

（2）上午9：00，观课：杨文厚老师执教《山川之美》《记承天寺夜游》。

课例主题：语文课堂的经典诵读。

观课要点（4个）：简化教学目标，优化教学内容，细化教学环节，课堂诵读效果。

课时目标：①采用多种朗读形式，落实字句翻译，培养学生寻找美文中"美"的能力。（教学重点）②把握作者情感，感受作者热爱山水、乐观豁达的人生态度，培养高尚的审美情趣。（教学难点）

教学环节：①学生讲同伴评，交流蕴含道理；②诵读感知课文，正因释义明理；③选点读析语言，评人赏景悟情；④练读背诵课文，巩固所学文言。

观课评价：教学设计体现了"主题式课例研修"的基本特点，有观课要点，课时目标体现课例主题也体现重点难点，教学环节也对应课时目标。但是课堂效果不好，课时目标完成度较低。我个人认为有如下原因：教师的表演感太强烈，课堂的大部分时间被老师的个人朗读和言语占据；课堂环节不清晰，教师课堂语言随意性太强；课堂学习始终在浅层徘徊，课文理解缺乏深入。总之，杨老师的教学设计出发点是好的，但课堂仍然需要打磨。

（3）听课结束后，听杨文厚老师讲座"语文课堂的经典诵读"。

（六）第六节是9月27日下午在尚美中学，滨州蔡银静老师执教《散步》（第二次上课）

（1）教学设计标题，修改成了——"品悟亲情的散文教学"《散步》教学设计。

（2）在课例主题、观察要点、学情分析、课时目标（三点，体现重点、难点）等方面，体现了学习青浦区"主题式课例教学"的理念。

（3）教学过程（四个环节）：

出示学生作品，概括文意。（铺垫教学目标1）

研读对话，品悟亲情，学习彰显人物性格的方法。（对应教学目标1）

赏景悟情，品悟主旨（对应教学目标2和目标3）

推荐阅读：《三代》林文煌

最后，在教学设计上有了一个"执教反思与同伴评论"的环节。

观课评价：观课蔡老师的第二次上课，能看出蔡老师的身心憔悴。确实，从在来上海的途中接到讲课任务，到备课完成第一次上课；到第一次课结束后接受新理念再修改，再上第二次课；这五六天中间的思维碰撞、心神付出，承受的煎熬历练非外人所能知。可以肯定的是，蔡老师此次上海之行收获巨大。虽然，最后这次上课并不是精彩绝伦，甚至是更多体现了思维理念更新时的茫然、无力、平淡，但是，课堂的改变对教师的成长是有着重要意义的。"1+N+1""三实践两反思"，蔡老师的成长对我们所有参训教师的成长都有着重要启发作用。

综上所述，上海青浦区五天的"主题式课例研修行动"是我参加工作以来，感受最深的研修方式。在这里，我触摸到了课堂教学的每一个细微环节的前世今生。此次扎实、细致的研修，让我进一步体会到，磨课有方法，成长有路径。为了心中的梦想，我们一直在路上。

不忘初心不负期盼，勤学善思砥砺琢磨

按照《滨州市教育局关于组织滨州市第三期"三名"培养工程人选培训的通知》，我们滨州市第三期"三名"培养工程人选校长、教师、班主任一行，在滨州市教育局领导的殷切关怀下，在滨州市教育局教师工作科领导的周密安排下，于2019年9月20日至29日赴上海参加了研修培训。

能有机会参加这样高质量的培训学习，我倍感荣幸、分外珍惜。在上海学习期间，我和身边优秀的伙伴们一起，认真地听取、记录、思考每一场专家、教授的报告，积极地参加每一次"主题课例研修"的观课、评课活动。勤学善思、砥砺琢磨，不能辜负这个优质的成长、发展平台，不能忘记提升素养、磨砺思想、增强本领的学习初心。上海学习，使我本人在见识、理念、素养、方法、技能等各方面都有了较大提升。

回顾此次研修培训，整体分为两个阶段。

一、集中研修，专家通识培训（9月21日—23日）

9月21日，在华东师范大学闵行校区举行了滨州市第三期"三名"培养工程人选研修开班典礼。中国教师研修网的封立俊总监作开班致辞，滨州市教育局教师工作科的李科长和高主任亲临会场。李科长作了鼓舞人心、激励士气的讲话，从回顾以前、展望未来、珍惜当下三方面对我们提出了期望和要求，激励大家珍惜机会、全力学习，高标准高要求，为成为滨州教育的学科领袖，为滨州教育的强发展、快发展而努力学习。听完李科长的讲话，我感到深受鼓舞，增强了努力研修的荣誉意识、使命意识、责任意识。

开班典礼结束后，我们全体参训人员在三天时间里，统一接受了高强度、高质量、大容量的教育教学理念培训，先后聆听了华东师范大学董蓓菲教授

《指向核心素养的课堂教学》、中国浦东干部学院郑金洲教授《新时代我国基础教育改革发展的新方向新要求》、黄埔教师进修学院李金钊教授《教师如何做研究》、苏州园区徐飞校长《读写作为一种生活方式》、华东师范大学李政涛教授《名师的思维品质》、华东师范大学刘濯源教授《基于思维可视化的教学效能提升策略》等专家的系列报告，从核心素养、为国育才、教学科研、读写成长、思维品质、效能提升等角度受到了前沿理念的洗礼。三天下来，似乎能感受到自身的成长理念完成了一次大的革新和重建。

二、跟岗学习，主题课例研修（9月24日—28日）

滨州市"三名"培养工程人选按照要求分成两部分到不同地区学习。我们名师组的小学、初中、高中组教师被安排到上海市青浦区，跟随青浦区教师进修学院关景双副院长进行"主题式课例研修行动"培训。我们名师组教师先后到青浦区崧淀中学、青浦区博文学校、上海朱家角中学、青浦区尚美中学等学校进行深入课堂观察学习的主题课例研修学习，进课堂、近距离、切身感受观摩关景双老师"师之韵"名师工作室成员的一堂堂现实的、优秀的课例，参加了多次听课、观课、说课、评课等主题式课例研修活动。

我们先后听取了关景双老师的《主题式课例研修行动》《课例研修提升教学素养》的精彩报告、崧淀中学沈雅萍老师执教的初中语文课文《记承天寺夜游》、刘璐璐老师的《卖柑者言》课例报告、博文中学潘晓燕老师执教的小学语文课文《什么比猎豹的速度更快》、成慧老师《主题式团队合作课例研修范式》的报告、朱家角中学特级教师王友老师的"学做思想型教师"讲座、王志江老师执教的高中语文课文《梦游天姥吟留别》、尚美中学杨文厚老师执教的"语文课堂的经典诵读"之《山川之美》《记承天寺夜游》等一节节精彩课例、一场场优秀讲座，也听取了我们团队滨州无棣蔡银静老师执教散文《散步》的前后两次课，切身见证了蔡老师在"主题式课例研修行动"中"1+N+1"方式的自身成长过程。可以说，五天下来，上海市青浦区"主题式课例研修行动"的教研范式，深深印在了我的心里。

此次上海研修培训，我要求自己用心聆听、全力以赴，走进课堂教学的各个层面，学习提升教育教学效能的规律方法。无论是教授专家们高屋建瓴、深入浅出的理念引领，还是教学主阵地课堂上的课例研修行动，还是备课、上课、观课、说课、评课、写课等教学技能，这些内容都将深深植根于我们每一位"三名"培养工程人选心中，并会根深叶茂，花繁果硕。研修学习期间，大家认真记录了大量听课笔记，每天反思总结，编制学习美篇，进行小组交流，在研修网班级群内积极分享学习感悟等。此次"三名"培训点燃了我的生命激情、学习热情，我和大家一样都以热情饱满、全神贯注的状态持续了整个培训全程。

李科长在讲话中指出，滨州三期"三名"每位人选要多听、多看、多思考，多写、多讲、多交流，展望未来，珍惜当下，用三年的时间遇见更广阔的世界，遇见更好的自己。获得国家荣誉"人民教育家"的于漪老师讲过，"登上讲台，用生命歌唱"。老一辈教育家用一生告诉每一位教育工作者，要心中有民族有国家，带着责任和担当去上课。

下一步，我会继续认真做好"主题式课例研修行动"，继续以砥砺前行、只争朝夕的学习态度，努力研修，扎实工作，为滨州教育的强发展做出应有的贡献。为了梦想，我们一直在奔跑。

不负韶华，砥砺前行

今年是中华人民共和国成立70周年，在举国欢庆、金桂飘香的美好季节，2019年10月20日至26日，我们跟岗二组一行赴江苏南京宁海中学进行了跟岗学习。在此首先代表老师们向学校领导表示感谢。学校领导以长远眼光助力教师成长，通盘考虑，本学期安排教师先后外出跟岗学习，使教师开阔了教育眼界，提升了教育素养，更新了教育理念，真正把长山中学教师成长、发展落到了实处。

外出学习前，跟岗二组人员召开会议，分发了外出学习安排表，强调了安全、学习纪律、工作分工、每天学习美篇制作、学习总结等事宜。10月20日下午，我们顺利抵达南京。虽然是在周日，但南京市鼓楼区教师发展中心徐树忠主任、南京师范大学教师发展与考评研究中心杨梅主任为我们长山中学跟岗一组、二组全体教师举办了跟岗学习开班仪式，热情欢迎我们的到来。开班仪式上，田振勇主任和我代表大家做了发言，杨梅主任对本周的跟岗学习做了安排，徐树忠主任为我们做了《敢为人先　追求卓越》的主题报告，介绍了南京市鼓楼区教育的发展情况。提到南京市有77所高校，其中有70所在我们跟岗学习所在的鼓楼区；鼓楼区教科研力量非常强。

在接下来的五天里，我们跟岗二组全体人员满怀激情、积极认真地投入跟岗学习中去。五天里，老师们主要通过共享单车往返于跟岗学校、住宿点。每天清晨大家骑上单车，满怀学习的热情，穿过桂花飘香的街道，前往跟岗学校。五天里，我们深入课堂听课、与学科老师交流、参加学科教研活动、每天记录学习收获、用心制作学习美篇，每位教师都受益匪浅。我用四个关键词组来表述一下我们的收获。

一、词组一：南京

全国教育看江苏，江苏教育看南京。南京不是一座普通的城市，它有着悠久的历史、深厚的文化、繁荣的经济、发达的教育。南京有着7000多年文明史、近2600年建城史和近500年的建都史，有"六朝古都""十朝都会"之称。高中语文课本上选的南宋辛弃疾名篇《水龙吟·登建康赏心亭》，有着千古名句"落日楼头，断鸿声里，江南游子。把吴钩看了，栏杆拍遍，无人会、登临意"。这首词就有南京悠久、深厚历史文化的印记。南京有211高校8所、双一流高校12所。全球科研城市50强排名，南京位列中国第3名。能来到南京跟岗学习，我们的心中充满了学习的期待。

二、词组二：宁海中学

10月21日上午，宁海中学唐文勇副校长在校门口热情迎接我们的到来。随后，学校司徒香福校长、学校党支部杜惠英书记两位领导也欢迎我们的到来。学校的大屏幕上打出"热烈欢迎山东长山中学的老师们！"的欢迎词。宁海中学的热情欢迎让我们很受感动。五天学习结束，我们发现，宁海中学和我们长山中学有着很多共同点。

1. 悠久的办学历史

南京市宁海中学始建于1912年，比我们长山中学还早一年。其前身为1890年的文正书院。1998年被评为国家级示范性高中，2004年被评为江苏省四星级高中。同长中一样，这也是一所历经岁月沧桑的百年历史名校。

2. 红色文化基因和杰出校友

1936年3月，时为江苏省立南京中学的学生，到中山陵召开哭陵声讨卖国贼大会。同年6月，该校学生到日本驻华领事馆前示威，高呼抗日口号，痛斥日本侵略中国的罪行。这一段抗日爱国的校史，有些相似于我们长山中学的红色历史文化，但逊色于我们马耀南校长带领师生举行"黑铁山抗日武装起义"的壮举。宁海中学在1935年省立南京中学阶段，培养了一大批精英人才，校友中出现了12位两院院士，有两位还是"两弹一星"的功臣，还有汪道涵、熊向晖等著名人士。而我们学校也在抗战期间走出了50多位共和国的将军。

3. 以文化人的精致校园文化

宁海中学百年历史，积淀了深厚的文化底蕴。在鼓楼区寸土寸金的地面上，宁海中学校园仅有40余亩。因此，校园文化风景打造得特别精致、优美。学校有精致典雅的"文正书院"碑厅、传承宁海百年文化的"文正印章"、激励宁海中学学子读书的"读书台"、刻有"勤、诚、勇"的校训石、"文正书院"创办者张謇先生的雕塑、五星红旗设计者曾联松先生雕塑、墨香苑等，彰显了学校的深厚文化底蕴。我们学校也是一所精致美丽的学校，传承"长养浩气　学厚齐山"校训，有着"红韵流长　幸福发展"的学校愿景，有着"民族魂群雕""民族魂纪念馆"特色鲜明的红色文化。在精致校园文化方面，异曲同工。

4. 成绩突出的美术教育

学校建立了"厚文养正、以美立教"——美的教育的办学理念，走上了文化教育与美术教育双创一流争创高品质高中的征程。以2018年高考为例，美术类参考学生209人，100%达本科线，实际录取202人，本科录取率96.65%。2019年高考，166名美术生被九大美院以及985、211高校录取。宁海中学以优异的高中美术教育质量排到全国高中美术教育前三名。这是长山中学美术教育的一个学习榜样。抓住这次学习机会，长山中学美术教师刘双伟主任、宋慧敏、张冉冉、张雪莲老师以及王精厚主任、王世奇老师和我，与宁海中学美术教学负责人鲁玉老师对美术教学、高三备考多方面深入交流，参观了学生优秀作品展，到美术教室参观学习，收获很多。

5. 扎实细致的文化课教学

以2018年高考为例，文化类参考272人，本科达线超98%，一本率达45%。可能与其他文化课名校相比，这些成绩并不耀眼。但是了解到宁海中学属于第二批次招录生源后（也就是南京市最好的生源已被前面7、8所高中优先招录了），我们内心充满了敬佩之情。宁海中学教师的课堂是可以推门听课的。我们先后听了宁海中学语文教师邱君梅老师、洪炜老师多节随堂课，老师们在课堂上熟练运用白板进行教学，重点突出，教学扎实，注重学生知识、方法的整理积累，不搞形式，用扎实细致的一节节课帮助学生打基础、提能力。无论是宁海中学还是我们长山中学，我们都注重扎实、细致的文化课教学，并且我们还将继续努力。

三、词组三：中华中学

10月22日上午，我们跟岗一组、二组的教师共同会聚到南京市中华中学，参加恰逢的南京市"高中课堂批判性思维教学研究与实践"学科教学展示活动。该项课堂教学展示活动涵盖了高中12个学科。南京市各高中的特级教师、国家和省优质课大赛一二等奖获奖教师、学科带头人等名师为大家执教公开课。我们跟岗的各科教师听后都获益匪浅，对高中课堂批判性思维教学这一教学理念有了更直观、更深刻的理解。以语文为例，我们听取了江苏省仪征中学的特级、正高级教师刘祥老师和南京市语文学科带头人吴健老师的课，两位教师同课异构，讲的都是杜牧的两首诗《九日齐山登高》《寄扬州韩绰判官》。最后，江南大学的吴格明教授评课，肯定了两位老师课堂中的批判性思维教学，并深刻指出了"文何以载道，才是语文教学的大道"这个观点，即"语文教学的主要目标主要内容应该是课文的语言形式，而不是思想内容"。这个观点对语文教师具有启迪意义。

四、词组四：团结互助

我们跟岗二组是一个老中青结合的团队，有60后的体育学科李跃东主任，有90后的历史学科马玉静老师，还有作为团队主体的70后、80后的各学科教师。在外学习期间，我和李跃东主任、周东海、朱宝锋、王精厚等各位主任以及老师们牢记"安全第一，认真学习"的原则，在生活上、学习中互相商量，团结互助，安全、顺利、圆满完成了此次跟岗学习活动，大家也在学习过程中增进了了解、加深了友谊。

总之，南京宁海中学一周的跟岗学习，是一次"不忘初心"的思想提升之旅。通过跟岗学习，我们增强了不忘初心的教育责任感、进一步开阔了教育视野、加深了对课堂教学的理解，学习了特色教学先进经验。懂得了不能忘记自己的初心，要努力去面对每一项工作，去心怀感恩地对待他人。不能因为出发得太远，而忘记了来自哪里，要去哪里。心态应该调整、回归到自己的初心这个本源上来，静下心来工作。

凝练教学主张，借鉴先进经验

　　按照滨州市教育局《关于组织滨州市第三期"三名"培养工程人选赴南通市跟岗培训的通知》要求，2019年11月17日至23日，我们第三期"三名"团队赴南通市进行了跟岗学习。南通市是整个中国教育的高地，在一周的跟岗培训中，我收获很大。

一、上次学习的落实汇报

　　11月17日下午，我们抵达南通。晚上，大家就齐聚一堂，开始了第一次学习活动：分小组交流讨论、小组代表汇报上海学习落实情况。校长、教师、班主任三个层面7位小组代表都做了汇报发言。有校长治理学校新举措，有教师落实主题课例研修、认真读书新行动，有班主任核心素养渗透新办法。他们的做法值得学习。

二、此次学习的任务目标

　　滨州市教育局高主任以近两个月组织的师德宣讲活动、赴新疆喀什看望15位援疆教师感想为例，勉励大家向教育楷模学习，要以无私奉献吃苦耐劳的精神，铸造高尚师德，锻炼过硬本领。要求"三名"人选志存高远、开阔思路，带着问题与困惑参与跟岗学习，引领自我成长，冲击更高层次的成长目标。中国教师研修网的封立俊总监指出南通是教育高地，高考成绩名列前茅；南通名师工作室建设发展，引领全国；南通课堂教学改革，卓有成效。滨州市教育局王兴利副局长从为何举行此次培训、为何到南通来培训、如何做好此次培训三方面做了重要讲话。王局长指出南通教育很大的特点是教育均衡，县与县之间、校与校之间、生与生之间，成绩离散度很小。南通重视系统的名师培养机制建设，有县、市、省三级培养梯队，有教育家培养工程，培养了一批教育家型的教师。如年逾八旬的全国教书育人楷模、南通师范二附小李吉林老师和启秀中学李庾南老师。李吉林、李庾南老师，是中国教育改革的两面旗帜。李吉林老师从教60多年，就在一所小学，40年就做一个课题；李庾南老师61年连续做班主任。一位是中国情境教育的创始人，一位是"初中数学'自学—议论—引导'教学法"的首创者，她们都已年过80，但依然奋斗在教育岗位上，践行着终身从教的职业誓言。南通教育科研氛围浓厚，课题研究卓有成效。王局长指出南通教育是江海文化的写照，有着海纳百川的包容性和勇立潮头的创新精神。王局长勉励大家此次培训要带着目标学、带着问题学、带着任务学、带着情怀学、带着团体学，学习期间要遵守纪律、严格自律、踏实学习，取得最好的学习效果。

三、理念先进的专家引领

（一）教学主张

11月18日上午，我们聆听了南通市教科院冯卫东副院长《点亮教育人生的"灯"：和中小学优秀教师谈"教学主张"》的高质量报告。冯院长讲了四个问题，教学主张是什么；为什么要"炼制"教学主张；怎样"炼制"教学主张；"炼制"教学主张及其后续行为要注意的问题及建议。

1. 教学主张是什么？

教学主张主要指"主张者"关于自我教学行为的、比较上位的、能涵括与统摄多种或多个更为具体教学认识或理念的、总体性的"教学观"。一般而言，这样的主张可以用一两句概括性很强的话语来揭示与表达，一言以蔽之，它是对"教学是什么""教学该怎样""教学往哪里"等本体性（或者说根本性）问题的回应、回答和倡导。如李吉林"情境教学"（指向路径和目的），余映潮"主问题""板块式教学"（指向内容和结构），黄厚江"本色语文""共生教学"（指向风格和手段）

2. 为什么要"炼制"教学主张？

（1）做"名师"，过一种明明白白的教学生活；

（2）立"主帅"，使实践行为不（再）是"乌合"之举；

（3）重组合，在元素新构中盘（激）活经验与智慧；

（4）成"名师"，以品牌的效力引发更大的"正能"。

3. 怎样"炼制"教学主张？

（1）从过往鲜活的教学经验中"长"（孵化）出来；

（2）在当下之"实然"与未来之"应然"的裂谷间"树"起来；

（3）于典型课堂提取精髓，把内蕴的可复制性因素价值"放"出来；

（4）把平素已做、想做和能做的理念、策略等"接"起来；

（5）由学校文化中提取"基因"，将课堂变革之矢"射"过来；

（6）从学科特质与规律中掘出内核，将教学之舵"拨"回来。

冯院长以他指导的平潮实验初级中学陆志强老师提炼教学主张"变构学程，裂变学力"为例，讲述了陆老师的成长历程。陆老师先后发表系列教研成果《合理变构学程 助推学力提升——以人教版"22.1二次函数"教学为例》《激活经验变构学程——"反比例函数"教学实践与反思》《学程变构，指向学生的自主发展："平方根"教学实践与反思》《优化学程结构促进学力发展——初中数学变构教学的思考与实践》。还举了指导其他老师提炼教学主张的成功例子，如郭姜燕"把语文教育当作童话来创造"、宋晓丽"发现语文"、汤卫红"倾听数学"、徐云"改造问题相信儿童"、柳小梅"玩索数学"、杨万东"理错教学"、南通高师附小"大生课堂"、张霞"寻理数学"。冯院长指出，教学主张"就在那里"，"炼制"就是"引出"。而在古代西方，"教育"一词最早的词义就是"引出"，在这个意义上，"炼制"是一种自我发现，也是一种自我"教育"。

4. "炼制"教学主张及其后续行为要注意的问题及建议

（1）教学主张往往有一定的片面性。但"片面"之中还要能折射出学科价值观，不剑走偏锋，而要"推窗看江"。

（2）在语言表达上努力做到"无须解释就能明白，一经诠释非常深刻"，注意尽量避免"瘦"足适履，因文蔽义。

（3）掌握理论，"扎根理论"，不（只）凭经验，不跟感觉，有较实理据，有较强理性。例如，海门市育才小学张海红"适宜儿童，尊重学习"。

（4）切合个人"教学性格"，如有"落差"，亦在"可控""可化"范围内。

（5）可以用"三段论"的方式来表达。（"道"的层面、"道器"结合的层面、"器"的层面）例如，杨万东"理错教学"。各"段"之间互洽，提升主张本身的自洽性，从而使教学主张缜密周详，更能站得住脚，更能行稳致远。

（6）让教学主张成为"百搭"，而不是"白搭"。

（7）努力做到"教学研一体化"，以课题研究为载体进行运作，乃为"上上策"。例如，王碧峰"用心语文，心用共生"。

（8）不必追求"标签化""树旗式"，但也无须刻意回避它。在人言人殊的背景下，只要确定了教学主张，就要有较强的"主张自信"，一句话，行不行取决于"行不行"……

由此可见，教学主张并非只能是"一句话概括"或者"**语文"（学科树旗）等一种（一类）表达方式。一个人的教学主张并非只可以是一种，还可以是多种、多个和多层级的，冯院长的每一条（共18大条，72小条）或正面树立、或反面辨析的观点都可以视为个人的教学主张。教学主张比较理想的表达方式也许正是这样，在某个高度凝练的教学哲学（"最大公约数"）统摄之下，有着许多个处于不同层级而又"九九归一"的较为具体和具象的教学主张。

并非每一个"主张者"都要以专注为"载体"表达个人系统化、序列性的教学主张，但如果能在较早时间就设计这样的系统或序列，然后再逐步完善、分步实施、有效践行，那么，他一定会成为"反思性实践家"（佐藤学），甚至已然是这样的人。而他的建构程序、技术路径与冯院长的相反（归纳—演绎），应该支持更多成熟、优秀的教师行如此程序，走如此路径（冯院长称之为"在框架内砌砖垒瓦"）。

最后，冯院长借清人彭端淑《为学》与大家共勉。勉励我们力学不倦，做自立者。一场报告，将"教学主张"的种子埋在了每位"三名"人选的心里。

（二）关于"课程"

11月23日下午，我有幸聆听了海门市东洲小学吴建英校长《用课程撬动学校文化建设》的丰富、精彩的报告。听完报告后，"课程"二字深深烙进我的心底。结合上午冯院长提的"教学主张"，我甚至暗下决心：我的教学主张应该是"高中语文课程创编"这个方向。

吴建英校长从课程意义、课程建构、课程实施三方面，结合东洲小学的实践，细致阐述了"课程"文化。

1. 课程意义

吴校长指出，学校文化的核心是课程文化。学校文化包含着课程文化，课程文化是学校文化的重要组成部分，是基础教育课程改革背景下学校文化建设理性认识与实践探索的重大发展，对学校文化建设具有重要实践指导意义。课程从本源的意义上讲，就是要为学生铺筑一条促使他生命成长的"道路"；从发展的意义上讲，"课程"是"资源"，是"机会"，是让师生成长为伟大的"机会"。吴校长讲道，有怎样的教师和课程就有怎样的学生；深度卷入课程研发过程是教师发展的必由之路；课程建构是学校走向科学化、专业化、品质化的重要标志；课程也是不断提升家长素质的重要途径。"为学生设计什么样的课程，就是为学生创造什么样的生命。"例如，吴校长主持的《"情意课堂"教学范式及"情意课程"建构的研究》获得了江苏省基础教育成果一等奖。

吴校长认为，教师应该成为课程的开发者。东洲小学建立了课程的八大名品项目工作室："情意语文""理趣数学""情趣英语""美丽艺术""快乐体育""阳光德育""智趣科学""完美教室"。课程建构是学校走向科学化、专业化、品质化的重要标志，卓越课程可以让学校更具活力，让学校拥有更高质量，让学校拥有更高的品质，让学校更有文化，带给师生更美的姿态。课程是一扇大门，一粒火种，一场地震。

2. 课程建构

（1）顶层设计，重构课程体系

吴校长指出，"在学校层面的课程权责中，最为核心的就是学校课程规划"。东洲小学的校训：崇美立人追求卓越。愿景：共建卓越的美丽学校，共筑完整的美好生活，共创幸福的美妙人生。使命：让我们的教育适合每一个学生的发展，让每一个学生全面而具个性地发展。价值观：让儿童生活与美相遇。提出东小学子发展的"五大核心素养"：担责任、乐学习、善审美、尚健康、会创意，旨在培养"幸福完整的人"。在吴校长带领下，东洲小学建构了五大生活课程群。

公共生活课程群——担责任，向上，向善。包括静美生活课程、善美习惯课程、完美教室课程、育美父母课程……同时，学校还举办朝气蓬勃的体育节、意韵深远的阅读节、温馨感人的亲情节等大型活动。

智识生活课程群——乐学习，好学，好思。例如：悦美母语课程。2017年，"'儿童书香课程群'的构建与实施"获江苏省基础教学成果一等奖。儿童书香课程群包括"中国风·母语美"微课程群、晨诵课程、暮省课程、读写绘课程、母语主题阅读课程、整本书阅读课程等。其中，"中国风·母语美"微课程群按照低年级、中年级、高年级三个层次，包含丰富、精彩的众多微课程，构建独具民族特点和中国特色的母语教育体系。2016年被评为"江苏省基础教育前瞻性教学改革实验项目"；2017年又被评为"江苏省教育科学规划第四批精品培育课题"。"整本书阅读课程"，在我们山东省的高中学校2019年刚被正式列入语文教学课程，但海门市东洲小学的"整本书阅读课程"在2015年就被评为了"全国新教育卓越课程"，2017年在江苏省中小学优秀校本课程评选中获最高等级奖。智识生活课程群，还包括智美数学课程、流美英语课程等。

艺术生活课程群——善审美，尚美，尚雅。深入推进合唱课程、器乐课程、民族舞课程、新学堂乐歌课程、百首名曲百幅名画欣赏课程等，形成"大艺术教育"理念。师生共享艺术生活，让艺术成为生活情趣。

健美生活课程群——尚健康，会动，会玩。承办海门市足球课程研讨会。开设乡土游戏课程，玩起一百种游戏，过一种健康安全的运动生活。师生共度运动生活，让运动成为生活习惯。此外，滋美心育课程中的"莲心岛新父母学院"自主研发"父母成长讲坛""父母读书会""父母团体心理辅导"三大课程，开设微信公众号。

实践生活课程群——会创意，乐做，乐创。研发"学中思""做中学""想做创"的创美实践课程，通过创意工程搭建课程、科学实验营课程、智能机器人课程、七色花电脑绘画课程等，让孩子们动起来、玩起来、秀起来、笑起来。师生共创实践生活，让实践成为生活特质。

（2）挖掘资源，选择独特内容

课程建构要关注文化，关注自主，关注课标，关注生活，关注儿童。

（3）三个回归，完善课程设置

要回归儿童，从孤立走向整体；回归学校，从叠加走向系统；回归教师，从执行走向创生。

3.课程实施

（1）内容重构，优化课程品质

吴校长讲，学校课程实施要基于学科，超越学科。要整合多版本教材，实行整体的、综合的教学，使用精读略读结合法、主题阅读法、比较阅读法、群文阅读法、单元整体阅读法等。例如：风筝课程。千年风筝历史长，南通板鹞响碧空，巧手来把风筝做，忙趁春风放纸鸢，意犹未尽话风筝。风筝课程打破了学科之间的壁垒，打破了课堂内外的界限，真正实现了"课程的无边界"，让学生的学习和成长回归完整的生活，回归综合，从而促进"全人"的发展。

（2）变革方式，促进高效落实

积极变革课堂，牢固树立"学为中心"的教学理念。实施体验式学习、活动性学习、探究性学习、实践性学习、整合性学习。整体性思考：为什么学？学什么？怎样学？学到什么程度？注重场馆、基地建设，让学校成为汇聚美好事物的中心。吴校长提出，未来东洲小学，应该是一个场馆群。

（3）课时重组，灵活分配时间

课程实施，要集中和分散相结合，把长短微课、周课、月课、阶段性课统筹安排。实施"争卡行动""美丽积分""庆典展示"措施。

通过聆听吴校长的精彩报告，我深刻体会到：课程即跑道，课程即成长。我们要让学生在课程的跑道上成长，更要让自己在自己开发的跑道上成长。

四、身临其境的跟岗学习

11月18日晚，我们高中一组成员到达启东市第一中学。开始了启东中学为期四天的跟岗学习生活。四天里，启东一中的课堂教学、教学管理、学生管理、班主任交流、备课组研讨、校长座谈、社团活动、学生跑操、宿舍餐厅等方面都让我在深入学习的基础上感触很深、获益匪浅。

（一）听课九节

在启东中学，我先后聆听了9节课，包括语文6节，班会课2节，心理课1节。

高三13班，张赛花老师执教《小说阅读之形象作用》，明确此类题答题步骤：首先是内容，再加上人物、情节、环境、主旨、本身方面的作用。高三1班，王林燕老师执教《小说阅读之形象概括》，以知识梳理铺路，按高考题型建模。高二9班，王春燕老师执教《时评文的思辨写作》，强调肯定与否定的哲学观。高二2班，徐醒老师执教《时评类写作之角度选择》，从角度、题目、金句等方面指导时评类写作。高一3班，徐海红老师执教《永遇乐·京口北固亭怀古》，仅用32分钟就完成了诗词学习，作为重点难点的用典赏析也处理精当、效果良好，并完成课堂背诵。高一15班，张健老师执教《念奴娇·赤壁怀古》，歌曲导入，三维目标，按照怀古诗基本特点（观眼前之景，思历史之事，抒一己之怀）来展开教学。

高二13班，朱炳菊老师执教班会课"随风潜入润物无声——守望'语言美'主题班会"，从文化、尊重、责任三个角度，让学生感悟"语言美"主题。高一14班，陈宏刚老师执教班会课"守护着我的善良，陪伴着我的成长——'宽容'主题班会"，采用视频、故事等方式引领学生明确：宽容是友善的应有之义，是心灵的自由，是平等，是智慧。在躬行楼西五楼团体辅导室，聆听了名师工作室主持人黄晓军老师执教的心理健康课"认识并塑造自己"。黄老师的课风趣、幽默、热情，深受学生的喜爱，我们听课后，如沐春风。

（二）参加教研活动等7次

1. 高三语文集体备课

此次教研活动是在周二下午第一、二节课时间。活动由兼任教务主任、高三班主任、高三语文教学的陆盛杰老师主持。集体备课围绕小说复习、记叙文写作两大主题展开。

集体备课由陆主任担任主讲。老师们在讨论小说复习时，以《圣诞节的回忆》《小哥儿俩》《小狗奎宁》等几篇小说为例，对试题材料以及答案进行分析讨论，并对"题目创制"内容讨论，这让我很受震撼。陆主任他们根据复习需要、学生实际，是可以自己创制题目、编制答案的，我很敬佩这一点。在讨论记叙文复习时，老师们讨论内容的深度、细节都超越我见到的一般的集体备课。比如，如何有针对性地具体到某个学生去指导积累素材；学生阅读范文的精选；记叙文倒数第二段的古人（明清两代）、外国人等小众人物的诗句、名言；记叙文的"文化味"+"时代性"；学习强国上人物、时代内容等素材。可以说，启东第一中学高三语文组集体备课的扎实、细致、实效，非常值得我认真学习。

2. 教学常规管理

教务处主任陆盛杰为我们做了《咬定青山不放松——教学管理初探》的教

学管理专题报告。收获很大，梳理如下：

（1）建立并落实教学常规。

（2）教研组建设四个目标九项要求，优秀教研组、备课组的评比标准与办法。

（3）课堂教学评价12字方针，限时讲授、合作探究、踊跃展示；师生关系的融洽是教学的第一位。

（4）教学工作基本规范"28条"，包括早读、备课、上课、作业、考试、公开课与听课等方面的具体要求。

（5）教师教学工作"六认真"细则。

（6）教学的四精四毕。

（7）规范教研，精准课堂教学，课堂建模（温故、习新、设疑、拓展、反馈、提炼）；学案电子稿的传承制度；错题本使用等。

3. 学校德育工作

学校政教处主任陆健老师为我们做了《全寄宿教育下德育管理探索——服务人、鼓动人、成就人》的学校德育专题报告。梳理如下：

（1）学校生源现状（启东市第三批生源，招收中考成绩1600—2500名左右的学生）；一本率为57%；全寄宿制学校管理三年来成效明显。

（2）学生用餐管理和宿舍管理的细节；家校合作机制运行效果好。

（3）德育常规，文明礼仪，学生活动方面。

（4）晚自习管理；学生中午休息一小时，学生精神状态好。

（5）学生纪律要求。

我们行走在启东市第一中学校园，每位学生见到老师们都主动问好；校园环境整洁优美；白天上课，早自习、晚自习，学生精神饱满；餐厅学生打饭秩序好，饭菜种类多达几十种，美味营养；课间操跑操整齐，状态好；学生在课间操前、排队打饭时利用此短暂时间在拿着学习资料学习……这就是学生管理的基本体现，这些令我们思考，值得学习。

4. 班主任工作交流

周三下午，由启东市第一中学政教处副主任朱寒忆老师主持了学校班主任工作交流会。启东一中的蔡凯、陆琴、蔡雨花、朱炳菊、陈宏刚等班主任参加，我们高中一组全体成员参加。交流会上，朱炳菊老师、陈宏刚老师谈了执教班会课公开课的准备、教后反思；我们得知陈老师的此节班会课视频被国家教育行政学院收录；陆琴主任谈到制度管人、情感关怀等，蔡雨花老师谈到班集体建设、公平对待每一位学生、学生自主管理等，朱寒忆主任谈到了校园三防建设、班主任要勤字当先、班级常规管理经验等方面。我身为一名老班主任，从此次交流会中收获很多。

5. 陈校长座谈及参观社团活动

周四下午，学校校长陈仲刘校长与我们高中一组成员亲切座谈，做了《指向质量提升的普通高中管理策略》报告。在聆听此次报告前，陈校长在我们心中好比是一位传奇人物。因为前面几位主任在对我们做报告时，对陈校长都流露出由衷敬佩之情。再加上学校教工餐厅对教职工丰厚的人文关怀，让我们感受到陈校长不简单。在面对面听了陈校长对我们的座谈报告后，深受启发，收获满满，简单梳理如下：

（1）管理就是决策。管理就是服务人、鼓动人、成就人；陈校长从自己初中教学经历、高中普通班教学经历、高中实验班教学经历讲起，谈教学之道。

（2）为学校谋发展，研究"大兵团作战"，研究"小高考"之经验。

（3）教育要遵循规律，改革要遵循规律，要研究教育教学规律；粟裕大将的名言"不计名利，不计得失，不计荣辱，那他还能不赢吗？"

（4）陈校长名言："我从来不会退缩。"

（5）对分班、课时分配的思考；高三教学管理最后阶段不能"放松"，要一直冲刺到高考。

（6）不允许教师猜试题的难易，成绩好的关键是训练有素；强调做错题的正确方法——反复做，默写错题，巩固错题；把错误原因写到纸上，贴上，考前再复习。

（7）举例说明，优生培养方面，班主任的期待效应之重要；进度拉快，不是压缩课时，学生不是神童。

（8）学校、教师自己的绝招是什么。

（9）师生情感交流最重要，构建良好的师生关系最重要，教师必须对学生好。

（10）班主任三个能力：知识渊博，要能讲；要练口才；要能进能退。

座谈后，陈校长到艺术楼前与我们合影留念，然后带我们看了通用技术室的"创意电子焊接智能编程巡线小车"，看了"机器人智能控制挑战赛"，去艺术楼看了藤编课社团活动，去体育馆看了"戏曲艺术进校园"活动。

6. 王晓东主任报告

在22日上午，我们高中一组到达了启东市折桂中学。这是一所初中，也是大名鼎鼎的启东中学的老校址。启东中学搬到新校区后，此地成为了一所有名的重点初中学校。启东市教师发展中心的王晓东主任给我们做了《以评价促鼎新——定义自己的教育》专题报告。强调要从应试的教育走向适合的教育，即适切（学生）、适宜（时间）、适度（负担）、适应（未来）。强调要以评导学。指出学习习惯培养的重要性。强调教师要善于思考。

7. 周勇校长报告

折桂中学校长周勇校长为我们做了《用思路、制度、巧劲创造不一样的教学风景》的学校管理专题报告。

（1）周勇校长强调作为一所重点初中，高分人数、重点高中人数、大市排名是评价的三个重要指标，表达了智慧管理、勇往直前、骁勇善战、勇夺桂冠的魄力。折桂、问鼎、夺魁，三座教学楼的命名也体现了这一点。

（2）层级化管理，管理层次清晰；行政和年级两条线并行，分工不分家。

（3）教育思路，初一年级"敢于表达"，初二年级"有技能"，并配套安排丰富的社团活动；全校以主题月组织活动。

（4）加强学生常规管理。

（5）良好习惯要塑成，常规管理成习惯，餐饮服务供保障，阳光体育缓压力。

（6）精准课堂，学案教学，集体备课，晚自习管理，早读管理等方面。

最后，周勇校长概括他的治校观念：文化引领，提升品质；管好常规，培养规矩；创造质量，决定地位。听了周勇校长的教育教学管理报告，深感敬佩。

总之，此次南通学习，再次让我感受到学习对一名教师的重要提升作用。教学主张、课程创编、跟岗学习的实际体会，都促进了自己教育教学理念的革新与提升。"会当凌绝顶，一览众山小"，我会继续努力学习，将南通所学与自己的工作实际结合，努力提升教育教学水平。

做一名职业自律、精神明亮的好老师

2020年8月3日至7日，我们第三期"三名"培养工程人选暑期培训在滨州市银茂大酒店举行。当你愿意改善自己的短板，愿意持续地学习，愿意不虚度人生时，世界也会因你看好你自己而看好你。回顾五天的集中学习，一幅幅学习场景历历在目，心中仍然满是感动、满是收获。

报到当天，滨州市委教育工委副书记、滨州市教育局党组副书记、二级调研员申立新参加开班典礼，并对"三名"工程人选提出五点殷切希望：具有担当社会教育的责任感、使命感；严格贯彻国家教育方针，做教育改革的先锋；成为师德楷模和表率，加强自身道德修养；成为学校管理、班级管理的专家；充分发挥辐射带动作用。学员代表陈延瑞代表全员承诺：秉承"学高为师，身正为范"的理念，珍惜机会，积极学习；聚是一团火，散是满天星，为教育发展贡献力量。人事与教师工作科科长李玉国介绍了本次活动的主要流程、培训内容，提出了具体要求，要求学员珍惜机会，带着问题努力学，遵守纪律认真学。

本次培训聘请了7位市内外专家，他们从学校管理、课程建设、专业成长、班级管理、师德素养等不同角度做了精彩报告。专家们渊博的知识、富有激情的语言、无私的敬业精神让老师们感受到了思想的冲击和心灵的震撼。邢成云老师指出教学教研要做出来、说出来、写出来，刘玉华校长说专业成长就是要踏踏实实做教育，白连涛校长讲到课程是学校建设的CPU，徐金青校长强调学校管理要让学校文化落地生根，赵国华老师激励我们要做精神明亮的老师，孙正军校长说我们要站在传统的肩膀上前行，刘霄老师与大家交流如何"做善于沟通的智慧型班主任"。

8月4日上午，国家"万人计划"教学名师，北镇中学邢成云老师做了《做出来，说出来，写出来》的专题报告，报告分三部分：一是教师的专业发展之识，让我们正确认识了名师之"三名"；教师专业发展需要经历的三个阶段——做出来，说出来，写出来。二是教师专业发展之行，邢老师动之以情晓之以理地告诉我们怎样与教材、同行、专家、学生对话。三是教师专业发展之写，他以一个专任教师的角度阐释了学科教学与教育科研之间的关系，并为我们一线教师的成长指明了路径。

8月4日下午，首届齐鲁名师工作室主持人、滨州实验中学副校长刘玉华做《踏踏实实做教育》专题讲座。刘玉华从专业成长的角度给学员们打开了一扇窗，一个个朴实无华的故事串成了一条美丽的项链。成长有梦、成长有情、成长有根、成长有品、成长有恒、成长有痕、成长有道，七个成长从诸多方面启示我们，要想实现自己的梦想就应"踏踏实实做教育"。

8月5日上午，滨州授田英才学园执行校长白连涛和滨城区清怡小学校长徐金青，从学校课程开发和学校文化建设方面做了报告。白连涛校长站在学校长远发展和内涵发展的高度，以睿智凝练的语言、丰富具体的案例、前瞻高位的理论和精深独到的见解，多视角、全方位地解读了授田英才学园特色学校课程建设的深刻内涵，为大家提供了特色学校建设的道路和方向。"高水平的校长带出高水平的团队，高水平的团队成就高水平的师生，高水平的师生打造出高水平的学校。"

8月5日下午，滨城区清怡小学校长徐金青和她的领导团队做了《让学校文化落地生根》的报告。滨城区清怡小学以"美以养正"的办学理念为依托，踏着"养正教育"的路径，通过构建三美养正课堂、四美养正教师文化、五美养正课程体系、价值领导力管理文化以及"美丽校园"环境文化，把学生培养成有赤子之心、强健之身、智者之识、君子之行的清怡美少年。

8月6日上午，苏州市工业园区星汇学校语文教师赵国华老师结合自己的成长历程，做了《让自己成为风景，做一名精神明亮的人民教师》的报告，赵老师讲述了他矢志不渝追求光明、追求理想信念的人生经历。赵老师认为，教师的关键词应该是努力、渴望、责任、特色和研究，教师要明确自己的责任，只有付出，才有收获。教师要做一个研究型教师，而不是做一个教书匠。赵老师激情满怀，神采飞扬，将一个大爱无疆的智慧教师呈现在我们的眼前。为师者，要懂得爱生；要想教育好学生，需要一个教育工作者全身心地投入；只有将每一件小事做到极致，你才会明白教育的真谛之所在。

8月6日下午，淄博市临淄区第一中学校长孙正军，以中国传统文化为切入点做了《站在传统的肩膀上》的精彩分享。中国文化植根于中华民族传统文化之上，学校教育应以传承传统文化为己任。临淄第一中学在挖掘地域传统文化的基础之上形成自己的校园文化之魂，既是对优秀传统文化的继承，也是对传统文化中糟粕的扬弃。一所学校就应以文化为引领，走出属于自己的办学特色。

8月7日上午，全国首批骨干班主任培训班成员、国家级远程培训辅导老师、全国创新教育科研先进个人、全国优秀班主任、北京师范大学青岛城阳附属学校的刘霄老师以"做善于沟通的智慧型班主任"为主题给学员们上了生动的一课。刘老师紧密结合自己的亲身经历，就与学生及家长沟通的问题，向大家娓娓道来。刘老师强调：一名合格的班主任要拥有智慧，同样的问题不同的处理方式会产生不同的效果。班主任在处理学生问题时切忌浮在问题表面，对问题了解得越深刻才越能走进学生心里，才能够切实解决问题。新时期的班主任的目标应是：做一个快乐的老师，做一个积极学习的老师，做一个勤于思考的老师，做一个善于创新的老师，做一个勤于写作的老师。

七位专家的报告，或以深刻的对教育的思考引发大家对教育的反思，或以对教育的虔诚指引大家专业发展的路径，或理性的对学校课程建设，对各种复杂教育问题的应对，让学员们感叹教育有多种可能，有诸多更好的教育实施路径。每听完一场报告，学员们都积极和专家交流互动，畅谈收获，提出困惑，和专家名师进行深刻对话。

本次培训严格实行封闭式管理。白天听专家报告，晚上也设计了精彩的学习活动。五天学习一晃而过。在结业典礼上，人事与教师工作科王淑霞老师转述了讲座名师赵国华老师对滨州市"三名"培养人选的感动和由衷的祝福，赞扬了本次培训中大家的谦虚好学、勇于思考、勤于动笔，以及班委会成员的勇于担当、积极负责的精神，转达了李科长的谆谆嘱托：祝贺培训圆满完成任务，学习没有结束，继续砥砺前行。

滨州三期"三名"培养人选的校长、园长、班主任、老师们，激情满怀，认真聆听，要把专家的思想精髓融化于下一步的专业成长。最美好的生活，莫过于与一群志同道合的人共同奔跑在追逐梦想的道路上，坚持不懈，永不止步。回头有一路的故事，低头有坚定的脚步，抬头有清晰的远方。一群勤奋踏实的"三名"人，互相学习，取长补短，正在成长的路上越走越远，用执着和奋进为滨州教育谱写新的乐章！

"国色天香非丽质，爱教励志舞闻鸡。"赵国华老师讲道，中国军人不能平凡，中国医生不能平凡，中国教师不能平凡。努力到无能为力，拼搏到感动自己。因为有梦，一切皆有可能。中国教育的希望，在于每一个教育工作者的努力程度。我们会继续砥砺前行，奋进不止。

生长教育智慧，落实教育科研

2020年11月11日至17日，我满怀热情参加了滨州市第三期"三名"培养工程人选专业发展能力提升培训班。回顾一周的培训，专家教授的精彩讲座如在眼前，同伴们热情投入的交流发言犹在耳边回荡。本次培训结合学员实际，通过开班典礼、述职答辩、专家讲座、交流研讨、汇报展示几个环节展开，使我获益匪浅。12日上午，举行了滨州市第三期"三名"培养工程人选专业发展能力提升培训班开班典礼。滨州市委教育工委副书记、滨州市教育局党组副书记、二级调研员申立新，中国教师研修网项目总监张国强出席开班典礼。张国强老师做了开班致辞，并对总体培训方案进行了解读。申立新书记由滨州市第三期"三名"培养工程的培养阶段出发，分别从明确标准高效学习、学以致用示范引领、遵守纪律安全至上几方面，对本期培训提出要求。

一、个人成长述职汇报与现场答辩

按照培训安排，我们于11月12日、13日进行了个人成长述职汇报与现场答辩，每人12分钟述职，8分钟答辩，展现师德修养、学识水平、育人能力、教学实绩、教育科研、示范引领、自我规划等多维度的考核，在思想碰撞中相互促进，在专家引领中反思提升。我属于名师二组。我汇报的题目是《遇见更好的自己》，从"职业发展目标"和"'三名'培养过程中的成长与收获"两个方面向两位专家和同伴们做了汇报。最后，我提到"立德树人教育根本任务的明确，2019年部编版语文教材的使用，2017年版《普通高中语文课程标准》的2020年修订，语文学科核心素养的目标，高中语文三类课程和25个学习任务群的提出"等问题，这些给我们的教育发展提出了挑战。非常感谢专家的认真聆听、点评以及对下一步专业能力提升的建议。

二、聆听专家讲座，提升专业素养

（一）马宪平教授《以提升组织力为重点，全面加强中小学党的建设》

14日上午，北京教育学院原党委书记马宪平教授就学校党建工作做了题为《以提升组织力为重点，全面加强中小学党的建设》的报告。在报告中，马教授提到认真学习党的建设的重要性。可能有的老师认为党建于自己的工作相去甚远，其实不然。习近平总书记明确指出，党领导一切，党对一切工作的领导是推进各项事业的基础。马教授提到这样一句话令我印象深刻："党政军民学，东南西北中，党是领导一切的。"而教育更是需要党的领导。

马教授指出，我们应深刻理解和把握"坚持党对教育事业的全面领导"，深刻领悟教育是"国之大计""民之大计"。因为教育承担为党培养可靠接班人的重要使命，教育关乎国家长治久安、民族复兴和国家崛起。要牢记教育的重要任务是立德树人，是培养社会主义的建设者和接班人。思想政治工作是坚持各项工作的"生产线"，对思想政治工作的落实不能搞花架子，不能做表面文章，要让教育领域成为坚持党的领导的坚强阵地。

马教授的讲座中提到国家对教师的要求：保持对党的忠诚心，对人民的感恩，对事业的进取心。作为一名"三名"人员，要按照马教授报告中的要求时刻提醒自己：在常学常新中加强理论修养，在真学真信中坚定理想信念，在学思践悟中牢记初心使命，在细照笃行中不断修炼自我，在知行合一中主动担当行为；并不断提升师德水平、学科涵养、知识水准、课堂教学能力、科研能力和研究学生的能力，更重要的是保护好学生的好奇心、想象力和求知欲。

（二）陈虹教授《应用积极语言，提高语商能力》

14日下午，给我们带来精彩报告的，是中国教育发展战略学会心理教育专业委员会常务副理事长陈虹教授。陈教授指出积极语言应当为自己、为他人带来愉快体验和愉快的情绪。接着陈教授给我们分享了做法，如培养孩子的好奇心、积极不一定意味着一味赞美、要让孩子感受到生活中的振奋瞬间、让孩子感受到未来是有希望的等具体的技巧。从陈教授充满幽默的话语和富有感染力的语言中，我们体会到了语言的魅力和他对教育的深情，给我们以深深的启迪。

关于学生评价和学生激励，我们真的存在很多缺失和误区，陈教授的报告为我们点燃了一盏灯。

（1）何为积极的语言？积极的语言并不一定就是赞扬或表扬，而主要是指能够带给孩子积极情绪和正能量的有声的或无声的语言。

（2）积极的语言能带给孩子什么？让孩子感到好玩、有趣；激发孩子的好奇心，引发孩子的思考；让孩子感受到激励和振奋，激励孩子关注生活中美好的东西；让孩子感受到信任，看到希望；让孩子内心平静，有愉悦的体验；让孩子产生感恩、感激和想赞美别人的情绪；让孩子多一些自信和自我肯定，发现自己的优势和潜能。我们的语言是不是积极的语言，可以以此去自我判断。

（3）语言的五个层次。陈教授更是为我们列举了禁说、不说、少说、多说、常说的语言（词语）有哪些，给了我们很强的指导性和实操性。

（4）如何产生积极的语言。陈教授从话要少说（用最少的语言，达到最好的效果，陈教授称之为"语商"）、话要正说（说完后能接"我很高兴"的就属于正说，否则就属于反说）、话要顺说（别老逆着别人的话或情绪来说）、话要会说（注重对孩子做事过程的积极评价）。

（5）什么样的语言组合最有积极的效果？始终批评让孩子感到被惩罚，效果最差，评价分仅有1.5分；先表扬后批评让孩子感到被否定，效果并不好，仅得1.6分；先批评后表扬能带给孩子希望，效果明显好一些，得分超过了5分；始终表扬让孩子感动被支持，得分能达到7分；而先表扬后批评再积极引导效果最好，得分超过8分。所以，我们用什么样的语言与学生沟通真的很重要！

（6）孩子"误"在哪个等级是需要宽容的。有时候孩子的错误只是我们主观的推测，并不一定是真的错误；有时候孩子的"误"是因为根本就不知道是不是"错"，因为我们也没有告诉孩子们；有时候孩子们犯的错误根本就是微不足道的。以上错误，我们几乎不用追究，更不宜小题大做、上纲上线，只需要温和地做出提示即可。有时候孩子是明知故犯，甚至犯了较为严重的错误，此时我们应当高度重视，但也切不可暴跳如雷、鸡飞狗跳。温柔而坚持、和善而坚定更有效果。

（三）杨向红所长《生长教育智慧：案例、叙事与论文》

15日上午，南京市玄武区教科所所长杨向红为学员们做了《生长教育智慧：案例、叙事与论文》的专题报告，指导大家如何从生活中提炼，把问题转化为写作主题，如何打磨文章，提高文章的质量。

　　杨老师循序渐进，由浅入深，结构清晰，案例翔实，指导大家如何从生活中提炼，把问题转化为写作主题，如何从叙事到案例再到论文；通过对文章修改前后的对比，让我们明白如何打磨文章，提高文章的质量。讲座结束后，杨老师仍在不厌其烦地与老师们交流指导如何写作。我感觉在教育叙事、教育案例、论文写作方面有了很大的收获：①写作的内容要有意义性、明确性、创新性、可行性等特征。②教育叙事是基础，在教育叙事的基础上加上自己的观点、点评，就成了教育案例。由众多个教育案例做支撑，得出了一个个的分论点，综合起来就成了一篇论文。③作为一篇论文，最重要的就是谋篇布局、整体架构；在总的论点之下有各个分论点，分论点之间关系有很多种，例如：由小到大、由大到小、由外到内、由内到外、平行结构，等等。④文章的开头，要做到引人入胜、高度凝练，突出问题性、吸引力和张力；文章的结尾要归纳综述、升华主题、给人启示、余音绕梁。

　　案例写作是以记叙为主，兼议论和说明，是以故事明理。写作上是一种归纳思维，一般从具体到抽象。论文写作是以说理为目的，以议论为主，写作上是一种演绎思维，一般从抽象到具体。

（四）洪超教研员《提炼"我"的教育哲学》

　　15日下午，南京市教育科学研究所洪超老师用生动幽默风趣的语言带来一场《提炼"我"的教育哲学》的报告，洪老师首先用一段视频，讲述了150年间，通信方式发生剧变，交通方式发生剧变，但教育却一成不变，引发了人们深深的思考，也认识到改变自己的迫切性。洪老师的讲座充满了哲理，倡导哲思教育，还讲了很引人深思的事例，指导学员们从日常生活、工作、学习中提炼"我"的教育，做"我"自己，成为"独特的这一个"。洪老师讲到，很多人都在盲目地跟着专家的指引。对于为什么要哲思教育，洪老师有自己的见解！什么是教育哲学？洪老师给出了自己的解释：用哲学的观点和方法研究教育基本问题的一门学科。它综合教育学、教育史、心理学及其他教育学科的知识，对教育中的基本问题，用哲学观点给以理论上的阐明。洪老师的报告还指出，跳出问题看问题，跳出学科看学科，跳出学校看学校，课改从"人"开始。为什么要进行研究？就是为了解放，解放教师，解放学生，让我们有尊严，或者享受职业幸福与尊严。

（五）王薇《教师如何开展教育科研》《教育科研的写作与表达》

16日，北京教育科学研究院副研究员王薇老师分别做了《教师如何开展教育科研》和《教育科研的写作与表达》两场专题报告。

王薇老师就教育科研的开展、写作与表达，进行了详细的阐述，娓娓道来，清晰明白，为我们课题开展做了具体详细的指导，使我受益匪浅。

三、交流研讨与汇报展示的收获

14日晚上，六名教师分享了自己的学习思考和心得体会。戚元国校长，富有内涵的校园文化底蕴，让我们折服；崔海霞老师，分享了孩子的成长故事，为我们带来了很多启示；马月亮老师，讲述了自己与女儿的阅读趣事，带我们回味了美好的亲子时光；杨光涛老师，分享了阅读《西游记》的方法、途径和心得，为我们阅读《西游记》提供了新的方案；曲翠莲老师富有激情的讲述，让我们激情澎湃；王俊青老师独特的亚文化视角，从儿童的角度看待班级，让我们对班级管理有了新的认识。老师们的分享和发言，在给我们带来不同感受和体验的同时，也产生了许多共鸣和感慨，这才是学习、讨论该有的模样。

晚上李玉国科长做了激情洋溢的讲话，对述职答辩的意图以及下一步的培训方案和模式做了说明，指出了目前"三名"群体乃至滨州市整个教师群体存在的问题。李科长期望"三名"人选通过培训在原来的基础上有很大的提升和进步，希望把滨州"三名"创出品牌，"三名"人选通过培训能具有大格局、大智慧、大本事，成为社会公认的大先生。此番讲话，我们备受鼓舞，作为教师我们应有自己的主张，向更高一步迈进。

15日晚上，所有人选齐聚钧华厅，分享学习心得。王占松校长勇于担当，善于学习实践，分享了他们学校揭短式评课模式和菜单式选修课模式。郭书国老师分享了自己梳理的真美语文教学主张。张凤英老师分享了自己在幼儿园与小朋友们相处的趣事。李炳军老师行走在教育的田野上，守望田野上的花，守望斜风细雨般的教育。张艳飞老师分享了自己的"致良知"教育主张。刘美老师分享了班主任2组同学们同学情深、互相帮助的故事。我也有幸分享了做为高中班主任的一点思考。每位老师都有自己的特点，也正是值得我学习的闪光点。晚上的交流活动让我认识到了自己的差距，虽然离真正走出舒适区，实现突破还有不少距离，但至少已经找到了方向。正如洪超老师在讲座中所说，"方向比努力更重要"，勤提炼，善总结，多写作，实现自我成长，破茧成蝶。

17日上午的汇报展示环节，由各小组代表做了精彩的分享。滨城区杨柳雪镇明德小学校长以"发展"为题，展现校长的教育智慧。沾化区第二中学乔金国老师以"成长"为题，传递着在读书中成长、在生活中成长的理念。滨州市第一中学张娥老师以"超越"为题，诉说着如何打破自己的瓶颈，不断地突破。滨州实验学校优秀班主任刘友会老师以"课程"为主题，诠释着一名班主任"十年的美好"。沾化区优秀班主任王俊青老师以"文化"为题，折射出小学班主任老师爱学生、爱学校、爱教育的情怀。

七天的学习时光一晃而去，结业仪式上，中国教师研修网张国强处长对本期活动进行总结。他分享了"三名"成长的三部曲：立标、立业、立言。活动的结业发言，着重表达了对"三名"人的期待：聚是一盘棋，散是满天星，无论在哪一所学校，都要负起专业引领之责，请"三名"人谨记。专家的精彩报告，让大家经历了一次头脑的风暴、一场心灵的启迪、一次情感的升华，使"三名"人更加明确了学习的重要性，增强了研修、科研意识，丰富了专业理论知识。

相信在滨州市教育局领导的关怀和支持下，作为第三批"三名"工程人选，我将把握好每次学习和培训机会，积极学习，奋发向上，努力提升专业发展水平，为教育教学做出更大贡献。

读书教研蓄能量，信息技术助成长

2021年10月18日至22日，秋阳正暖，秋意自醇，滨州市第三期"三名"培养工程人选，在滨州市教育局领导的关心和支持下，赴天津进行教科研及教育信息化能力提升培训。五天中，教育专家们七场高质量的"头脑风暴"洗礼让我醍醐灌顶，同学们优秀精彩务实的"读书分享"使我触动颇深，天津市北辰区紫云中学的"学访活动"让我视野开阔，身边学员们精彩的"培训心得分享"使我深受启发，滨州市教育局申立新书记、李玉国科长的谆谆教诲让我立意坚守初心砥砺前行。

一、与时俱进，重教学科研、信息技术——专家讲座收获

本次培训主题是"教科研及教育信息化能力提升"。在五天的时间里，我先后认真聆听、学习了各位教育专家的七场培训讲座，现将学习内容简要总结如下。

（一）陈自鹏《谈教师为何及如何做教科研》

陈自鹏，"天铁"教育系统的优秀教师，是天津市特级教师、正高级教师，他的讲座浓缩了他40年的教育生涯中对教科研的思考。教师为何要做教科研呢？因为教师在教科研中思考、改进、创新、提升、取得学术成就。教师如何做教科研呢？要树立问题意识，要掌握科研方法，要抓好研究过程。陈自鹏教授提到的学做研、"五三四"学校管理模式、"三能"干部、"十论"、"逢九进一"、好的问题的十个特征、评审课题实验报告的"十六问十六看"、文献标注格式都让我受益匪浅。

（二）方海光《人工智能和大数据驱动的精准教学》

方海光，首都师范大学教育学院教授，北京市教育大数据协同创新研究中

心主任，教育部数学教育技术应用与创新研究中心执行主任。他首先于我们分享了"技术促进的课堂变革两个案例"，一是"基于听评课数据分析背景下的学科教学"，二是"大数据驱动下的精准教学与个性学习"。他指出，教学过程的信息分析是教育大数据的基础和条件。大数据驱动的教学，要注意如下步骤：设立目标、采集数据、分析模型、数据分析与展示。他提到的人工智能教育、智慧课堂、教育大数据、人机协同等问题，发人深思。

（三）刘长铭《教育问题漫谈与思想分享》

　　刘长铭，北京金融街润泽学校校长，北京四中原校长，民盟中央教育委员会副主任，中国教育学会高中教育专业委员会主任等职务。刘校长的报告理论与实践相结合，他从互联网时代的学校教育话题开始，谈到信息技术改变教育30多年的回顾，谈到学习方式的改变，指出当前教学面临的最大困难或挑战——学生厌学。我们在教学过程中要创设情境，通过多种形式新颖的教学方式来调动学生的学习兴趣至关重要。指出教学要"有生活"，和生活发生关联，提出开发"线状课程""融合课程"。下半场，他以"曹冲称象"为例，讲述了如何将学习引向"深入"，培养科学精神和创新能力。"双减"之后，应该加什么。减的应该是重复、低效作业，加的应该是丰富的、有价值的探究问题。学生的学习应该是输出推动输入，记忆时，应该是隔一段时间重复一次效果最好，而不应是短时间的重复记忆。对知识的过度解构，是学习低效的原因之一，深度学习应该始于问题发现，终于问题解决。

（四）赵诗辉《"双减"背景下中小学教育教学工作的一些思考》

　　赵诗辉，天津市教育科学研究院课程教学研究中心副主任，天津市综合教研员兼任语文学科教研员。赵老师首先分析了中国的新时代基础教育改革的背景，指出了当前基础教育存在的问题：重视智育，而忽视美育、德育和劳动教育，唯分数，唯评价，价值观被雾化，等等，指出人的教育应该追求精神教育。接着他从"双减"文件出台的具体背景、"双减"背景下学校如何应对、"双减"背景下如何提高教学质量等方面进行分析，资料详尽。当前国际形势，中美冲突持续，中国提出解决问题的中国方案。国家竞争最终是人才竞争，是教育竞争。当前基础教育存在问题，中小学生负担过重，教育内卷趋势严重。改革的最终目标就是培养德智体美劳全面发展的社会主义建设者。赵老师从四个方面对"双减"文件进行了解读，第一，文件就减轻学生过重作业负担提出具体要求；第二，对加强课后服务提出明确要求；第三，针对全面规范校外培训行为提出的具体举措；第四，建立教育良好生态的具体措施。赵老师分析了新时代学校教育教学的工作途径和"双减"背景下教学质量如何提升的问题。

（五）赵福楼《当前教研工作转型与所面临的挑战》

赵福楼，天津市教科院课程中心主任。赵主任讲了三方面的内容：教研工作的定位与历史沿革，天津教研的基本情况，构建新时代教研合作共同体。他强调了教研室（课程教学研究中心）的重要地位以及各级教研员的突出影响、重要作用。他是教研的行家里手，多年来一直引领着天津市教研工作。他还向我们介绍了王口四小的向阳教育。育人目标：向阳体育引领向美劳动，向真学习传达向善待人。四个准度成才：向善待人提升道德上的伦理素质；向阳体育提升身体上的生理素质；向美劳动提升情绪上的心理素质；向真学习提升学业上的技能素质。王口四小向阳教育系列之八大象征物。象征物之所以永恒，在于无私、无争、无语；在于奉献、尽贵、良知；在于向阳、向上、向善。王口四小向阳教育系列之十二个"小与大"。我与小树共成长，我运动我阳光，我劳动我快乐，我学习我充实，我建康我幸福，我成长我尽责。赵主任指出，教科研一体化，是必然的选择也是重要的发展趋势。这就需要两个方面的彼此融入：一是教研员要增强科研意识，实现从经验型教研向科研型教研的转化，而且应该具有跨学科和多学科融入的意识；二是科研人员要下沉到学校、学科、课堂，重视教育教学的现场研究，与教研工作无缝对接。

（六）高淑印《中小学教师信息技术应用能力提升工程2.0解读》

高淑印，天津市教科院信息技术教研员。高淑印老师给我们解读了中小学教师信息技术应用能力提升工程2.0政策。通过学习，我们了解了为什么提升，提升什么，以及怎样提升2.0工程的问题。为什么实施2.0工程？①教育信息化与时代发展同频共振；②教育信息化从1.0进入2.0；③信息技术应用能力提升工程。提升什么？——2.0提升工程的目标任务：四个层面九项举措。一是围绕整校推进：开展学校管理团队信息化领导力培训，围绕学校信息化教学创新推动教师研训；二是促进均衡发展：实施创新培训平台往区三州对口帮扶项目，推进中西部地区"双师教学"模式培训改革；三是引领发展方向：促进教师跨学科教学能力提升，加强智能化教育领航名校长名师培养；四是升级服务体系：

提升培训团队信息技术应用指导能力，创新信息素养培训资源建设机制，构建成果导向、全程监测评价体系。怎么提升？一是整校推进的目标任务；二是校本研修的实施路径；三是校本应用的考核规范；四是微能力点的选择建议。高老师的讲解深入浅出，细致入微，帮助我们了解技术应用能力提升工程2.0的愿景与路径，了解了项目提升工程2.0的目标任务和主要举措，领会了信息技术与学科融合创新的新要求，为有效组织学校教师开展信息技术应用培训、进而全面提升我们一线教师信息技术应用水平奠定了坚实的基础。

（七）马涛《学科核心素养下课堂中的信息化实施》

马涛，北京市海淀区教科院教育信息技术研究中心主任，北京市特级教师、正高级教师。马教授以未来与现在生活、教育变化等话题引发我们深入思考。网络信息化不仅给我们的生活带来了翻天覆地的变化，同时也辐射至教育行业。那么为了适应未来社会生活和教育我们该需要改变什么。马教授分别从三大方面展开解说：一是信息技术支持教学的课堂演变，二是信息技术支持教学的个体关注，三是信息技术支持教学的内容。马涛教授从生活、教学案例阐释了素养不是背诵得到的，是在不断体验、经历中内化的。让老师们明确新时代信息化背景下对教育工作者提出的新要求。听了马涛教授的讲座，老师们深深地感受到"未来已来"。作为教师，面对席卷而来的未来浪潮，大家都有一种紧迫感，只有以变革的姿态迎接未来，才能给课堂带来变革。

二、踏实务本，读教学之书、实践之书——读书分享感悟

2021年10月21日晚上，"三名"学员齐聚一堂，进行了读书汇报交流活动。高中组张艳飞老师，初中一组何本青老师，初中二组黄东元老师，小学一组王延星老师，小学二组李向伟老师、马元芙老师，学前教育组孙伟老师分别发言，与大家分享了读书的心得收获。发言的老师精心准备，或结合自己班主任工作，或结合自己的教学经历，或结合自己的团队读书活动，发言内容丰富而充实，理论联系实践，让大家受益颇深。最后李玉国科长肯定了大家的读书成效，鼓励大家在读书、实践中扎实成长。

三、更新观念，育全面发展、健康成长——学访紫云中学

2021年10月22日上午，我们高中组乘车到滨海新区紫云中学。甫一入校，

学校大屏幕上"热烈欢迎滨州市第三期三名工程培养人选学访团"映入眼帘，令我们倍感温暖。校长先向我们简单介绍了学校情况。我们第一项是学访艺术楼、科技楼、书画楼，看到了异彩纷呈的社团活动教室、实验室、通用技术室、心理室、创客教室等。第二项是参观40分钟大课间操（跑操、眼保健操、广播体操、广场舞），如此大容量、高质量的课间操设置令我敬佩。第三项是去高二11班听了一节语文课《议论文的思路布局》，胸怀万千丘壑，心有繁花似锦，学生参与度高，教师指导到位，教学效果很好。学校顶层设计，全面育人、健康快乐发展，让我们深受触动。

四、立德树人，要牢记使命、砥砺奋进——团队激励感触

2021年10月18日下午，在开班仪式上，滨州市教育局申立新书记致辞。申书记指出，"三名"培训自2013年启动至今，已是第三期，滨州市教育局对此项工作持续用力、擦亮品牌。要求各位学员潜心学习、努力思考，学习、反思、提升，摆正位置，转变角色，提升教科研能力和信息技术运用能力，以高度的责任感、使命感做好此次培训学习。2021年10月22日上午，"三名"小伙伴们早早地来到报告厅，礼堂里气氛热烈，暖意融融，第三期"三名"天津培训总结会早上8点准时开始。上午的议程主要有两项内容，首先由各组学员代表发言，分享五天来的收获和反思。从老师们热情洋溢的笑容，铿锵有力的话语可以看出，这短短的五天培训，对于每一名"三名"人而言，既是一次头脑的风暴，又是一次满载而归的旅程。教书育人，任重道远，在教师专业成长的这条大路上，从来没有终点站，我们的目标永远是向前，向前，向前！第二项是滨州市教育局李玉国科长做总结发言。作为我们"三名"团队的领路人，李科长在繁忙的工作之余亲赴天津，李科长还是一如既往的儒雅和从容，他在发言中指出：第一，我们每一名教师，要准确把握当前的教育现状和未来的教育发展方向，认真研读顶层设计的文件政策，转变观念，及时调整自己的班级管理及学校管理工作思路，我们既要埋头走路，又要抬头看天，向优秀学校学习，静下心来教学，静下心来办学；第二，"三名"教师要充分认识到自己身上所肩负的职责、任务和使命，做"有理想信念、有道德情操、有扎实学识、有仁爱之心"的"四有"好老师；第三，"三名"教师要定好自己下一步的努力方向，将学到的先进理念和知识带回学校，充分发挥自己的辐射带动作用，只有

抱团前行才能走得更远！

　　五天的天津培训虽然结束了，但是学习的热情依旧继续延续在我们的心中。今天，教育正处于深刻变革和调整中，时代为每名教师提供了成长自我的学习平台和实现自我的广阔舞台。"三名"培训已经发展了近10年，在培训体系和实践经验方面积累了大量富有成效的经验，期待我们每个人在"三名"这个学习共同体中，扎实学习教育理论，勇于践行教育观念，做一个真正的教育人，做一个平凡但不平庸的人，在为实现高质量教育而努力的过程中书写自己的人生价值。"三名"人，继续努力，持续前进！

读写历练促成长，专业领航向卓越

在滨州市教育局准确研判、妥善安排下，滨州市第三期"三名"培养工程名教师人选暑假研修于2022年8月14日至18日在烟台顺利举行。研修期间，我用心聆听各位教育教学专家的每一场精彩报告，观摩学习烟台两所名校教改成果，倾听两位名校长讲述先进教育教学理念，与同伴们互学互助、交流分享，收获了很多宝贵的教育教学经验。

一、"双新"背景下的名师成长路径

上海市特级教师、正高级教师、浦东教育发展研究院教研员、上海市教师学研究会副会长、全国优秀名师工作室主持人王友教授为我们带来《"双新"背景下的名师成长路径》专题报告。王教授以生动的自身成长案例向我们展示了一位特级教师专业发展的路径。王教授的这些思想让人铭记在心：名师要深度觉醒，为国育人，要成为名师，先要做一个明师；名师要有自己清晰的发展方向、明确的育人意识，要让自己诗意而理性地成长；名师要读写双修，历练提升，要在专业阅读中发现教学本真，在专业写作中提升教学素养，在读写中走向专业化成长；名师要明晰学科，专业领航，要做学科的明白人，要聚焦课标，研究教法，要聚焦素养，研究学法；名师要引领团队，走向卓越，要做团队行动的引领者，做素养提升的推动者，做走向卓越的示范者。

二、学科教学中的道德教育——基于案例的分析

上海市教育科学研究院专职教研员、上海市学生德育发展中心德育研究员程宝伟教授与大家分享了《学科教学中的道德教育——基于案例的分析》。程教授用具体的案例和激情飞扬的讲演，吸引了我们，感染了我们，

激励了我们。最后，程教授用凝练的语言提出了学科教学中进行道德教育的六大路径：利用教材固有的思想内容影响学生；注意教材暗含的价值取向对学生的影响；以健全的课程价值观影响学生；确保学与教的方式、方法的社会性；教师在课堂生活中发挥道德表率作用；营造具有道德感染力的课堂生活气氛。

三、整体认知：深度学习视角下的单元学习设计

华东师范大学教授、博士生导师，教育部基础教育课程教材发展中心特聘专家朱伟强教授做了《整体认知：深度学习视角下的单元学习设计》的报告。朱伟强教授通过深度学习发展历程的解读，深度学习与虚假学习、浅层学习的比较，让我们对深度学习有了深刻认识。从课程标准到教学目标，老师要学会目标的分解与叙写。在这样的目标下，也倒逼新教学模型必须是素养本位的"大"单元教学。教师要将多个课时合在一起，结构化思考、操作，每个单元都应有一个"骨架"统摄单元学习活动。

四、如何凝练教育理念和成果

南京市玄武区教科所杨向红所长，给我们带来了《如何凝练教育理念和成果》的专题报告。回顾近三年的成长，我们第三期"三名"人在专家引领下，在教学实践、送教帮扶、读书学习、课题研究等方面发展、提升，一路耕耘，一路成长，一路收获。三年的名师成长之路，即将画上句号。三年来我们有了怎样的理念，形成了什么样的主张，如何凝练我们的教育教学理念和主张？杨所长的专题报告再次启发大家深入思考。杨所长首先出示了《左转·襄公二十年》所载"太上有立德，其次有立功，其次有立言"的内容，通过生动的案例诠释了"立德、立功、立言"于教育者之义。杨所长关于教学主张提炼的三个视角为老师们提炼教学主张提供了抓手，对名师教育教学思想形成过程的阐述和案例论述深入浅出，实操指导性很强。

杨向红所长在讲到学校文化的构建时，指出学校文化的形成有三个视角，即文化引领、专业引领、行动引领；指出学校文化特色的生成路径，即理念生发、校长思想、名师主张、校园一景、校名引申、地域特质、传承孵化、专家引领等。讲到名师教育教学思想的形成时，杨所长通过一系列案例指出，理念

的形成是由经验型思考到分析型思考再到策略型思考的一个实践、反思的过程。在教改成果的提炼方面，杨所长指出教改成果应从学科教学改革、学科质量评价、学科课程建设、技术与教学的融合四个方面获得，教改成果是教育理念指挥实践探索催生成果形成的过程。何谓名师？杨所长指出：名师要有引导力，是学生成长的引路人，是教师发展的引领者，有前瞻的发展视野；要有道德力，有浓厚的家国情怀，有坚定的教育信念，有悲悯的生本意识；要有研究力，有开放的心智模式，有广博的文化积淀，有精专的学科素养。杨所长还从教育理念、实践探索、成果形式等方面对教改成果做了解读。

"纸上得来终觉浅，绝知此事要躬行。"在专家的引领下，我们要躬身实践，凝练教学思想与教学智慧，享受专业成长过程，带动更多人践行教育使命。

五、博学约礼与自由飞翔

在烟台，我们实地访问、学习了两所很有特色的学校：烟台祥和中学、烟台芝罘区潇翔小学。

以"博学、约礼、拓新、善和"为理念，以"琴、棋、书、画"传统国学营造校园文化的烟台祥和中学，处处盈溢着典雅端丽的传统文化之美。学校不大，朴实无华，周边都是居民区，孩子们完全可以就近入学，安全便利。学校走廊文化的表彰栏丰富多彩，如优秀值日生、优秀师生组合、优秀团队等，充分彰显师生闪光点，让孩子因特长而阳光，因特长而充满希望。王兴金校长的报告也指向了"基于核心素养的课堂教学"。烟台学习中，从高屋建瓴的专家理论指导，到名校长名师的课堂教学实践，大单元深度教学理念深入我们心中。

烟台芝罘区潇翔小学始建于1990年，学校面积不大，但处处精致。学校以"自然生长，自由飞翔"为办学特色，以"我要飞得更高"为校训，以"人人潇翔"为发展理念，以"办属于孩子的学校"为发展目标，设有弘扬中华传统文化的非遗传承泥塑馆、中医药文化馆。学校一切工作致力于引导学生全面发展、主动发展和个性发展，培养有根的中国人。曹瑞敏校长为我们做了"用专业阅读修炼自己的精神容颜"的讲座。她从三个维度阐释了阅读的重要性，指出名教师的专业成长离不开专业阅读，让我深切感受到阅读之于教师的重量。

名师之名在于领航，在于道德，在于专业，在于大爱。心向往之，行则将至。此次研修培训虽然结束了，但这也是大家飞得更高的新起点。我们要不忘初心，牢记使命，怀揣梦想，砥砺前行，在滨州教育的沃土上勤奋耕耘，为推动教育发展做出更大的贡献！

第 五 章

教育·随笔

课堂教学高效之途径

——改革、磨课、亮点

　　课堂教学高效，是教师的追求。如何让学生在课堂高效地学习，让无数老师费心思考、潜心以求。我结合曾执教过的一节高三复习课，谈一下个人的思考。

一、教师应有"改革"意识，在教学观念上革故鼎新

　　"忽如一夜春风来，千树万树梨花开"，这两句诗是诗人岑参用以描写边塞大雪带给人的惊喜之情的，以春景写冬景，非常巧妙。不用诗人本意，以春天梨花盛开、繁花满树的美景来形容师生在课堂上的精彩展现也很恰切。《回到教育的原点看"高效课堂"》一文，曾对泰安市省庄二中这样评价："省庄二中的课堂教学改革才刚刚开始！她像一个呱呱坠地的婴儿，刚刚发出了第一声让人心醉的啼声！"教师在教学理念上不应拘泥程式，因循守旧；要善于学习，更新理念。近期，长山中学增效课堂教学改革也在扎实推进，开展得有声有色。老师们能积极学习新理念，在课堂上勇于改革，精心备好、上好每一节课，用心血和行动打造着高效课堂。

二、教师应有"磨课"意识，在课前准备上精益求精

　　在"增效课堂"教学达标活动中，我执教了一节高三语文专题复习课——成语复习。韩愈《师说》中言道，"师者，所以传道受业解惑也"。备课时，我不断告诫自己：对待教学，必须充满敬畏精神；敬业爱岗、精心钻研、勤于反思。基于此，我认真学习增效课堂新理念，并内化为教学思想，指导课堂教

学。课堂高效，决定于教师课前精益求精的准备。对专题内容认真分析后，我设计了预习学案，加大预习力度，为课堂重难点突破奠定基础；设计课堂导学学案，注重学生课堂参与度和思维深度。

三、教师应有"亮点"意识，在调动学生兴趣上下功夫

认真学习增效课堂理念后，我豁然明白："提高学习兴趣，让课堂有些色彩"是让课堂增效的触发点！只有学生的学习兴趣被激发起来，课堂教学才会有效进行，课堂才有可能谈得上高效！成语复习专题，本身知识量大且枯燥。为了提高兴趣，让学生展现精彩，我设计了以下活动环节："课前积累"，背写听读，生生互动；"我爱背成语"，爱就去行动；"学方法"，小先生讲课；"小作文"，谈热点、用成语、展文采。

当然，这节课还有许多不足，在教学理念、问题生成、思维展现等方面还需改进；距离期望的"学生自己主宰的课堂""公民课堂"尚有很大差距。我以后要加强学习和反思，进一步提高专业素养和语文课堂教学水平。

增效课堂教学大赛早已经落下帷幕，但很多老师浸透着努力和才华的课仍然印在我们脑海中，对我们下一步的课堂教学有启示作用。如果我们都能以虚心学习的心态，树立起"改革""磨课""亮点"意识，向优秀教师学习、向教学新理念学习，以勤于钻研、执着追求的信念为打造高效课堂而努力，我们就一定会取得更大进步！

（邹平市长山中学公开课"高考成语专题复习"执教感言）

铁山精神，名校气韵

一水护园将绿绕，田野葱翠送青来。地处乡镇的长山高中，南依小河，西接田园，交通便利之余，含蕴着丝丝清新与幽雅。上学时期，这里是我求知的殿堂；如今，工作在长中，这里是我生命的家园，是我生活的快乐之乡。

长山高中有着悠久而辉煌的历史。从民国初年建校，到奋起御侮的抗日战争年代，到生产建设的和平年代，到改革创新的当今时代，学校校史97载。近百年历史岁月中，学校经历过多次考验，在惊涛骇浪中稳重前行。历经百年沧桑巨变，"民族魂"英雄群雕传承的英勇奋斗精神没变，爱国主义教育基地延续的忠诚报国之志没变。百年名校，与时俱进，社会听得见，百姓看得见，百年长中之精神历代传承从未改变！那就是：承传铁山爱国情，为民族腾飞奋斗不息！

奋斗的足迹写满校史。抗日战争年代，面对日寇侵袭，长中是齐鲁大地上巍然屹立的一面用热血染红的旗！义举黑铁山，激战小清河，以老校长马耀南为核心的长中师生奋起御敌、痛击日寇。老校长为国英勇捐躯，长中师生血染鲁中大地。老一辈长中人用鲜血铸就了长中的光荣，共和国历史郑重记下了长中的英名。含泪祭英雄，人民敬长中！

和平建设年代，在山东省委省政府关怀下，长中复建。长中教师以培育祖国人才为己任，教书育人成效显著。无数毕业生奔赴各地，成为建设祖国建设家乡的栋梁与柱石；一大批学子学成硕士、博士，工作在科研前线，埋头努力，继续践行着长中人奋进的宗旨。

奋进也是今日长中的主旋律。在国强民富的新时期，长中教育快速发展。这受益于政府百姓的尊师重教、崇文明礼，也源于长中精神的传承弘扬。如今的长中树木苍翠、校园幽雅，文化氛围浓厚，教学理念先进。百年名校尽显丰厚底蕴，今日长中再展勃勃英姿。素质教育花开长中，硕果累累香飘天地。为民族腾飞而奋斗的精神是长中发展不竭动力之源！

　　铃儿响叮当，好花采得瓶供养，伴我书声琴韵，共渡好时光。长中学子勤奋求学，沉醉于知识殿堂。师生笑迎暖暖春风，长中处处欢歌笑语。教师乐教、学生乐学、教学相长、师生和谐。阳光下的长中家园，师生的快乐之乡。长中再建新功业，师生携手谱华章。

　　人非草木，孰能无情。求学三年，工作九年，在您九十七年的校史中，我跟随您走过了十二年。家，是心灵的港湾，是灵魂的栖息地。没有人不爱自己的家，长中就是我成长的家园，是我幸福的源泉。我热爱自己的家园，我愿和所有致力于教育事业的长中同事们一起努力，用勤奋、青春、奉献为百年名校谱就新的篇章、赢取新的荣誉！

（发表于《今日邹平》）

爱与责任，师德之魂

各位领导、老师们：

大家好！今天能在此和大家交流"师德"这个庄重的话题，我感到非常荣幸！我演讲的题目是《爱与责任，师德之魂》。

有一种人生最美丽多姿，那是教师；

有一种情怀最博大宽广，那是爱心；

有一种信念最坚定永恒，那是责任！

爱心润育教师之德，责任铸就教师之魂！

俗话说，"真水无香，真爱无言"。师德，不是简单的说教，而是一种精神与责任的体现。它不需要在轰轰烈烈中展示，而是要在平凡、普通、细微甚至琐碎中体现它的内涵。从教9年来，在平凡的工作中，我始终执着地探索着"师德"的深刻内涵，思考着"爱心""责任"的真正含义。

2005年、2006年、2007年，我送毕业班，连续三年给特长班当班主任。那时，我对爱心和责任的理解就是让班里更多的学生考上本科！不让学生的汗水白流，不让学生的升学梦破碎，不让学生家长的心血付诸东流！当毕业班班主任的感觉是紧张、忙碌、有压力，和学生的交往非常密切。外出专业高考期间，学生每天的日程都很紧张，背着一个大画包，提着工具箱，转战于潍坊、青岛、济南等各大考点。记得2005年，班里有个叫张宁的学生，有一次他白天在青岛考试，晚上要坐火车赶回潍坊，参加第二天的考试。学生坐上火车了，我突然很担心：不经常出远门的学生，一个人晚上坐火车，会不会不安全？于是，我和他一路上保持着联系。半夜时，我不放心又给他发短信。这次，学生打了电话过来，我听见他笑着对我说："老师，您别担心了，我马上就到您的宿舍门口了！"那一刻，我也笑了，我感到心中如释重负，我也从心底体会到关心学生获得的快乐！

然后，我就又送了2009年、2010年、2011年这3届毕业班。时光荏苒，这3年，教育形势也发生了明显的变化，素质教育、新课改雷厉风行地在山东大地全面推开！我还给特长班上课，但我更多地接触到了只学文化课的学生。还记得2009年，我带一个学籍人数106人的超级大班时，班里有个叫宋波的学生对我说过的话："老师，您不用管我们，我们不是学习的料。不过，您放心，我们绝不会给您惹事！"后来每次想起这句话，我都感到心中隐隐作痛！是啊，这就是我们的学生！他们不是重点高中的好学生，他们也不同于学了专业的有希望考本科的学生。他们基础差、并且对学习无所谓！我该怎么办？我于是换位思考，假如我就是这些孩子，假如这些孩子是我的孩子！想到这些，我下决心努力打造"高效课堂"！让知识本身来吸引学生，让更多的孩子喜欢学习，让这些孩子也能在课堂上找到学习的乐趣和自信！我把这确定为新形势下我对"师德"的理解！于是，无论自习还是课外活动时间，我主动去找学生拉家常，鼓励他们继续求学；为了讲出满意的语文课，我查询资料、精心备课，经常不知不觉熬至深夜。我认为，这是我对学校、对工作、对学生应尽的责任！

9年过去了，我对"师德"有了深切的体会。正如教育部长周济所说，"爱心与责任，是师德的灵魂"！教师要甘做一架人梯，让一个又一个学生从他肩头走过。授业释疑，语化春风，言传身教，频吐丹心。不怕烛熄丝尽，只期花红果硕！最后用一副对联结束我的演讲：

言传身教，衣带渐宽终不悔；鞠躬尽瘁，一腔热血洒杏坛！

谢谢大家！

（邹平市长山中学师德演讲比赛演讲稿）

邹平①赋

齐鲁故郡，梁邹名邑。人文薮泽②，俊彦满堂。叠泰沂黄泛之饫沃，依长白麓南之丰茂。西接泉城之灵秀，东邻齐都之泱风③。三河④厚乳，哺七十万儿女。渤海清风，抚千万余润土。斯地也，春则喜雨润物，冬则瑞雪丰年。斯人也，古则群贤辈出，今则新秀思齐。乾恒动，自强不息之勇跃经济百强⑤；坤包容，厚德载物之荣揽幸福之城⑥。

察浩瀚青史，史事斓沧；数风流雅俊，俊采星驰。邹侯国地，西汉置县；九⑦经分合，建国始定。齐之巨擘，於陵中子；不入污君之朝，不食乱世之食。"至矣於陵，养气浩然；蔑彼结驷，甘此灌园"。⑧孔门后裔，伏生藏书；系生命于危难之间，救《尚书》于焚书之难。"汉无伏生，则《尚书》不

---

① 邹平，地处鲁中泰沂山区与鲁北黄泛平原的叠交地带。

② 薮（sǒu）泽：本义是湖泽的通称或指水少而草木茂盛的湖泽，常用来形容草木聚集之处。或人、物聚集的地方。如《书•武成》中"为天下逋逃主，萃渊薮"中所指。

③ 泉城：指济南。因济南有七十二泉而得名。齐都：指淄博，淄博为齐国古都。

④ 三河：黄河、小清河、孝妇河。邹平县人口725266人，行政面积1251.75平方公里。

⑤ 邹平连续八年入围全国县域经济百强，2011年名列第十五位。

⑥ 邹平县荣获2009年度中国十大最具幸福感城市之一。

⑦ 九：数词。指多次。

⑧ 陈仲子：亦称於陵中子等，於陵是今邹平县长山镇的古称。陈仲子是战国时齐国著名的思想家、隐士。因见其兄食禄万钟，以为不义，故避兄离母，又先后坚辞不受齐国大夫、楚国国相等职，先迁居於陵，后隐居长白山中，终日为人灌园，以示"不入污君之朝，不食乱世之食"，最终饥饿而死。著名诗人陶渊明有诗赞曰："至矣於陵，养气浩然。蔑彼结驷，甘此灌园。"齐宣王时，孟子来齐，曾高度评价其为"齐之巨擘"。

传；传而无伏生，亦不明其义。"[1]传星星圣火，燎儒术之原，伏生之功也！《九章算术》，刘徽之作。"割圆术"蕴极限思想，"圆周率"挺炎黄傲骨，"重差术"立千秋之誉，"求徽数"播梁邹之韵！隋末王薄，义举美传。长稍恨，恨百姓徭役之苦；轮刀耀，耀炀帝腐败之殇。擎灭隋之旗，开初唐之盛。柯古[2]善文，博闻强识，仙佛人鬼，弥不毕载。道听途说幻化凶灵异怪，八卦锁闻演绎人间魑魅。《酉阳杂俎》志怪小说之翘楚耳！范公仲淹，一世之师。二岁而孤，家贫无依；寄身于长山朱氏，苦学于醴泉陋寺。少有大志，以天下为己任；刚正不阿，陷谗言而自励。"居庙堂之高则忧其民，处江湖之远则忧其君。"是故，"先天下之忧而忧，后天下之乐而乐！"斯圣贤之辈，众人皆归！於陵志士马耀南[3]，聚义于国难当头，殉身于抗倭壮举。近代硕儒梁漱溟，划定邹平一方，励志乡村建设。前可见古人，星光璀璨；后可见来者，群英堂堂。贤集之地，人文邹平，伟哉！

鹤伴山麓，天赋其秀。幽谷鹤鸣，山因青而幽；九潭积翠，水随律而动。白云山系，氤氲[4]清香。鬼斧神工，聚天地阴阳之气；风雕玉琢，领山川钟灵之秀。唐李古庵，小刹秀景，佛院禅钟，涤尽尘世纷扰；范公名祠，绿树青墙，诗书典籍，厚传忧乐情怀。黄山迤逦，郁树葱葱，高低映秀，疑似明珠散落；黛湖玉绕，芳草萋萋，匝路亭艳，轻揽碧水萦回。素鸽浅翔，依山而歇；彩鱼嬉游，闻人而迎。可运太极，揽天地阴阳之气；可听鸟语，穷万物天籁之

---

① 伏生：孔门弟子后裔。公元前213年，秦始皇焚书坑儒时，伏生冒着生命危险，暗将述录唐尧、虞舜、夏、商、周史典的《尚书》藏在墙壁之夹层内，由此逃避焚烧之难。秦亡汉立，儒家学派逐渐复兴，伏生胸藏《尚书》整理记录下来，补叙出所失篇章，才使《尚书》得以完整流传。后人评伏生传书之功曰："汉无伏生，则《尚书》不传；传而无伏生，亦不明其义。"

② 唐段成式，字柯古，著有《酉阳杂俎》一书。

③ 马耀南（1902—1939），名方晟，字耀南。著名抗日烈士。1902年生，原山东省长山县人。1938年10月加入中国共产党，八路军山东纵队第三支队司令员。马耀南1933年回乡担任长山中学校长，秉持教育救国的理念。卢沟桥事变爆发后，在黑铁山聚义，带领长山中学师生投入抗战，不幸遭遇日寇埋伏壮烈牺牲，现长山中学有马耀南纪念馆，成为爱国主义教育的基地。

④ 氤氲（yīn yūn）：烟气、烟云弥漫的样子；气或光混合动荡的样子。引自《周易》："天地氤氲，万物化淳。"

音。登高望远，迎旭日东升；携亲聚友，送夕阳西下。宜居之地，山水邹平，美哉！

古丁公遗址，前推八百年文字①；今梨花雨剧②，颂红烛黑鬓积霜。胶济铁路，喜四方商贾；济青高速，集八方荟萃。山北繁盛，遍地锦绣；城南新颜，颇见峥嵘。高楼绿绕，周道如砥；商铺云集，鳞次栉比。政通人和，凝心聚智；集市攒动，物丰贸顺。魏桥轻纺可堪民脊，西王糖都蜚声名扬。齐星铁塔，乘热电之风高步云衢；绿芳农业，驾科技之马奋蹄扬鞭。诗曰："几年政绩远相闻，采得民谣报使君。"③古有天子贤君赞长山，山药④齿存留余香，近得柱国领袖访邹平⑤，所赖群贤共奋进。"以城带乡乡兴旺，以工哺农农繁荣"⑥。邹平水杏、好生花卉、九户甜椒、台子香椿，物产阜盛，不胜枚举。尝一分农家真味，酌一口范公琼浆⑦。"感政策归心开富路，听万家老少乐悠悠"。⑧兴业之地，富强邹平，盛哉！

俯首囷满仓盈，放眼百业昌隆。日月为我邹平昭万民之安，风霆为我邹平谋发展之福。假以时日，试看明日梁邹，定当舒天朝晖，创万古风流！

辛卯年仲秋
山东

2011年9月曲立强、张月共同创作，参加了邹平举办的《邹平赋》征集活动。曲立强，时为邹平市长山中学语文教师；张月，时为广州美院硕士研究生。

---

① 1991年，邹平境内发现属龙山文化的丁公遗址，把中国文字史向前推进了八百年。

② 邹平县吕剧团排演的《梨花雨》是根据全国民族团结进步模范个人、阳信县刘庙回民中学汉族教师菅新刚的感人事迹创作而成的。菅新刚为民族教育事业呕心沥血、无私奉献，最终献身五尺讲台。吕剧《梨花雨》获"泰山文艺奖"。

③ 引自《曲江池》楔子，元代石德玉作。

④ 长山山药原为贡品。

⑤ 2009年10月胡锦涛总书记访问邹平，后温家宝总理再次访问邹平。

⑥ 引自《济南赋》，吴泽浩作。

⑦ 范公酒，产自邹平，因范仲淹而得名。

⑧ 选自《七律·农家乐》，邓柔刚作。

回忆三年

——致曾经的13班岁月

子在川上曰：逝者如斯夫，不舍昼夜。光阴似水，岁月流金。2011级学生高考结束已经三周，昨天学生来校填报了本科志愿。自2001年9月来到长山中学参加工作至今，我已工作13年，送过7届毕业班，当过10年班主任。以前学生毕业，自己没有写过什么；现在却有想写、想回忆点什么的冲动。看来，我开始变老，因为回忆是变老的表现啊。

众所周知，2011级是学校生源素质较好的一级。2011年夏秋之交，我是怀着憧憬、期盼、高兴、喜欢的心情接手新班的，而这种最初的期盼、喜欢之情也贯穿了三年始末。尽管忙忙碌碌、时间飞逝，但因为喜爱，所以喜爱；因为愿意，所以始终愿意。从2011年迎接这些学生进入校园，到2014年把这些学生送出校园，三年的美好时光——高一上学期的12班，高一下学期和高二一整年的13班，高三一年的13班，如同三幕剧重现眼前。

高一上学期的班

开学前的忙碌、新生报到、军训、精心准备第一次班会、第一次运动会……还有那未传上班级群的期末考试前录像，这些属于那时的高一12班。这时期属于回忆的"春天"吧，温馨更多一些。短短半年，但好多学生让我记忆深刻。堪称"学霸"、成绩骄人的魏军瑶，原来在宿舍是不叠被子的啊。牛云帅，大家亲切称为"老牛"，文科那么好，好得让人忘记了他的体育好。快人快语、入学成绩超级好后来不好、看似文静其实不太文静的曲文杰同学，同样入学成绩超好后来一蹶不振的李鹏飞同学，这两个孩子我在班里扬言要改变他们，提升成绩，可结果证明，唉！鹏飞，还曾是我的班长呢。还有身体超级好的郭振超，幽默。还有尹钰梅，跳高跳远，一鸣惊人。还有王春月的出色表现，最先是体委，然后在演讲比赛中，展现了优异才华。还有副班长王静，还有重感情有点冲动的刘艺，还有成绩好高三成绩更好的营鲁强……优秀人才是不胜枚举了，难以一一赘述。记得在这半年后离开的有两个男生：一是尹欣荣，一是孙跃，都很懂事；还有转学走了的赵铭扬、宋彦杰、王壮壮，三年中一直有联系。宋彦杰离开班级时，向同学们、老师深深鞠了一躬，说最困难的时候是长山中学收留了他，这个场景我现在还记得。然后，善背文言文的李镇镇，善画画的张亚男、王怀凤、崔焱一、王雅迪、刘悦等，还有对美术感兴趣的其他同学，和B部其他优秀学子，加上我，在2012年的3月，组成了一支新的力量：美术班——高一13班。

高一下学期、高二一整年的班

这一年半的时间，三个学期，发生了太多的故事。花开花谢，花谢花开，有的人来了，有的人走了，大故事不多，小故事不少。这时期属于回忆中的"花季雨季"吧，有时花开灿烂，当然也有时刮风，有时下雨。

组班之初留给我印象最深的一个名字是"李备"。李备不是刘备。刚进教室，一个学生兴冲冲地问我："李备是不是分到咱班了？"李备？我下午刚见过他，这个小孩刚从专修学院转过来的。看到这个小女生兴奋的表情，我有些迷惑。李备这小子，这么有人缘？后来，两年半的事实证明，李备这孩子，确实有人缘，有点小影响力。但是，李备在我的教导下，为班级做了好多贡献，担任了劳动委员，学习也很有进步，我们是成功的。刚组建的班，人气很旺，思想处于"百花齐放，百家争鸣"状态。有的学生打了退堂鼓，走了；后来，有的学生从别的班调进，如：郭金康、李冬雪、陈东昊；还有来了又离开的李新鲁，"顺"永帅等。顺子最终在高三年后选择离开，他在短信中说，在13班待过这么长时间，就永远把自己当作13班的一员。祝福他在自己选的路上走出成功人生。王春月，因为一直想学播音专业，我也无法挽留，开学不久后离开了这个班。还有学习成绩很好、学了理科的李天，坚持走了的靳小雨，因身体不太好离开学校的王敏，还有缘分来了又去的刘悦，还有直到高二下学期结束时，无法外出学习，离开的段光杰、李慧敏，以及调到其他班的曲文杰、李鹏飞、王浩、明月琦、李丹丹、田熙等。岁月流转，好多学生从这个班走过。现在写来，是一串的人名；可每个人名后面，都是一些交流、经历、思想碰撞、内心抉择，作为班主任，多少次交谈，多少次苦痛，多少次欢笑，随着时间流逝，往事似书页可一页页翻回到从前。学生们终归会长大，我们在他们身边曾陪伴走过，走的过程凝固成美好记忆。

一年半，不只是雨，也有鲜花、阳光。在学校，在这个稳定的小集体中，三四十个稳定的小分子们充分了解，相互熟悉直至不能再熟悉。遵循着早起早睡的良好作息习惯，该学习学习，该画画画画，该吃饭吃饭，同学们都在阳光的照射下茁壮成长。一年半下来，平静、温馨又充实，这也得益于为班级做出贡献的班委们吧：好学、实干、忠厚的李镇镇，聪明、明理的王怀凤，爱学、细心的张亚男，越来越稳重、越来越温和的李备，豪情壮志、声音高亢的"小边"——宝琳，认认真真充饭卡的陈业强，超级男声李振飞，帅气而又好学的耿子璇。然后，从2013年7月美术外出学习开始，我们共同踏进了最后一年拼搏的时光隧道——高三。

高三一整年的班

从2013暑假开始，整个上半年加年后考试近8个月，学生在亲人、老师的期望中，在不小的压力下，一天天、一月月，辛苦而又执着地进行美术训练。美术生，好多日子是半夜时还在探索、坚持、付出。校考结束后，又是艰苦的考前文化课100天冲刺。站在今天，回顾高三岁月，为学生的辛苦与顽强拼搏精神而赞叹！苦、累、成长，这时期属于回忆中的"秋季冬季"吧，既有艰辛的耕耘、收获的快乐，更多的是"衣带渐宽终不悔，为伊消得人憔悴"的坚守与拼搏！

高三上半年，学生训练很紧张。作为班主任，经常去训练点检查、督促。经过了多次各训练点统一检测后，学生于2014年1月12日一同会集到滨州参加了全省美术统考。1月23日公布了成绩。王怀凤最高，266分多。张亚男、陈业强、崔焱一256分多。因为合格线是185分，比去年提高了5分，有几个同学没有取得统考本科合格证，他们都离合格线差一点点，甚至是零点几分，令人遗憾。最意外的是耿子璇的成绩，因为他的素描分数实在是给得太低了，令人难以置信。我给他的专业教师打电话，他的老师也表示惊讶。后来费了很多力，他的家长有一个在山东省电视台的也很关心，我也找了济南的朋友柳哥和另一个亲戚，想帮忙核查专业成绩是否有误，最终成绩没能改变。不过这个小孩最后在校考中也拿到了合格证，体现了自己的专业能力。经过这个小插曲后，同学们面临的便是紧张忙碌的校考准备。每个同学在专业老师、班主任的指导下几乎都准备了十几个学校，排好了行程。艰苦的校考持续了半个月，同学们在济南、青岛、潍坊、淄博四地辗转考试，很累、很辛苦。校考结束后，2014年2月底，学生们回到学校，文化课的战斗也紧接着正式开始。

高三下学期，近100天，每一天都满满的。早晨很早，好多学生晚上回宿舍后能在自己的小小灯光前熬到半夜。尽管很苦很累，但大多数学生积极乐观的心态让我敬佩！为了心中的梦想去努力的滋味应该是美好的。时间快速推进的日子里，一模、二模、三模，30来人的小团队取得了不错战绩，令我欣慰。校考证开始下发，第一个是李振飞，徐州工程学院，名次不错，这极大地鼓舞了小飞和小伙伴们，学习热情很高涨。到4月上旬，班里有40多个校考证，在今年校考的严峻形势下，这是不错的了。有不少大赢家，张亚男7个证，北京印刷学院、山东师范大学、广州美院等，几个师范院校名次是前几名；王怀凤4个证，北京印刷学院、山东大学（威海）、山东工艺美术学院等；崔焱一4个证，陕西师范大学、山东工艺美术学院等；孙亚楠6个证，沈阳师范大学第4名等；孙棋4个证，延边大学、延安大学、石河子大学等；郭金康2个证，含山东艺术学院；李振飞3个证；边宝琳3个证；刘洪睿2个证，重庆邮电大学、皖西学院；朱迪2个证，鲁迅美院、山东艺术学院；高文超2个证，鲁迅美院、四川文化艺术学院。还有陈业强、袁飞、曲哲、舒欣、耿子璇等。令人欣慰的是，不管有无校考证，同学们都在努力拼搏，因为大家知道，文化课是当前最重要的。菅鲁强考了几次第一，英语稳居班级第一。李镇镇、许柯一直较稳，成绩近400，直到高考。张浩文综很厉害，曾经超过200分。另外，高文超、李振飞、郭金康、袁飞、刁银鹏、耿子璇也进步很快。班里的女生仅存12名，整体很乖、很努力、很省心。杨鑫、张亚男、孙亚楠、赵文慧、舒欣、李冬雪、朱迪、刘洪瑞、段爽爽、李英豪、刘文霞、韩美然，还有在外的王怀凤、王雅迪，她们是13班的半边天。

6月4日上午8点，学校举行毕业典礼。回教室后，同学们"狂欢"了一会儿，被学生抛到空中时，我感觉到了好多年未有的感觉。学生们毕业了，真的感到了一些伤感、不舍之情。

6月7—8日，学生高考。6月11日，学生们组织了班级聚会。在聚会上，我见到了好长时间未见的刘悦、姜茹月、孙跃，还有王敏、段继平也去了，还有段光杰、李鹏飞、王浩、田熙、明月琪等。同学们去的人很多，我们都很高兴。

6月24日下午，公布了高考成绩。李振飞班级第一。校考证第一个，文化课第一名，李振飞不但是13班的快乐男声，还是我们的福将啊。

6月29日，学生来校填报了本科志愿。

然后，就是等待录取结果。让我们为他们祝愿吧，祝福你们都考上理想的大学！

……

天高海阔，13班的学子们终将分散，走上社会这个大舞台。无论何时何地，我们不会忘记，我们曾共同属于过13班。

谨以以上文字纪念师生共同走过的三年时光。祝福我的学生们——"有梦想，有美好人生！"

以德立身，立德树人

尊敬的各位领导、各位评委、各位老师：

大家好！今天我演讲的题目是《以德立身，立德树人》。

老师们，教师是一份有关梦想的职业，也是一份有关心灵的职业，更是一份成就人才、关于爱的事业。当我们面对一张张青春洋溢的面孔和一双双求知纯真的眼睛时，我们总是一次次默默地告诉自己：要努力，要加油，要成为深受学生欢迎的好教师！那么怎样才能成为好教师呢？习近平总书记到北师大看望和慰问广大师生时指出：好教师要有理想信念，有道德情操，有扎实学识，有仁爱之心。

一、好教师要有理想信念

我们知道作为一个普通人如果没有理想信念，内心将是一片茫然，一切的行为都失去了指引的路标，惶惶而不知所终。只有一个抱有理想信念的老师，才有可能在学生的心中播下梦想的种子。就像语文名师魏书生、李镇西老师，就是因为他们心中有理想信念才能顶着重重压力，率领大家实行课堂改革，树立"做最好的老师"信念。所以，我觉得理想信念是好教师的人格基石。作为一名长山中学的教师，我们要以"办适合学生的教育"为引领，树立"每个孩子都是冠军"的学生观，真正践行"教师是学生学习的促进者"的教师观。

二、好教师要有道德情操

作为一个好教师，有理想信念的同时还应具备崇高的道德情操，教师的人格力量和人格魅力是教育成功的重要条件，古人云："其身正，不令而行；其身不正，虽令不从。"教师不仅是学生的楷模，还是学生道德的引路人，不仅在教学中，而且在平时都潜移默化影响着学生。我们学校这样的老师有很多，比如科研处的孙成霞主任、办公室的田振勇主任、教务处的周荣国主任、政治组的张素敏老师、语文组的杨秀华老师、化学组的姚秀艳老师，等等，他们都以对工作非常认真细致、对学生细心虚心教导而被大家熟知。像担任班主任的姚秀艳老师可以说每个晚自习、早自习都会到班里去看一看，现在姚老师所带高三6班的教室墙壁上贴满了警示标语，而且每一张标语都很醒目。我想这一张张的标语每时每刻都在提醒着学生该做什么，该怎么做，不该做什么。我觉得在这样的环境中学习，一定会改变很多学生。所以老师一定要以德立身、以身作则，学生才能修德立身，自觉践行社会主义核心价值观。

三、好教师要有扎实学识

学高为师，德高为范，身为一名教师应该要有扎实学识。扎实的知识功底、过硬的教学能力、勤勉的教学态度、科学的教学方法是教师的基本素质，其中知识是基础。这就要求教师对所教课程有精深的认识，还要有广博的知识，所谓"精"就是对专业知识不仅知其然，而且知其所以然。所谓"博"就是触类旁通，具有相关学科的有关知识。我们学校这样的老师也有很多，像教务处的张文鹏主任、化学组的吴贵智主任、科研处的李秀珍主任、政治组的刘宝兴主任、历史组的王伟主任、地理组的刘西国老师、体育组的李跃东主任等，这些在教坛耕耘20多年甚至30多年的老教师对本学科知识研究得不仅扎实而且精深，为长山中学年轻教师树立了很好的榜样。尤其要提的就是英语组的谢树征老师了，谢老师也是我们学校唯一一个主持省级规划课题的老师，可以说他对英语教学的钻研值得老师们学习，也正因为如此他在英语教学研究方面领先一步。我们要多向各位精心钻研专业学识的老师们学习，落实学校提出的"五个一"契约责任，不断汲取知识，扩大学识，做一个有渊博知识的老师，不断更新知识结构，不做知识的落伍者。

四、好教师要有仁爱之心

曾经有人把学生比喻为祖国的花朵，既然是花朵就得有人关心、呵护他们。那么作为老师则应该有仁爱之心。陶行知先生说过：爱是一种伟大的力量，没有爱就没有教育。所以爱是教育的灵魂。老师要用爱培育爱、激发爱、传播爱，通过真情、真心、真诚拉近与学生的距离，滋润学生的心田，老师还应该把自己的温暖和情感倾注到每一个学生身上，用欣赏增强学生的信心，用信任树立学生的自尊。就如长山中学物理组的朱国莉老师，她总是用自己所学的专业知识用心去帮助每一位需要帮助的学生，她一直坚信只要用心感化，后进生也可以向好学生转变。还有担任班主任工作的朱宝锋主任、赵云峰主任、张凯忠老师、孙彬老师，以及长山中学所有的班主任们，他们在班级管理和教学中，都做到了默默付出、勤奋耕耘，认真践行长山中学提出的"每个孩子都是冠军"的学生观，用心去对待学生，用心去教导学生。我相信，只要老师用心去培养学生，学生心中就一定会感觉到老师的关爱的。

老师们，只要我们努力进取，以学校"办适合学生的教育"理念为引领，我们就一定会成为"四有"好教师，实现"成德达才立人"的育人目标；就一定会为教育事业的发展添力，为中国梦的实现增辉！

最后，祝愿我们长山中学越来越美好，祝愿在座的各位领导、老师工作顺利，身体健康，家庭美满，心想事成！我的演讲完毕，谢谢大家！

（邹平市长山中学演讲比赛演讲稿）

砥砺琢磨勤学善思，不忘初心为国育才

2019年9月至2022年8月，我作为滨州市第三期"三名"培养工程"名教师"培养人选接受了三年的精心指导和培养。三年来我深切感受到了滨州市教育局、滨州市财政局、滨州市人力资源和社会保障局对我们培养人选各项培养工作的积极支持、精心组织、有力保障。按照《滨州市第三期名校长名教师名班主任培养工程人选培养方案（2019—2022年）》，我珍惜时间，加强实践，砥砺琢磨，勤学善思，在职业道德水平、教育教学思想、教学科研工作、送教下乡帮扶、带动青年教师成长等方面都有了显著提升，现将三年来在"三名"工程人选培养中的成长收获总结报告如下。

一、坚定初心，立德树人，不断提升思想品德水平

自2019年9月我有幸入选滨州市第三期"三名"培养工程人选，三年的时间，在各位专家、导师的思想引领下，我从内心深处坚定了要牢记教育宗旨，不忘教育初心，全心立德树人的教育信念；把培养社会主义事业的继承者和接班人作为自己的神圣职责和崇高使命；为党育人，为国育才。

获得国家荣誉"人民教育家"的于漪老师讲过，"登上讲台，用生命歌唱"。老一辈教育家用一生告诉每一位教育工作者，心中有民族有国家，带着责任和担当去上课。感恩"三名"平台，感恩三年的遇见、收获与成长。我会继续不忘初心，牢记使命，砥砺前行。

二、专家引领，培训研修，持续更新教育教学理念

三年来，滨州市教育局精心组织了多次集中研修培训。我们到了上海、南通、天津、烟台等教育发展先进地区学习，接受新的教育教学理念。2019年9月

20日至29日，赴上海，集中研修，专家通识培训，跟岗学习，主题课例研修，《不忘初心　不负期盼　勤学善思　砥砺琢磨》。2019年11月17日至23日，再出发，赴南通，温故知新，专家引领，跟岗学习，《聚焦教学主张学习优秀经验》。2020年8月3日至7日，聚滨州，教学教研，课程建设，名师激励，智慧沟通，《做一个职业自律、精神明亮的好老师》。2020年11月11日至17日，再聚滨州，述职汇报，现场答辩，专家讲座，专业提升，交流研讨，汇报展示，《遇见更好的自己》。2021年10月18日至22日，赴天津，与时俱进，重教学科研、信息技术；踏实务本，读教学之书、实践之书；更新观念，育全面发展、健康成长；立德树人，要牢记使命、砥砺奋进，《读书教研蓄能量，信息技术助成长》。2021年12月4日至7日，聚滨州，接受说课、答辩专家指导，聆听专家讲座，站在传统的肩膀上前行，行走在名师成长的幸福大道上。2022年8月14日至18日，赴烟台，聆听名师指导，实地参观学习潇翔小学、祥和中学，聆听《用专业阅读修炼自己的精神容颜》讲座。三年的时间，"三名"团队多次集中培训研修、送教帮扶，促使我视野开阔、理念更新、方法进步、行动有力，对教育教学境界的追求更坚定。

董蓓菲教授、郑金洲教授、李金钊教授、徐飞校长、李政涛教授、刘濯源教授、关景双院长、吴建英校长、冯卫东副院长、邢成云老师、刘玉华校长、白连涛校长、徐金青校长、赵国华老师、孙正军校长、刘霄老师、马宪平教授、陈虹教授、杨向红所长、洪超教研员、王薇教研员、陈自鹏教授、方海光教授、刘长铭校长、赵诗辉教研员、赵福楼主任、高淑印教研员、马涛教授、王友教授、程宝伟教授、朱伟强教授、王兴金校长、曹瑞敏校长等30多位专家学者的专题报告、讲座，让我从核心素养、为国育才、教学科研、读写成长、思维品质、效能提升、课程建构、课程实施、教学主张、学校管理、专业成长、班级管理、师德素养、教育党建、积极语言、信息技术等多角度受到了前沿理念的洗礼，更新了教育教学理论知识，了解了教育发展前沿问题，掌握了教育教学研究基本方法，提升了教学专业化水平。

三、跟岗学习，聚焦教研，切实改进教学教研范式

我们跟随上海市青浦区教师进修学院关景双副院长，进行"主题式课例研修行动"培训。我们先后到青浦区崧淀中学、青浦区博文学校、上海朱家角

中学、青浦区尚美中学等学校，进行深入课堂观察学习的主题课例研修学习，进课堂、近距离，切身感受观摩关景双老师"师之韵"名师工作室成员的一堂堂现实的、优秀的课例，参加了多次听课、观课、说课、评课等主题式课例研修活动。我们先后听取了关景双老师的《主题式课例研修行动》《课例研修提升教学素养》的精彩报告、崧淀中学沈雅萍老师执教的初中语文课《记承天寺夜游》、刘璐璐老师的《卖柑者言》课例报告、博文中学潘晓燕老师执教的小学语文课《什么比猎豹的速度更快》、成慧老师《主题式团队合作课例研修范式》的报告、朱家角中学特级教师王友老师的"学做思想型教师"讲座、王志江老师执教的高中语文课《梦游天姥吟留别》、尚美中学杨文厚老师执教的"语文课堂的经典诵读"之《山川之美》《记承天寺夜游》等一节节精彩课例、一场场优秀讲座，也听取了我们团队的滨州无棣蔡银静老师执教散文《散步》的前后两次课，见证了蔡老师在"主题式课例研修行动"中"1+N+1"方式的自身成长过程。

上海市青浦区"主题式课例研修行动"的教研范式，深深印在了我的心里：教学目标具体化，教学环节对应性。批注式、有观察要点的观课评课方法。观课评课的六步基本流程：分组观察（观察要点、批注设计）—自我梳理（默会20分钟）—小组讨论—执教说课—大组交流—用笔说话。

通过省、市内外跟岗学习交流活动，我感受到先进的教育教学理念和方法，观摩和学习了优秀的课堂教学艺术，进一步拓宽了教育视野，激发专业发展热情，促进了自我教育教学反思。

四、读书学习，提升素养，不断丰富自身文化内涵

我认真参加"三名"培养工程人选读书交流活动，提升专业理论素养，丰富自身文化内涵。结合个人专业发展规划，交流读书心得、讲述教育故事、学习"三名"各位同学的教育智慧，积淀教育思想，实现互研共进。按照滨州市第三期"三名"培养工程人选读书自修的要求，我积极践行，共计涉猎阅读了四十余本书籍，可大致分为5个方面。

阅读语文学科教学类专业书籍。阅读了2份语文教学纲领性文本：《普通高中语文课程标准（2017年版2020年修订）》（教育部制定），《中国高考评价体系说明》（教育部考试中心编写）。阅读了3本课程标准解读专业书籍：《核

心素养导向的课堂教学》（福建师范大学余文森教授编著）、《新版课程标准解析与教学指导》（北京师范大学张秋玲教授等编著）、《普通高中语文课程标准（2017年版2020年修订）解读》（教育部基础教育课程教材专家工作委员会组织编写，王宁、巢宗祺主编），这三本书，为自己的语文教学专业成长明确了方向。阅读了4本语文课堂教学类书籍：《中学语文名师教例评析》（汲安庆著）、《语文教师的八节必修课》（刘祥著）、《语文审美教育12讲》（熊芳芳著）、《课堂的风景与语文的边界》（李仁甫著）。

阅读美学理论以及文学类书籍。阅读了3本美学理论书籍：《人间词话》（王国维著，周锡山编校注评）、《谈美书简》（朱光潜著）、《美的历程》（李泽厚著）。阅读了6本文学类书籍：《千秋一寸心——周汝昌讲唐诗宋词》（周汝昌著）、《老子》（饶尚宽译注）、《把栏杆拍遍》（梁衡著）、《乌衣巷口夕阳斜——〈世说新语〉人物漫笔》（厦门大学附属中学的语文教师阮丽萍著）、《王阳明诗文赏读》（浙江省余姚中学的语文教师程载国编著）、《文化苦旅》（余秋雨著）。和学生"整本书阅读"共读了5本书：《红楼梦》（曹雪芹著）、《乡土中国》（费孝通著）、《平凡的世界》（路遥著）、《论语译注》（杨伯峻译注）、《千秋人物》（梁衡著）。和孩子"整本书阅读"共读了7本书：《红星照耀中国》（［美］斯诺著，董乐山译）、《长征》（王树增著）、《张晓风散文精选》（张晓风著）、《童年》（高尔基著）、《朝花夕拾》（鲁迅著）、《射雕英雄传》（金庸著）、《白洋淀纪事》（孙犁著）。

阅读教育思想类书籍。阅读了11本教育思想类的书籍：《陶行知教育名篇》（陶行知著，方明编）、《中国当代教育思想史（第四版）》（朱永新著）、《中国著名特级教师教学思想录（一）》（朱永新主编，新教育研究院编著）、《教有所思（第二版）》（李镇西著）、《写给教师的心理学》（［英］巴克勒、卡斯尔著，张浩、郝杰等译）、《倾听着的教育》（李政涛著）、《周国平论教育2：传承高贵》（周国平著）、《做最好的老师》（李镇西著）、《教育理想国》（赵国忠著）、《不跪着教书》（吴非著）、《爱与自由——外国十大教育家经典教育理念》（陈锋、王慧敏、曹莹、王丹著）。

阅读家庭教育类书籍。阅读了3本家庭教育类书籍：《完整的成长——儿童生命的自我创造》（孙瑞雪著）、《捕捉儿童敏感期》（孙瑞雪编著）、《改变孩子先改变自己——好爸爸贾容韬教子手记》（贾容韬、贾语凡著）。

阅读教育管理类书籍。阅读了6本教育管理类书籍：《班主任工作漫谈》（魏书生著）、《做一个专业的班主任》（王晓春著）、《班会课100问》（丁如许主编）、《做最好的班主任》（李镇西著）、《第56号教室的奇迹——让孩子变成爱学习的天使》（［美］艾斯奎斯著，卞娜娜译）、《学校转型——北京十一学校创新育人模式的探索》（李希贵等著）。

读书使人头脑富有。三年来的坚持读书，使自己思想更加丰盈。未来的日子里，我将秉持语文教师的初心使命，继续丰富语文学识，不断提升专业素养，多读书、读好书，让阅读点亮自己教学之路、人生之路，点亮学生的成人之路、长才之路，为党育人，为国育才，为教育发展贡献自己的力量。

五、述职汇报，说课答辩，助力提高专业技能水平

按照滨州市教育局的安排，我们于2020年11月12日、13日进行了个人成长述职汇报与现场答辩。我汇报的题目是《遇见更好的自己》，从"职业发展目标"和"'三名'培养过程中的成长与收获"两个方面做了汇报。最后，我提到立德树人教育根本任务的明确、高中语文三类课程和25个学习任务群的提出，这一切都给我们的发展提出了挑战。感谢专家的认真聆听、点评以及给予自己的下一步专业能力提升培养建议。

2021年12月4—7日，滨州市"三名"工程人选在滨州集中培训。第一个环节是用当天下午、第二天上午共一天的时间，参训教师抽签上台"说课答辩"，三位省级专家现场对教师"说课答辩"情况逐一点评、指导。我是抽到了第二天上午第二个上台。我说课结束后，专家评价是比较规范和完善的，对我给予了认可。

这些述职汇报、说课答辩等实战形式的锻炼，增强了我的成长反思意识，提高了我的课例研修水平。非常感谢这些促进成长的激励手段，它们促我成长、进步。

六、注重反思，学用结合，努力提炼教育教学经验

我对自己的教学思考进行梳理一直未停止。十几年前我曾经写过一篇《"互评共赏"式作文阅评法的创设及操作说明》发表在《语文报》（教师

版）。我将这种方法概括为：三环节、六步骤、一目的。三环节，即以构建一堂"互评共赏式展示课"为中心，分课前准备、课上展示、课后改进三环节。六步骤，即自主批阅、填写《纲要》、课堂互评、师生欣赏、课下反思、重新作文。一目的，即调动学生听、说、读、写积极性，在批阅、欣赏、修改中激发写作兴趣，提高写作水平。

校本教材研发和语文课题研究。在课本教学之余，我也注重校本教材的研发，研发的校本教材《沉淀千年的优雅——经典宋词赏析》《中国古代诗歌鉴赏》，参与研发的《〈红楼梦〉解味》在学校中被广泛使用，受到学生的好评。

我主持的学校课题"高中语文写作教学阅评改三环节的反思与创新"通过结题，主持的邹平市课题"'阅读经典提升素养'——新课程背景下'经典阅读导读'对提升高中生'语文素养'影响的实践与研究"顺利通过验收结题，主持的中国教育学会中学语文教学专业委员会子课题"高中语文写作教学课堂结构优化研究"通过验收结题。撰写的论文《高中语文经典阅读的实施途径》《高中写作教学课堂结构优化研究》先后在《语文教学与研究》刊物上发表。《试析〈祝福〉的悲剧结构与艺术特点》在《中学语文教学参考》刊物上发表。2022年4月，我写的论文《"双新"背景下的高中语文写作教学方式改革初探》，参与滨州市教育局优秀教学成果征集。2022年8月，我写的论文《诗经农事诗的教学问题》发表于《中学语文教学参考》。

七、送教帮扶，经验交流，在交流中成长提高

助力乡村振兴，送教帮扶，赴无棣二中，结对帮扶，同课异构，经验交流，共同进步。交流共成长，锻炼促提高。

根据《滨州市教育局关于组织滨州市第三期"三名"培养工程人选开展助力乡村振兴送教帮扶活动的通知》文件要求，2020年12月8日、10日至11日，滨州市第三期"三名"工程培养人选，高中二组名校长丁忠，名班主任季海东、徐永磊、曲翠莲、姜华，名教师曲立强、王冬梅、孟秉能、温兆东、杨萍一行10人来到无棣二中，开展助力乡村振兴送教帮扶活动，就系列教育教学问题进行了积极深入的探讨交流。本次送教帮扶活动分为管理经验交流、学科组座谈交流、班级管理经验分享、课堂教学同课异构、成果展示、青年教师专业成长

专题报告等几个方面。

课堂教学工作是学校的中心工作。高中二组成员与无棣二中教师在课堂听课、集体备课、备课组交流、同课异构方面进行了深入交流探讨。"三名"工程的名教师曲立强、王冬梅、孟秉能、杨萍、温兆东等现场参加了语文、数学集体备课,进行学科随堂听课活动,认真了解无棣二中教育教学风貌。

名教师与年级备课组结对,探讨形成长效帮扶和交流的机制,为今后教研活动打好基础。名教师人员参与了无棣二中高一级部的语文、数学、信息技术的集体备课。老师们备课非常充分,有未来一周的知识梳理、重难点解析、高考链接,还有新授课PPT展示。集备结束后,分别听取了二中老师的两节公开课。激情课堂给大家留下了深刻的印象,学生们的学习热情很高涨,并且针对问题能有不同的见解,教师引领得到淋漓尽致的发挥。"三名"工程名教师曲立强、王冬梅为大家展示了名师公开课,并进行深入探讨交流。

通过本次活动,"三名"人员不忘教师初心,胸怀教育梦想,在对接送教中锻炼了能力,在帮扶交流中碰撞了思维,在真情互动中增进了友谊。聚是一团火,散是满天星,学习、成长的道路上,"三名"人永不停步。

2021年12月,我们第三期"三名"工程人选高中二组一行十人赴无棣二中、惠民二中送教帮扶活动。严冬蕴真情,送教增厚谊。按照滨州市教育局12月组织第三期"三名"工程人选开展送教帮扶工作的总体部署,我们开展了扎实有效的送教帮扶活动。

无棣二中青年教师毛中蝶老师执教了语文公开课《荷塘月色》,滨州市"三名"工程名教师人选邹平一中曲立强老师分享了课例《登泰山记》;滨州市语文教研员温兆东老师对教研活动给予了充分认可,他指出毛老师抓住了学生朗读这一重点,思路清晰,重点突出,充分调动了学生学习的积极性,体现了良好的个人素质;曲老师从课标、单元、教材分析到学情分析,到教学目标、重点、难点、教法学法的制定和教学环节设计向大家展示了课例研讨的规范模式和文本解读的深度意识。温兆东老师做了"促进青年教师专业成长"的专题发言,对青年语文教师基本功发展、单元教学的总体设计、课堂教学中知人论世环节的斟酌等方面提出了非常有效的指导意见。无棣二中语文教师参与了语文课例研讨交流活动,学校教科研处宋明朝主任做了总结发言。

"三名"工程人选高中二组随后赴惠民二中交流、听课、学习。在听课、交流后，邹平一中曲立强老师分享了课例《登泰山记》；温兆东老师做了专题发言，各位"三名"工程培养人选依据自己任教学科或担任的班主任工作，与惠民二中教师深入交流，促进青年教师专业成长提高。

此次无棣二中、惠民二中送教帮扶活动圆满结束，但"三名"人选与无棣二中的交流促进工作并未结束。送教帮扶活动，增进了情谊，助力了学校发展。"三名"工程人选将不忘初心、牢记使命、继续向前，用每个人的智慧和努力为滨州教育发展做出更大贡献！

八、依托基地，不断学习，带动青年教师专业成长

2019年9月至2020年8月，我担任邹平市长山中学语文教研组长，2020年8月起我调入邹平市第一中学工作至今，是滨州市语文学科基地（邹平一中）核心成员。在第三期"三名"培养的三年中，我认真钻研业务，积极担负起对学校中青年教师的影响带动作用，共同构建专业学习成长的共同体，共同学习，共同成长，带动了一批中青年语文教师在专业上积极成长，并取得了良好的专业成绩。

2020年11月，高翠霞老师执教的《致大海》，在邹平市高中语文优质课评选活动中，荣获一等奖。2020年12月，刘会萍老师执教的《群文阅读：迷娘，树和天空》，在滨州市高中语文优质课展评活动中，荣获一等奖。2021年8月，刘会萍老师执教的《变形记》，在邹平市高中语文中年教师课堂大赛中，荣获一等奖。2021年12月，高翠霞老师执教的《拿来主义》、梅婷老师执教的《登泰山记》在邹平市高中语文青年教师课堂大赛中，均荣获一等奖。2022年2月，高翠霞、赵芸轩、宋海霞等多名老师荣获第十五届全国中学生创新作文大赛山东赛区一、二等奖。2022年6月，张凌芸老师在邹平市高中语文教学研讨会上执教观摩课《伶官传序》。

我们依托滨州市语文学科基地（邹平一中），邀请名师、专家、教授来校指导。2022年6月，邹平一中邀请山东师范大学博士生导师潘庆玉教授来校指导语文学科基地建设工作，并为学科基地做《群文阅读的教学理念与实践》学术报告。帮助青年教师研课学习，高翠霞老师执教《拿来主义》，梅婷老师执教《登泰山记》。2022年6月2日，山东师范大学博士生导师潘庆玉教授在邹平一中以"大美兰亭"为主题，执教了一堂精彩的群文阅读示范课。

参加邹平市教学研究课题研究"高中语文学习方式研究"。2022年6月，张凌芸老师执教邹平市观摩课《伶官传序》。2022年9月，我执教滨州市公开课《信息性文本阅读拓展运用题型备考》。

九、潜心教学，不断钻研，在教育教学上幸福追求

2020年10月9日，在邹平一中高一语文组执教公开课《以工匠精神雕琢时代品质》。2020年12月11日，在无棣二中执教《赤壁赋》。2021年4月7日，在邹平一中高一语文组，执教公开课《谏逐客书》。2021年11月30日，在邹平一中高二语文组执教《过秦论》。2021年12月13日，在无棣二中作《登泰山记》课例交流。2021年12月14日，在惠民二中作《登泰山记》课例交流。2021年12月21日，在邹平一中语文教研室安排下，做《新课标理念下说课的规范意识和深度意识》专题报告。2022年7月5日，在邹平一中做《2022年高考作文阅卷体会及备考建议》专题报告。2022年9月8日，在滨州市教育科学研究院组织的高三语文教学研讨会上，在北镇中学执教滨州市公开课《信息性文本阅读拓展运用题型备考》。

2019年10月20日至26日，我作为骨干教师参加了邹平市长山中学、南京师范大学教师发展与考评研究中心联合组织的南京宁海中学跟岗研修学习（30学时）；2020年8月1日至3日，参加了人民教育出版社组织的2020年普通高中统编三科教材国家级示范培训网络研修（第三期必修）（24学时）；2021年11月，参加了国家教育行政学院远程培训中心组织的2021年滨州市第三期"三名"培养工程人选网络培训（40学时）。

2020年6月获邹平市人社局嘉奖，2020年7月被邹平市长山中学表彰为先进教育工作者，2021年3月荣获第十四届全国中学生创新作文大赛山东赛区教师指导奖一等奖，2021年7月获滨州市教育科学研究院颁发的滨州市高中语文教学设计评选二等奖，2022年3月获第十五届全国中学生创新作文大赛山东赛区二等奖，2022年6月参加了2022年普通高考语文阅卷。

我继续发挥写作优势，通过课题研究、论文撰写、课例打磨、交流研修心得等形式，对教育教学实践进行理论提升，对个人的教学风格和特色进行科学、系统的总结和凝练，形成研究成果，参加邹平市教学研究课题研究"高中语文学习方式研究"。

作为一名滨州市第三期"三名"工程培养人选，我时刻牢记领导教诲：多听、多看、多思考，多写、多讲、多交流。强化自我与学生的阅读、写作、积累，一步步提升语文素养。借助"三名"培养工程培训，遇见更广阔的世界，遇见更好的自己。依据《滨州市第三期名校长名教师名班主任培养工程人选培养方案（2019—2022年）》，通过名教师培养工程，提高职业道德水平、业务能力和人文素养，创新教育教学思想、教育教学方法，形成独特的教学风格，引领学科教学发展，成为面向未来的专家型教师。我将虚心学习，不断积累，注重反思，向着成长目标不断前进。

今天，教育正处于深刻变革和调整中，时代为每名教师提供了成长自我的学习平台和实现自我的广阔舞台。身为滨州"三名"人，要扎实学习教育理论，勇于践行教育观念，做一个真正的教育人，做一个平凡但绝不平庸的人，在为实现滨州高质量教育而努力的过程中书写自己的人生价值！

（滨州市"三名"工程培养人选个人总结）

衣带渐宽终不悔，为伊消得人憔悴

　　我是2001年9月参加工作的。岁月不居，时光如流，时间如白驹过隙，弹指一挥间，我已工作将近二十二个春秋了。这些年来，我一直工作在高中语文教学一线，担任班主任工作十四年多，先后送过了十届毕业班。语文教学中，我认真钻研，精心备课，深入分析高中生特点，制定合理的教学方法。班级管理中，我关心爱护学生，及时解决学生在生活和思想上的问题，使学生健康成长。通过自己的不懈努力，多年来我所任教班级的学生均取得了优秀成绩。

　　我也获得了较多的认可。2005年被中共邹平县委、县政府授予"优秀教师"荣誉称号。2006年先后被邹平县教育局、滨州市教育局表彰为"优秀班主任"。2007年被中共邹平县委、县政府授予"先进教育工作者"荣誉称号。2012年9月被邹平县教学研究室评为"教学工作先进个人"。2014年9月被邹平县教育局评为"优秀教师"。2014年10月，被滨州市关工委、滨州市司法局、滨州市教育局表彰为普法教育优秀教师。2017年8月执教的《赵氏孤儿（鲁人版〈史记〉选读）》在全省教育教学信息化交流展示评比活动中获得高中组信息技术与课程融合优质课三等奖。2017年9月被中共邹平县委、县政府授予"优秀教师"荣誉称号。2018年2月，获得滨州市普通高中优秀教学成果一等奖。2022年10月，获得"滨州市第三期名教师"荣誉称号。

　　教学之余，我也注重校本教材的研发。由我主持研发的校本教材《沉淀千年的优雅——经典宋词赏析》《中国古代诗歌鉴赏》，参与研发的《〈红楼梦〉解味》在学校中被广泛使用，受到学生的一致好评。我时常进行教学反思，结合自己的教学经验，开展课题研究，积极撰写教学论文。2016年9月，我主持开展的"高中语文写作教学阅评改三环节的反思与创新"校级课题通过结题。2016年3月撰写的《高中语文经典阅读的实施途径》、2016年5月撰写的《高中写作教学课堂结构优化研究》先后在《语文教学与研究》刊物上发表。2016年6月撰写的《试析〈祝福〉的悲剧结构与艺术特点》在《中学语文教学参考》刊物上发表。2018年10月，我主持的邹平市级课题"阅读经典提升素养"通过验收结题。2019年4月，我主持的中国教育学会中学语文教学专业委员会子课题"高中语文写作教学课堂结构优化研究"通过验收结题。

我认为自己最大的优势是心怀梦想和激情。我梦想自己今生会成为一名新时代合格的、进而优秀的高中语文教师，并为了这个梦想一直在努力。比如，我喜欢阅读、喜欢语文教学、喜欢学习优秀教师先进经验、喜欢聆听并思考专家的金玉良言、喜欢写作等。我热爱自己的语文教学专业。

2019年11月，我有幸聆听了南通市教科院冯卫东副院长《点亮教育人生的"灯"：和中小学优秀教师谈"教学主张"》的报告。这是我第一次认真思考"教学主张"。我曾经梳理过自己的教学思考，例如，我曾写过一篇《"互评共赏"式作文阅评法的创设及操作说明》，此文在《语文报》发表。因此，"互评共赏"算是我高中作文教学中的一个教学主张。现在高中、初中、小学的语文教材都是"选文阅读+单元主题"的编写模式。我认为，"文学史的次序"加上"现代文知识、写作"两类知识双线并进是不是更好一些？要培养学生的"文心"，要训练学生的"语用"，文心语用需要一个合理的次序，循序渐进才好。我想，我下一步的语文教学主张是和"语文课程建设"有关联。

四十而不惑。回顾2019年9月时我有幸被选进"滨州市第三期'三名'培养人选"，这件重要的事为我的专业成长搭建了一个很好的平台。这三年，是我专业成长的真正黄金时刻。语文教学是我的职业，更是我的事业。做一名首先合格而后出色、优秀的高中语文教师是我的坚定追求。在此，我真诚地感谢滨州"三名"平台，为我们搭建了一个有动力、有压力、有机会、促进步的成长平台。同时我也深刻明白，"这不是荣誉，而是责任和义务"。

语文课堂教学方面，我相信天道酬勤。我会为实现目标坚持不懈地努力，在各方面充分准备。争取成为一名有实力、课堂教学成绩优秀的语文教师。教学科研方面，我将继续发挥写作优势，争取写出更有价值的论文，取得一定的教研成果。日常教学方面，我要结合学校学生实际，根据学校教学要求，扎实教学、注重反思与创新，全面完成各项教学任务。要尽可能利用实际条件，多听课、多学习，开阔视野、虚心学习、注重反思，提高自己的业务水平。苦练基本功、扎实提高自身基本素质。一位教师能走多远，最后取决于他的自身素质与教学基本功。这是任何一名教师都知道的道理，但很少有人甘心坐冷板凳、付出艰辛而持久的努力。我将树立"苦练基本功"的思想，去努力付出，在阅读、写作、基本功等方面扎实开展工作，打造过硬本领。

我想起了王国维在《人间词话》中所述的做事业、做学问的三重境界。我现在正处于"衣带渐宽终不悔，为伊消得人憔悴"的执着追求过程中。我将坚持"趣悦读写，提升素养"的个人教学主张，精心备课上课，关注学生成长，强化阅读、写作、积累，提升师生语文素养。相信有一天，终会"众里寻他千百度，蓦然回首，那人却在灯火阑珊处"。

曲立强

2023年2月